圆通制·工作标准系列

ENTERPRISES FINANCIAL AND ACCOUNTING WORK STANDARDIZATION

企业财会工作标准化

中国工作标准研究院 组编
王民权 编著

中国财政经济出版社

图书在版编目（CIP）数据

企业财会工作标准化/王民权编著.—北京：中国财政经济出版社，2011.12
（圆通制·工作标准系列）
ISBN 978-7-5095-3299-7

Ⅰ.①企… Ⅱ.①王… Ⅲ.企业管理：财务管理-标准化 Ⅳ.F275-65

中国版本图书馆CIP数据核字（2011）第255588号

责任编辑：温彦君等　　　　责任校对：徐艳丽

中国财政经济出版社出版
URL：http：//ckfz.cfeph.cn
E-mail：ckfz@cfeph.cn

社址：北京市海淀区阜成路甲28号　邮政编码：100142
营销中心电话：88190406　北京财经书店电话：64033436　84041336
北京富生印刷厂印刷　各地新华书店经销
787×1092毫米　16开　28.25印张　448 000字
2012年7月第1版　2012年7月北京第1次印刷
印数：1—2 060　定价：68.00元
ISBN 978-7-5095-3299-7/F·2792
（图书出现印装问题，本社负责调换）
质量投诉电话：010-88190744

圆通制·工作标准系列丛书编委会

ORDER

代序

工作标准化是实现科学管理的良策

实现科学工作的前提是什么？

首先，需要让工作人员了解什么是科学工作。科学工作就要制定工作标准，工作过程中或工作结束之后，才能结合工作标准评价工作偏差的科学性。

其次，我国全面推行内部控制制度，“控制”有约束、限制之意，那么在控制之前，应当让工作者明白遵循的工作标准，如果没有工作标准，内部控制就无从谈起。

最后，由于组织者知识范围、能力水平存在很大差距，不同工作者对一项工作任务的理解程度必然存在差距，如果缺乏工作标准指导与引导，或者说工作者根本就不知已经存在的工作标准，所谓工作，就无法用“科学”的尺度去衡量了。

工作标准是工作人员严格遵循法律法规等技术标准的规定，在管理标准规定的时间范围内，将需要完成的工作，通过科学的归纳、整合、分解、排序和加工处理，形成最佳结果的描述文件。

脑力劳动如何工作标准化？王民权先生创立了“圆通制”，圆通制系统阐述科学工作的原理和方法，有效解决了脑力劳动标准化这一问题。因此，工作标准化研究是基于圆通制科学工作原理和方法之上的。

工作标准化从研究角度来看，具有将工作的各个要素、各个环节、各部门有机地结合起来，构成一个新的有机整体的能力。综合的过程对于准确认识工作之间的内在联系、从整体上考察客观工作项目具有重要的作用。这种标准化已经不再是简单的大拼盘，制度的堆积，而是在以人为本的基础上各学科、各要素之间的有机渗透、交叉和融合，既有多个学科制度的交叉，也有多个学科制度的渗透，不是简单的专业学科机械相加，而是紧紧抓住各个要素之间的内在联系，紧紧抓住对各部分的制度要求之间的内在联系，从中把握事物整体的本质和运动规律，得出一个全新的整体性的认识和要求，从而进行科学加工的过程。

工作标准把科学工作的理念转化为科学工作的正确思路。不同地区、不同系统、不同单位、不同岗位虽然工作基础不一样，条件不相同，有的甚至存在很大差异，但它们都必然将需要解决的发展问题、民生问题、社会问题、单位问题转化为每一个具体岗位的具体工作。完成这些工作虽然需要创造性，但大多数人的工作都需要首先在遵守相同规则（继承前人经验和成就）的基础上认真完成。相同的行业、相同的部门、相同的工作岗位、相同的工作内容，必然决定完成工作问题具有很多相同之处，决定了工作人员必须善于把科学的工作标准理念应用到本地区、本部门、本单位实际的工作思路。工作人员只有学习工作标准，执行工作标准，才能向建立标准、超越标准这种境界转化，只有了解和掌握了标准，才有创新的基础。

我国企事业单位最科学的内部控制制度就是在实际工作中将所有的制度要求都能落到实处。而我国目前的技术标准和管理标准（国家法律法规）普遍表现形式是条文，如何在一个单位中、一个体系中、一个项目中、一个事件中、一项工作中完整地表现各种制度要求，做得科学彻底、经典，就不能简单地依靠个人经验积累。需要通过科学的归纳和整理，把完成工作任务技术标准要求的各个工作要素结合起来，组成一个整体，再对这个整体根据管理标准要求进行分解、排序，通过工作者的科学加工处理过程进行总结，形成工作标准。其他工作人员通过对这一工作标准的学习和掌握，起到经验传授与继承的作用。内部控制的核心目标是杜绝各种违反制度的情况发生，只有将各种制度控制点明确在每一具体工作环节之中，内部控制才能够见到实际效果，企事业单位通过对工作标准执行过程的检查核对，起到内部控制的作用。

根据国家标准委统计资料显示，我国改革开放三十多年来，制、修订各种标准大约有二万五千多项，这些标准基本属于技术标准或管理标准，对于如何将各种技术标准与管理标准科学有效结合，获得最佳效果的工作标准相对较少，我院希望藉由组织研究编写出版《圆通制·工作标准系列》丛书，开创工作标准研究新局面，为科学提高全国工作者的工作水平作出贡献。

中国工作标准研究院

2011 年 8 月

编写说明

WRITTEN INSTRUCTIONS

企业的经营目标是追求利润的最大化和企业价值最大化，因此，就需要有一大批经营管理专家，或者说，每个岗位的工作同志都应当是满足本岗位要求的专家。当我们每个人都需要成为一名优秀的工作专家时，我国数亿工作者如何才能实现这一伟大梦想，这也不难理解党和国家对优秀人才的企盼心理。

以财会人员为例，具备什么样能力才能称为优秀的财会人员？在企业日常管理中，需要他当好管家；在企业资金短缺时，需要他成为融资高手；当企业面对税务问题时，需要他是纳税筹划专家；当企业接受审计时，需要他成为审计问题处理专家；当企业需要分立、重组时，需要他是一名优秀的运筹专家。他既要兢兢业业，严谨周全；还要做好会计核算，掌握科学分析；既要严格财务控制，又要有效运作资金；既要精于内部管理，又要善于外部联络……

这样的人才，对企业来讲才是卓越人才！

在20世纪80年代会计电算化推行前，财务会计人员的核心工作是手工记账、算账、编制报表。财会工作能力主要表现是财会人员的“铁账、铁笔、铁算盘”，就是记账准确、书写规范、运算快速。随着财务会计软件在企业财务工作中普遍应用，记账、算账和编制报表已不再是难事，财务会计软件客观上完成了对财会人员普遍的“三铁”能力准备，全面系统地提高了企业财会人员的会计核算能力，会计核算软件对解放财会人员体力劳动作出了巨大贡献！

财会人员仅实现“三铁”是不够的，正如前述，企业需要会计研究解决众多的财务问题，如申请政府补贴、加强采购费用管理、降低税收成本、快速融通资金等等，信息化社会发展，给企业财会人员提出了更高层次的财务工作能力和管理水平要求。这就需要有新的更好的方法和工具能够帮助财会人员快捷解决问题，以减轻财会人员的脑力劳动！“圆通制”应运而生，其科学工作原理和方法通过多年实践应用，得到有效检验。

在企业里，财经工作是由财务部门完成的。而财务部门根据工作划分不同的工作岗位，我们统计全国一百多所重点大学和一百多家大型企业，发现没有两个单位的财务机构设置是一样的，而财政部及相关管理机构也没有一套比较规范的样板，这就让我们明白为什么财会专家如此难当，工作水平如此难以提高，根本原因在于缺乏财经工作的共性标准提炼。

每个工作岗位的工作项目和工作目录具有相对独立性，就像医院分科分类一样，我们财经工作者完全可以根据自己的兴趣爱好，更具有针对性地选择工作岗位。如果能结合工作岗位针对性学习和训练工作项目和工作标准，必然能够快速适应工作岗位要求，成为岗位工作专家就不是很难。

《圆通制·工作标准系列》丛书，按照工作大类、工作岗位分别研究编写，形成了一套完整的基于工作岗位的工作标准体系。在每一本书中，都选择一批经典的工作标准，满足读者对该岗位工作的学习了解与训练需要。为方便大学生及公务员培训教学，还配套编写了课程教学设计，对教学过程中各环节加以规划，在教学训练中，应采用示范教学、学生训练、项目导向、任务驱动等教学方法，将“教、学、做”紧密融为一体，重点突出解决问题能力的训练。在使用中若与“圆通工作标准软件”和“圆通会计工作能力训练平台”以及“理财世界网”上提供的与丛书相联系的财会工作标准资料结合运用，会收到事半功倍的效果。如果说通过会计电算化软件解放了财会人员的体力劳动，那么，圆通工作标准软件将会进一步解放财会人员的脑力劳动！

进行工作标准化建设在我国目前成果尚少，工作标准需要在学习掌握中不断发展，大量工作标准还需不断研发，希望有志于进行工作标准化研究的专家共同努力，不断推动我国工作标准化事业向前发展。

圆通制·工作标准系列丛书编委会
2011 年 11 月

PREFACE

前言

基于圆通制科学工作原理和方法，对企业财会工作进行标准化研究和开发，并由此向企业内部控制工作精细化、信息化、规范化、科学化延伸和拓展，是一种尝试，更是创新。企业财会工作处于企业的中枢地位，发挥着联系上下、协调左右的作用，建立财会部门的工作标准体系，就如同给企业财会工作装上了“眼睛”和“翅膀”，能帮助大家把工作做得更好。因此，研究开发企业财会部门工作标准体系，意义重大而深远。

财会工作标准体系是遵循“一看就懂、一学就会、照着能做、实在管用”的原则建立的，它是各级党政机关、企事业单位、大专院校领导和工作人员了解、熟悉财会工作的“说明书”，是做好财会工作的“操作工具”，能使大家把已经熟悉的工作做得更好、更规范，对不太熟悉的工作能够迅速介入、快速适应、不走弯路。工作标准体系把财会问题细分为若干个工作项目，每一个项目实际上就是日常的一项具体工作，它包括了企业经营的方方面面，涵盖了目前企业经营工作的大部分内容。对每项工作标准的内涵从文字上进行了释义；对工作标准的基本内容进行了明晰；对完成工作任务事前所需准备的材料、事中产生的材料、事后形成的结果材料，以及完成工作应遵循的政策法规依据、参考资料、图表、例文等都进行了明确标注和附加；对完成工作任务的步骤、环节和流程进行了详尽的描述，不仅全景式地展现了企业经营的所有工作，更重要的是，给大家提供了做好每项工作的方法和路径。为企业经营人员完成工作提供了有章可循、有据可依、有例可参的“样板间”，形成了责任明确、运转高效、反应灵敏、评价有度的工作范式。

中国工作标准研究院的同志们为本书提供了工作标准初稿，付出了大量辛苦劳动，中国财政经济出版社徐洁、樊清玉等编辑富有创意而辛勤的工作为本书增添许多光彩，在此表示衷心的感谢！

财会工作标准体系的建立，是一项艰巨而宏大的工程，有待于全国财会工作者的共同努力。本书仅仅是一种初步探索，希望起到抛砖引玉的效果，亦期望更多的同仁参与圆通工作标准的研发工作，一道携手推进我国企业财会工作标准化进程。

编著者

2011 年 11 月

目 录

Standardization organs

第1章　科学工作原理

企业财会工作为什么要标准化?

企业财会管理有没有规律可循?

一名优秀财经工作者的工作经验如何得到复制?

圆通制·科学工作原理系统地回答并解决了这些问题。

人们在小学、中学、大学甚至研究生求学阶段，学习相同内容，处理相同事务，同学们感受到的只有学习成绩或学习效果之间的差异，同学们善良、单纯、积极向上的性格没有大的差异。为什么人们不论是小学毕业走向社会、中学毕业走向社会还是大学毕业走向社会，没有几年时间，同学们之间的差异就变得非常明显。核心原因是人们所处环境发生改变，遇到的命题与事件产生质的不同，如何对这个命题或事件进行解答或处理，没有了统一的书本依据，完全依靠个人针对单一问题提出解决方案，并承担执行这一方案所带来的结果，这才是根本之不同。

知识能够改变命运吗？很多人深思过这个问题。知识是人们在社会实践中所获得的认识和经验的总和。只有恰如其分地将知识转化为解决面对问题的能力，具备胜任某项任务的主观条件，知识才具有生命力，才能改变命运。正如生活中屡见不鲜的问题，有很高学历、很高职称的人，并不比低学历、低职称的人做得更好。源于他们是否基于面对的问题，掌握了解决这个问题的绝对知识。这个知识，现实社会中，经常简单地归之于工作经验。在工作中，某人解决了一个问题，领导评论时，夸他富有经验；某人将一工作干糟了，领导批评他缺乏经验。众多已处中年，身居中层的人士，游离于社会各种经验培训场所，倍感解决工作生活难题之艰辛，慨叹工作经验之缺乏。

我们解剖经验，研究经验，在大量统计调查的基础上进行了数百次的试验，发现人类脑力劳动具有其科学的原理和方法。优秀人才的工作经验，通过分解对比可以提炼总结。缺乏工作经验的人可以通过训练掌握优秀人才的工作经验，可以提高工作效率和工作质量，实现促进社会进步与人生成功效率的目的。

圆通制主要包括工作成功律、工作标准体系、工作标准律、工作突发律、工作主观律等。电脑可以存储生成无限的字符，通过传输可以快速复制给另一台，那么，人类的经验今天也会快速复制给需要的人。

圆通制基于科学、理性、客观的基础，使工作化繁为简、化简为易、化易成趣、化趣成道，是工作标准化的科学基础，帮助人类实现脑力劳动过程中快乐工作、享受工作的客观需要。

1.1 工作成功律

人类工作成功到底有没有规律可循?

圆通制中工作成功律的答案是肯定的!

工作成功律构成圆通制的核心内容，总结描述了单一工作取得成功的基本规律。

成功的事不能代替失败的事，失败的事已经造成的损失也不能挽回，心情沮丧也没有用，因此，成功是工作一件件做好积累而来的，成功率高了，一个阶段就是成功的；失败率高了，一个阶段就是失败的。一个人或者一个企业，能把事情做成功，总是符合这样的规律：首先，一定知道遇到的问题是什么，这个问题为什么是这个问题，而不是那个问题，这样才能辨别清楚问题的本质，抓住真正的问题；其次，针对问题，发现总是有不同的解决办法，就如同上山有不同的路，有些时候，束手无策，一片茫然，云里雾里，好像一条路都没有，研究下去，就发现必然有解决的路径，甚至不止一条道，还可以选择最佳的路径；路径明确了，就需要解决问题的方法，方法一定是和措施相关联的，想的简单、没有措施就是很困难，如同从一地到另外一地访问，两地之间，可以走路、可以骑自行车、可以开汽车、可以坐火车、可以乘飞机，如果没有飞机，只能选其他方法，因此，措施就是我们解决问题的条件，没有措施条件，可以创造条件。如果对到达拜访地时间有严格限制，可以选用的方法就不多了，可以采取的措施也就不多了，最终，在众多的方法和措施之中只能选择最佳方法和有效措施，最后，问题获得良好解决就是必然的结果。

这些规律积累起来，简化一点描述就是：知道解决什么问题，具有解决问题的思路，能够找到解决问题的方法，掌握解决问题的措施，能够实现问题的有效解决，我们称之为工作成功律。

工作成功律揭示了工作者科学完成独立事件的基本规律。一位工作者，如果不知事件包含的问题，不懂解决问题的思路，找不到解决问题的方法，没有支撑解决问题的措施，想要获得问题的解决，肯定是没有成功把握的。

工作成功律是工作的基本规律，人类伟大之处在于，能够针对一项工作，在相同的行业、相同的部门、相同的工作岗位、发现工作内容的相同之处，能在普遍中寻求解决的思路标准、方法标准、措施标准和结果标准，因此，工作成功是一件一件的成功，经验是一个一个的积累，人的一生会做许多成功的事，也会做许多不成功的事，成功的人士做成功的事多一些，所谓不成功的人士完成一项工作不一定失败的几率就大，也可能他的失败只是瞬间在一项特别重大工作中的失败。

“太阳底下无新事”，这是一位哲人的论断。工作者通过学习工作成功律，执行工作成功律，达成目的的几率才会大，如果不去学习掌握社会业已存在的经验，一个人纯粹依靠自己的摸索，仅仅几十年时间不仅失败几率大，而且工作效率低、质量也差，因此，人们在工作中重要的是发现问题，找到问题，才能寻求解决此问题的经验进行整合参考，整合解决的效果好，这项工作过程总结就有可能成为大家学习的经验或标准。

掌握工作成功的基本规律，就能够提炼相同行业、相同部门、相同工作岗位、相同工作项目的工作问题的相同之处，就能够寻求和应用最优解决思路、解决方法、解决措施，达到最优工作结果。一项工作标准，就是一个成熟经验。大众通过学习工作标准，执行工作标准，逐渐向建立标准、超越标准这种境界转化，也就奠定创新的基础。因此，每个人既是经验的学习继承者，又可能是工作标准的缔造者。

1.2 工作标准体系

工作标准体系是以工作标准为基础，明确岗位工作目录，指导岗位设置、科学成立机构，进而建立科学量化考评机制。

这句话如果反过来看，更符合大多数人的思考习惯：科学成立机构，科学设置岗位，明确岗位工作目录，建立工作标准，实施科学量化考评机制。

人和工作不是独立的，始终存在于一个系统中，这个系统构成一个相对完整的工作标准。一个工作标准与多个工作标准结合，就会形成一个更大的工作标准体系，工作可以由宏观向微观细分，工作也可以由微观向宏观组合，最重要的是人的思想与目标的定位，正如我们前述“一”的诞生，便是工作的开始。

要完成一项工作，成就一个事业，承担工作的人就要准确完成个人的定位，这个定位不是一成不变的，如同 GPS 卫星定位系统，当车辆位置发生位移，定位坐标就会发生改变，人所处环境发生改变，身份、责任、权利与义务随着所处环境变化而发生改变。

现代管理科学要求工作者到位而不越位，每个人都有自己的位置，如果不能准确找到自己的位置，就是迷失了自己的责任与权力。不管是机关还是企业，每一个工作岗位都会有明确的权利和义务，而且往往写成“职位说明书”，我们进一步描述为工作目录，就是明确工作者的职责范围、工作权限。

一个工作者所处的位置就如同画的一个无形的体系，上下左右都在这个体系内。一个工作标准有一个工作标准的体系，一个人有一个人的体系，部门有部门的体系，机构有机构的体系。这些无形的体系，就构成工作体系，就是一个个独立而又有联系的工作系统。

人们对体系的认识，构成个人能力的重要内容。一个人对一个乡村、城市、甚至一个单位、行业的认识和了解，其熟悉程度，就是对该体系的熟知程度，领导者或管理者，更多地是对体系的了解，因此人们有必要积极主动分析体系、罗列体系、学习体系、认知体系，能够更快地提升自身的工作能力或生活能力。

古人曰：“惟名与器，不可以假人”，就是说，唯有名义和权利，是绝对不能借给别人的。名义绝不仅仅是个“代号”那么简单，名与器，是体系的核心，是地位、权势和力量的象征，就是他的“位置”，如同奥巴马担任了美国总统，奥巴马的价值在于总统的“位置”。体系不同价值也不同，同样是总统这个位置，因为所处体系（国家）不同，价值差距就很大。因此，一个团体或一个人不能离开他的体系，如果离开他的体系，他的所谓地位、权势和力量就丧失了作用，他因进入新的体系而需要重新建立或者重新适应进入的体系，优秀的工作者能够清晰地分清每个人、每个部门的工作范围，掌握工作标准，分清这些无形的体系，甚至两个人、两个部门合作处理一项新的工作，也能恰如其分地分清各自的工作位置。

位置清楚了，做事也得到位，本职岗位的工作，需要积极主动完成。工作是有标准的，掌握了标准，遵照时间约定，按照规定流程，坚决去做，而且做到家，不折不扣地完成工作任务。如果一个单位体系混乱、必然单位混乱；如果一个地区或一个国家，某个体系紊乱了，必然造成社会混乱。工作体系更通俗一些讲就是业务、环境、习惯等等，因此，人们应当尊重习惯，不能假借创新之名，破坏前人形成的优良工作规范。通常，一个地区工作体系稳定，该体系相关的人员群体就会稳定，个体受体系的约束影响就大。

工作标准体系从研究角度来看，具有将工作的各个要素、各个环节、各部门有机地结合起来构成一个新的有机整体的能力。综合的过程对于准确认识工作之间的内在联系、从整体上考察客观工作项目具有重要的作用。工作标准化，已经不再是简单的大拼盘，制度的堆积，而是在以人为本的基础上各学科、各要素之间的有机渗透、交叉和融合，既有多个学科制度的交叉，也有多个学科制度的渗透，不是简单的专业学科机械相加，而是紧紧抓住各个要素之间的内在联系，紧紧抓住对各部分的制度要求之间的内在联系，从中把握事物整体的本质和运动规律，即科学的归纳和整理，把需要完成工作问题的各个工作要素结合起来，得出一个全新的整体性的认识和要求，因此，工作标准制定过程是从微观到宏观的过程。

一个具体的工作标准，就是一个完整的系统，完整地表现各种实际工作中所需要的制度要求；在组织实施过程中，再对这个整体要求根据时间先后进行分解、排序，这个分解与排序是工作标准从宏观到微观的过程，因此，一个优秀的工作标准的形成和执行过程，是客观的科学的产物。

社会脑力劳动分类越来越细，政府或行业组织应当组织专业人员分析研究现实问题，形成工作标准；普通大众则通过对工作标准的学习和掌握，起到经验传承、快速普及的作用，单位通过对工作标准的执行，起到保证工作质量、检查督促、评价考核的作用。

能够随势准确定位自身工作范围，恰当尽到自身责任，运用自身权力，工作到位而不越位，这就构成了工作经验的第二个核心内容。工作标准体系是以工作标准为基础，明确岗位工作目录，指导岗位设置、科学成立机构，进而建立科学量化考评机制。

在工作标准体系中，任何权利都是相对的，每个人无论职务大小，如果与一项工作相关，都有工作的权利与责任，都是完成工作中的一个环节。这个工作环节重要性的大小，由能否可逆决定，可逆与不可逆性决定工作成败与责权的大小，因此，人在工作环境中，没有尊卑贵贱之分，只有环节位置之分。责任是运用权力过程中所产生的一种义务。直接上级在给其直接下级制订岗位工作标准时，应明确界定直接下级负责的工作环节及相应的处理范围，直接下级对所承担的工作环节负有责任，在工作标准体系内，管理人员仅对其下级完成任务的成效负有督导责任。应当改变社会普遍对上下级之间关系的错误认识，并不是所有工作都表现出必然的上下级位置关系。有些工作环节中下级可能排在上级之后，有些工作下级可能排在上级之前，由于工作标准规定了工作人员在工作环节处理中需要掌握的技术标准和管理标准是不同的，因此，上下级在工作环节之间有些具有可替代作用，有些工作环节是不可替代的。

无论是企业还是政府机关，直接工作责任和领导责任不能混淆，直接领导责任与间接领导责任不能混淆，一个优秀工作标准体系的建立，可以准确区分部门之间、岗位之间、上下级之间的权利与义务，也是制定科学的考评体系，责任追究体系的基础。一项工作不是独立的，而是存在于一个系统中，这个系统构成一个相对完整的工作标准。工作标准从研究角度来看，具有将工作的各个要素、各个环节、各部门有机地结合起来构成一个新的有机整体的能力。综合的过程对于准确认识工作之间的内在联系、从整体上考察客观工作项目具有重要的作用。工作标准化，已经不再是简单的大拼盘，制度的堆积，而是在以人为本的基础上各学科、各要素之间的有机渗透、交叉和融合，既有多个学科制度的交叉，也有多个学科制度的渗透，不是简单的专业学科机械相加，而是紧紧抓住各个要素之间的内在联系，紧紧抓住对各部分的制度要求之间的内在联系，从中把握事物整体的本质和运动规律，得出一个全新的整体性的认识和要求，从而进行科学加工实现目标的过程。

科学的工作标准应当是在实际工作中将所有的制度要求都能落到实处。如何在一个系统性工作中，完整地表现各种制度要求，不能依靠工作人员的简单经验积累和记忆，必须通过标准形式，即科学的归纳和整理，结合技术标准把需要完成工作问题的各个工作要素结合起来，组成一个整体，再对这个整体根据管理标准要求进行分解、排序，通过一批专业人员的分析研究，形成科学的工作标准。其他人员则通过对工作标准的学习和掌握，起到经验传承的作用；通过对工作标准的执行，起到保证工作质量的作用。企业工作标准体系如图 1 - 1 所示。

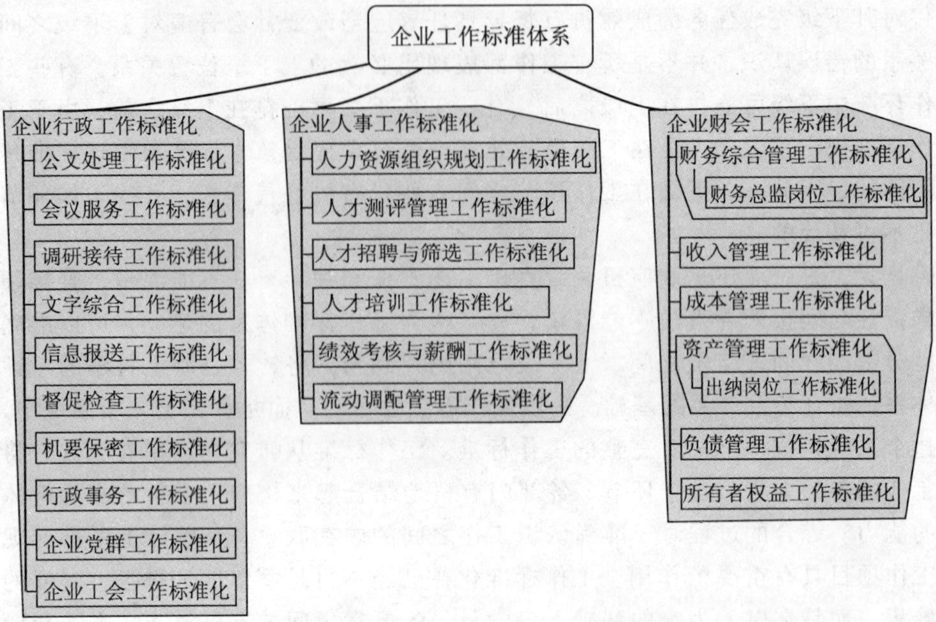

图 1－1　企业工作标准体系

1.3　工作标准律

古人曰："天下之事不难于立法，而难在法之必行"。工作也是如此。制度要求如果仅仅停留在口头上、会议上、文件上，而不去执行和落实，制度再好也会成为一纸空文。如何提高执行制度的自觉性，使人们不折不扣按制度办事？如何健全、完善制度，使制度更加趋于严密，减少制度的"弹性"，少留制度的"空白点"？如何不断进行制度创新，将没有的建立起来，不完善的健全起来，过时了的及时修改，形成一整套便利、管用、有约束力的制度？

日常工作中，总能发现才能出众的人，会将一个事件或工作项目处理得井井有条，圆满周到。而一个人第一次处理一项陌生的工作，会有很多漏洞，发生很多差错，多做几次，会弥补漏洞、减少差错；如果将一项工作重复次数多了，熟悉了处理这项工作的来龙去脉，就有了丰富的工作经验，大家就认为其入行了，再换别的工作，总是不如原来的工作顺手，于是就有了"男怕入错行”、“隔行如隔山”的民间警语。研究工作标准就能理解，其实不是隔行如隔山，不懂一项工作标准就如同隔着一座山，如果学习了这项工作标准，就会进入胸有成竹、有条不紊处理工作的快乐境界。

工作标准内容是怎么构成的呢？如果安排下级独立去完成一项工作，从头至尾，形成一个完整的处理过程，我们将这个过程发生的一切记录下来，进行不断重复，通过分析总结，就会发现它们的共同规律。我们进一步研究税务事务、金融事务、科研事务、行政事务、报社记者等数百事项的处理过程，发现能够被重复的、被借鉴的、被提炼的成分包括工作标准名称定义、工作标准基本内容、工作标准所需资料、工作分解流程图和相关工作标准等，构成了人们处理工作的基本规范，简称工作标准律。有了工作标准，相同工作便会简单、易学、照着做，既适应于个体，又适应于集体。

工作标准名称定义是对工作范围的准确定位，是工作者统一思想、统一认识、统一目标的旗帜，是区分这项工作与另一项工作的标志。领导下达命令，下级接受命令，上下级一定要取得一致的目标理解，如果理解不一致，会造成失败的结果。那么，如何给下级一个准确的命令，这就要将前述“岗位说明书”职责定位进行科学的工作细分，不允许用很笼统的词汇描述。一项工作可以分解为若干条工作项目，每条工作项目又可分为若干工作子目，一直细分到大家认为可以科学界定时为止。既然有了准确定位的工作项目，这项工作如何完成，能够制定具体解决方案即工作标准，就如同机械生产中的标准件。

工作标准通常可以根据独立构成原则进行研究，工作标准肯定是研究对象岗位的工作，也是该岗位发生的工作事件、工作项目或者工作问题，需要在工作中由个人或团队组织完成的实际业务。工作标准成立的前提是该工作可以由工作人员组织完成，不能只可意会不可言传，应当用语言准确描述，工作标准包括形象思维，但更具有逻辑推理属性，行业内专业人员能够普遍认可，非业内人士也可以理解，不能将知识与工作名称混淆。

工作核心目标就是这项工作最终需要产生的结果、结论或要达到的目的。现实生活中，经常发生在完成一项工作过程中会带来多个辅助工作成果，那么，在这项工作中需要明确的核心目标是什么，需要准确定位，不能目标不清。目标不清，就是非不分，就会造成争论和分歧。区分一个具体工作目标的过程，其实就是工作细分之过程。

既然是工作，就要制定开始工作的时间，没有开始工作的时间，就没有结束工作的时间。因此，明确工作开始时间是非常重要的，可以采取法定时间，制度规定时间，也可以采用社会公认时间或上级安排的时间等等。一项重大工作，开始时间安排如同战役开始，影响全局，有了开始时间，工作过程细分就能统筹安排，效率与效果就会得到保证。如果开始时间不当，时机不成熟，完成任务的困难就会很大。如果安排的工作迟迟没有实施，工作拖沓，也可能贻误时机。

一个工作者隶属于一个单位，承担完成本单位的一项工作任务时，就是这项工作的代表，这个单位的代表。承担工作者如果能够准确清晰地了解与完成这项工作相关的工作部门或工作单位，就会理解各自工作的范围和职责，就会准确进行定位，定位的依据是法律法规。实际工作中，经验欠缺的人就会界定不准确，不知与哪些机构有关，与哪些部门无关，相关部门又应当承担什么样的工作内容。因此，清晰了解相关单位是完成工作重要的一环。

熟悉了完成这项工作与哪些单位相关，就可以界定这些单位的代表者即个人，他们就成为完成这项工作的相关人员。相关工作人员工作在不同的工作地点，可能基于安全或管理的原因，完成这项工作时的工作场所或涉及的工作环境会对工作造成很大的影响。

所有相关人员在完成这项工作中均代表各自的部门利益或部门责任，因此，工作就会像接力棒一样在接力者手中传递。这些接力者不仅涉及单位的具体工作人员、经办人，还包括相关单位的负责人，因此部门交接、部门协调、部门审批与部门监督等等，实际工作要落实到人。落实到人有两层意思：首先任务要分解到人，其次责任要明确到人。要将工作目标任务认真分解，按时按量落实到相关机构，相关机构再量化到下级机构、到部门、到科室、到个人，做到人人肩上有担子，个个身上有责任，形成一级抓一级，层层抓落实的良好氛围。

富有经验的工作者接受工作任务后，大多对完成工作需要的条件心中有数，在脑力劳动者看来，这些条件大多是工作过程需要的资料清单、资料数量，需要遵守的技术标准资料及管理标准资料。

对工作处理流程进行分解是事件处理的必然要求，对任何一项工作标准的建立，都需要综合考虑这项工作完成的过程并进行程序性环节分解，分解后对每一个环节按照处理时间先后进行排序，一个环节一个环节去调整解决，环节之间时间需要多少是不同的，形成该项工作业务处理和控制流程。工作过程分解的环节不能太少，太少分不清楚，也不能分得太多，太多分得有些太细，工作分解一般不超过六个核心步骤。

如何判断每个环节工作任务处理情况，需要结合技术标准资料和管理标准资料对处理结果进行判断，每一环节都要作出“真实性、及时性、完整性、可行性、合规性、正确性、合法性”等判断，能够作出准确判断的前提是熟悉技术要求资料，根据文件要求作出这些判断，再根据判断结果明确下一步处理的路径方向，返回修改、终止还是继续下一步工作。这是体现内部控制思想、保证工作质量的重要标志。

那么，这六个过程是如何命名的呢？

工作首先从接受任务开始，既是开始的标志，开始计时，也是表明开始行动的位置。

进程 1：接受任务，理解目标

进程 2：分解细节，准备周到

进程 3：安排动作，合理妥当

进程 4：组织实施，恰如其分

1.4 工作突发律

一个人遇到工作中突发事件怎么办？不能老虎吃天，没地方下爪。因此，需要人们掌握处理工作的基本思考规律，也就表现为基本的工作能力。这一基本规律就是：具备系统思考问题的能力、具备准确抓住问题本质的能力、具备独立提供解决问题方案的能力、具备准确提出解决问题核心流程的能力、具备准确提供解决问题所需资料的能力、具备解决核心问题时对相关问题统筹安排的能力。

事实上，很多人不具备对陌生或突发工作的处理能力，现实生活中，企事业单位总会计师、保险公司总经理、银行行长、税务局局长，财政局局长、审计局局长等学习的专业应该是财经类专业，属于典型脑力劳动者。那么，刚刚毕业的财经类大学生做为一名工作新人，与这些成功的局长、行长相比，假如同时遇到一个问题，就有下述显著的区别：

缺乏系统思考问题的能力。工作整体性、关联性、等级结构性、动态平衡性、时序性等是所有系统共同的特征和要求，强调思考问题系统性的重要性。财经人员缺乏全局或事件整体角度分析问题的习惯与能力，一方面是各种财经制度基于控制经营风险的需要，强制将一项完整的工作割裂开来，由不同的人、不同的部门进行处理，就如同会计与出纳不能由一人完成；采购需求、采购过程、采购入库不能由一个部门完成，长期形成的物理划分，造成硬性工作区间与思维空间。自然形成缺乏积极思维与主动思维，表现在工作上就是被动与狭隘。而体力劳动者更多是将不同部件生产和加工，有意识地组装成一个整体，因此，客观上更多形成系统整体思维模式。

缺乏准确抓住问题本质的能力。一个问题处理中会发生多个中间问题或连带问题，关键是如何分辨这些问题，抓住核心，不被枝叶问题蒙蔽。而现实中，财务工作者重视经济现象的记录与反映，缺乏与企业现实经营或经济事件的有效结合，不能准确抓住问题的本质，对企业财务问题的发展缺乏驾驭能力。

缺乏独立提供解决问题方案的能力。财务工作者不清楚一个经济事件是由哪些经济因素组成的，对每个经济因素对应的会计工作处理标准缺乏了解和把握，反过来，就不能对经济事件提出完整解决方案。

缺乏准确提出解决问题核心流程的能力。解决问题需要清晰了解问题的构成，能够将问题解剖开来，提出处理过程。而目前财务工作者局限于会计核算，不了解或不能准确描述解决经济事件或财会问题的核心流程，对本职工作项目也不能准确描述。

缺乏准确提供解决问题所需资料的能力。接受一项工作任务，完成过程中，需要具备哪些资源？在什么环节准备哪些资料？很多财务工作者不了解或不能准确描述解决经济事件或问题需要的资料，对涉外财会事务需要的资料更缺乏系统准确的掌握。

缺乏解决核心问题时对相关问题统筹安排的能力。由于缺乏系统思路训练，解决财务问题顾此失彼，缺乏统筹解决经济事件，处理好各方因素的能力。

上述能力需要的知识并不是大学生缺乏。他们可能熟知法律和专业知识一条条、一项项甚至记忆很多，缺乏的是能够有效运用突发工作律展开工作思考的能力。

1.5　工作主观律

社会是一个完整的工作系统。每个工作人员就职单位各不相同，可能是政府机关，也可能是企事业单位，甚至是一个临时项目机构，但都有明确的工作岗位或工作。在大部分情况下，一般工作人员都有上级负责人或分管的下级，作为上级要工作，下级也要工作，大家都在面对一个共同的问题——工作。根据圆通制思想，工作快乐与否，需要符合工作构成要素基本规律处理模式。

接受工作：接受工作包括以下内容：第一，接受上级任命或岗位聘任，则意味着无条件接受该岗位的全部工作，接任者需要准确了解该岗位的工作目录和工作标准。第二，需要掌握接受上级安排重点工作或命令的能力。当上级安排工作时，要认真倾听、深入领会上级的意图和要求，切忌三心二意，心不在焉，不知上级所云。接受任务时，给上级反馈的第一个信息应该是“坚决服从，保证完成任务”，第三，是对工作任务核心目标能够准确理解，约定开始工作的时间和结束工作的时间等，防止目标理解上的不一致。第四，切忌在上级安排工作任务时推三阻四、罗列困难、强调客观理由；第五，对于上级安排工作任务时明显考虑不周的情况或重大困难因素，在接受工作任务后，对上级进行提醒或沟通，仅作为上级参考因素。（注：下级勇于接受任务，上级会感到很快乐；上级对下级很满意，下级会受到表扬，也会很快乐；反之，下级不积极接受任务，上级会感到很郁闷，对下级就不满意，下级会受到指责，也不会快乐。）

解释工作：面对工作任务，第一时间需要完成对工作任务的消化理解，便于自身或对工作团队中不清楚工作的人员进行解释。要想解释清楚工作，需要理清工作思路，分析这个工作任务在总体工作体系中处于什么位置，是否具有对应的工作标准，如果没有直接对应的工作标准，那么，这项工作与什么工作标准相近，采用靠标方法思考来降低难度。需要解释的内容，首先是对任务目标解释，其次是对完成任务的时间解释，最后是对完成工作任务涉及的要素进行归纳和分解。解释往往要根据对方需要释疑的内容进行。（注：通常单位内部年长者、领导、有经验者等要担当此任。授人以渔，往往会感到快乐，聆听者非常清晰了，也会很快乐。）

准备工作：准备工作包括两部分内容，一是完成需要自己实际完成的工作项目；二是对完成工作需要的外围条件进行扎实有效的筹备工作；根据系统化思维要求，确保工作完成质量的前提条件是高度重视、仔细周到、充分有效。准备的内容包括完成本项工作所需要的人、财、物三个方面：人——需要哪些人员的参与、协助、支持；财——完成任务所需要的交通、资料及其他相关费用；物——完成任务所需要的硬件、软件以及文件资料。要认真思考相关人员所做准备工作内容关系，准备工作要达到什么目的？应该怎么做才能达到甚至超越领导的期待？对上述思考结果最好建立备忘录，以保证工作任务的圆满完成。

安排工作：安排工作包括管理岗位对下级工作的具体安排，也包括对自己承担的工作在开始处理前确定工作思路、工作重点、工作目标等统筹计划。工作安排必须是针对工作核心目标、工作时间、工作条件、相关工作等要求明确而具体；对工作中涉及的相关部门、相关人员的配合协作等因素考虑周到细致；对工作完成需要分解的环节步骤设计得科学、可行、高效；能够确保工作效率、工作质量。

请示工作：请示工作是完成工作过程中出现超越自己处理权限的问题，出现需要变更原审批执行计划内容，在规定时间内已不能完成工作任务，或出现自身可控预期之外的异常情况等等，都要向上级领导及时请示。请示时要对上级阐明出现的情况，拟定多个可供上级选择的处理方案，供上级选择、拍板，否则，只摆一堆问题去“看领导怎么办”，只能使上级觉得你不会工作、怕动脑子。上级对下级的指示要清晰准确，或者授权下级处理要及时合理。科学请示工作是下属对上级领导尊重和服从的必要体现，符合内控制度要求，是确保工作质量的重要环节。请示工作中忌讳应当自身承担的工作责任不承担，而通过请示工作来规避责任，逃避责任，推卸责任。日常工作中，对属于自己本职工作范畴的工作，不能随意请示，否则，就是个人工作能力不足。正确请示工作是科学处理上下级关系的良好渠道。

跟踪工作：作为某项工作的负责人，要想控制工作的进度和达到预期目标，需要有效跟踪处理过程。跟踪工作的关键点是工作开始前了解各项准备是否到位，工作过程中是否按预定时间完成节点，每个节点是否达到预期目的，是否出现预期之外的异常情况。工作中相关部门、相关人员的配合或交接等是否到位。跟踪过程中发现的问题要及时纠正处理，对工作完成过程中影响工作进度、工作质量、工作结果的困难或问题，要及时支持或解决，超出权限的要向上级及时请示。

汇报工作：汇报工作是工作处理过程中非常重要的环节，要根据工作重要性及领导关注度及时恰当汇报，这样，不仅可以证明自身能力，展示自己的才华，而且还是领导及时了解工作进展，取得领导信任与沟通，接受领导指导培养的良机。工作汇报一定要注意恰当掌握汇报的节点和间隔，目的不是取得上级指示，而是让领导掌握工作情况。汇报包括书面汇报及口头汇报。不能长时间不汇报，也不能事无巨细地汇报和越级汇报；正确把握汇报的重点，对领导需要了解的工作进展情况的汇报应力求简明扼要、重点突出，对存在问题的汇报要进行分析并提出对策和建议；汇报内容要以事实为主、客观描述，尽可能避免修饰形容；汇报过程中对问题主动承担责任和接受领导批评指导，对成绩主动征求领导意见，避免给人以心浮气躁、桀骜不驯、骄傲自满的不良印象。

评价工作：评价工作是个人或单位针对工作计划中确定的核心目标，以完成工作过程中产生的客观资料为依据，结合核心目标的达成情况、时间效率对工作过程中相关工作人员（包括自己）的表现进行准确评价分析（空洞的评价没有说服力）；评价工作的目的是改进工作标准，通过工作计划与工作过程进行对比评价，改进执行力或计划科学性。评价既意味着一项工作的结束，也是新工作的开始；既包括工作总结，也包括结果奖罚。对工作的客观评价有助于培养分析问题和解决问题的能力，有助于改进工作方法，提高工作能力；有助于提高执行力和工作效率。

第2章　企业工作标准化基础

2.1 工作标准概述

世界通行一种传播最优经验的做法，叫标准。标准是在一定的范围内获得最佳秩序，对活动或其结果规定共同的和重复使用的最佳规则，是以科学、技术和经验的综合成果为基础，以促进最佳社会效益为目的而制定的文件。标准按级别划分包括国家标准、行业地区标准和企业标准；按内容划分包括技术标准、管理标准和工作标准。

2.1.1 技术标准

技术标准是对需要协调统一的技术事项所制定的标准，是对构成教学要素的客观的、物质的、条件的、规范的描述。企业财会工作标准遵守的主要技术标准包括《中华人民共和国会计法》、《企业会计准则》、《企业会计制度》、《会计基础工作规范》、《会计档案管理办法》等有关会计业务技术方面的规定以及相关政府采购、税收、社保、审计法律、法规、制度和企业内部财务会计制度。

2.1.2 管理标准

管理标准是以管理领域中需要协调统一的重复性事物为对象而开展的有组织的制定、发布和实施标准的活动，其核心是以时间效率为特征。企业财会工作标准遵守的主要管理标准包括《中华人民共和国会计法》、《事业单位财务规则》、《企业财务管理制度》、《企业会计制度》等有关时间、效率相关规定条款。

2.1.3 工作标准

工作标准是财会工作人员在本职工作岗位上，严格遵循技术标准的规定，在管理标准允许的时间范围内，将需要完成的财会工作，通过科学的归纳、整合、分解、排序和加工处理，形成最佳工作结果的过程规范。圆通工作标准是以工作目标为导向，依据圆通制科学工作原理和方法建立的。不同于国际ISO标准管理中的工作标准，国际工作标准更倾向于动作标准，不能覆盖技术标准和管理标准。

根据我国人部发［2006］70号《事业单位岗位设置管理试行办法》“第三条 本办法所称岗位是指事业单位根据其社会功能、职责任务和工作需要设置的工作岗位，应具有明确的岗位名称、职责任务、工作标准和任职条件。”

全国人大及国务院颁发的法律法规属于国家级标准，财政部、国家税务总局等国务院业务主管部门和各地区颁发的法规属于行业或地区标准，企事业单位制定的制度属于企业标准。据国家标准委统计资料，我国改革开放三十多年来，制修订各种标准大约有二万五千多个，这些标准基本属于国家级技术标准或管理标准，对于如何将各种技术标准与管理标准科学有效结合，获得最佳效果的工作标准，我们依据圆通制编制了许多样板工作标准，属于企业级指导标准，是本书需要说明的核心内容。

2.1.4 技术标准、管理标准与工作标准之间的关系

工作标准从研究角度来看，具有将工作的各个要素、各个环节、各部门有机地结合起来构成一个新的有机整体的能力。综合的过程对于准确认识工作之间的内在联系、从整体上考察客观工作项目具有重要的作用。工作标准化，已经不再是简单的大拼盘，制度的堆积，而是在以人为本的基础上各学科、各要素之间的有机渗透、交叉和融合，既有多个学科制度的交叉，也有多个学科制度的渗透，不是简单的专业学科机械相加，而是紧紧抓住各个要素之间的内在联系，紧紧抓住对各部分的制度要求之间的内在联系，从中把握事物整体的本质和运动规律，得出一个全新的整体性的认识和要求，从而进行科学加工实现目标的过程，参见图2－1。

工作标准把技术标准要求转化为科学工作的正确思路。不同地区、不同系统、不同单位、不同岗位虽然财会工作基础不一样、条件不相同，有的甚至存在很大差异，但它们都必须将需要解决的问题转化为每一个具体岗位的具体工作。完成这些工作虽然需要创造性，但大多数人的工作都需要首先在遵守相同规则（继承前人经验和成就）的基础上认真完成。相同的行业、相同的部门、相同的工作岗位、相同的工作内容，必然决定完成工作具有很多相同之处，决定了工作人员必须善于把科学的工作标准理念应用到本地区、本部门、本单位实际的工作思路。工作人员只有学习工作标准，执行工作标准，才能向建立行业标准、超越标准这种思想转化，只有了解和掌握了标准，才有创新的基础，参见图2－2。

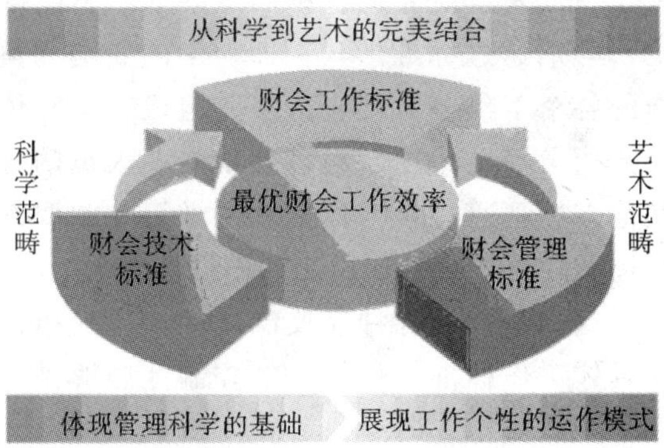

图2－1　企业先进财会工作成果构成的核心要素

注：三者的科学结合，是完成一切工作的必然结果，缺一不可。

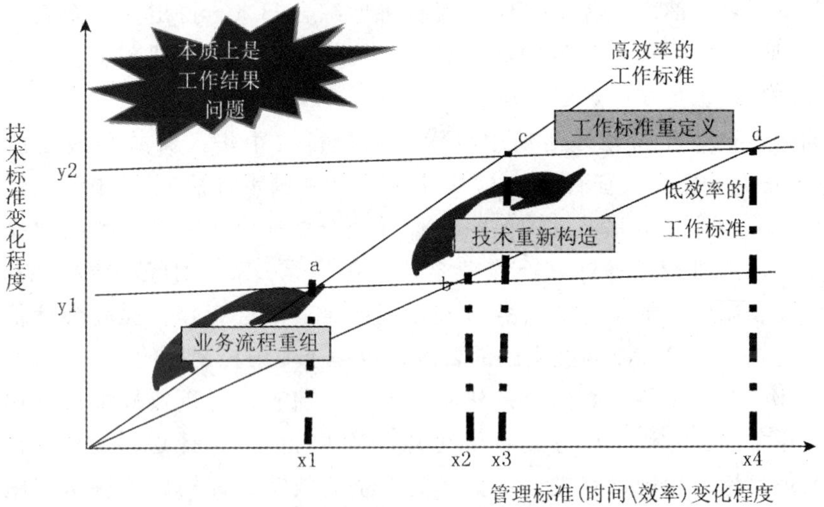

图2－2　从工作效率演化看工作标准科学发展

注：上图中假定某项工作在y1层级技术要求情况下，在ac与bd状态下，完成工作需要的时间分别为x1和x2，在y2层级技术要求情况下，在ac与bd状态下，完成工作需要的时间分别为x3和x4，表现出很大差别，核心原因是两者的工作标准不同。

科学的工作标准应当是在实际工作中将所有的制度要求都能落到实处。我国目前的技术标准和管理标准（国家法律法规），普遍表现形式是条文，如何在一个系统性工作中，完整地表现各种制度要求，不能依靠工作人员的简单经验积累和记忆，必须通过标准形式，即科学的归纳和整理，结合技术标准把需要完成工作的各个工作要素结合起来，组成一个整体，再对这个整体根据管理标准要求进行分解、排序，通过一批专业人员的分析研究，形成科学的工作标准。其他人员则通过对工作标准的学习和掌握，起到经验传承的作用；通过对工作标准的执行，起到保证工作质量的作用。

内部控制的核心目标是杜绝各种违反制度的情况发生，只有将各种制度控制点明确在每一具体工作标准之中，内部控制才能够见到实际效果，才具有操作性和实用性。

2.2 企业工作标准化的路径

企业财会工作标准化建设是以财会工作项目为核心，将工作的各个要素、各个环节、各个部门、各个工作要素有机地综合起来，得出一个全新的整体性的认识和要求，即科学的归纳和整理，构成一个新的有机整体。因此，工作标准制定过程是从微观到宏观的过程。

如何在企业经营管理活动中科学贯彻执行《中华人民共和国会计法》、《中华人民共和国税收征管法》、《中华人民共和国审计法》、《中华人民共和国银行法》、《中华人民共和国保险法》、《企业财务会计报告条例》、《企业会计制度》、《企业财务通则》、《企业会计准则》等一系列财经法律法规和相关财经政策和制度，加强企业财务管理，规范企业财会工作，提高会计信息质量，既是企业内部控制制度实施的要点，也是企业内控制度的核心。

企业内部控制的核心内容是建立有效工作流程，将企业战略目标构思转变为工作方案，并将工作方案演化发展为可执行的工作计划，并科学付诸实施，实现目标。我们将其进一步描述为：企业战略目标构思→科学实施方案→编制年度（时间）工作计划→进一步分解为月度工作计划→再划分为每周工作→明确每天工作安排→实现事事工作有标准→最终将工作结果考核评价日常化，让工作变得轻松快乐，将企业内部控制工作要求通过科学的工作标准化措施来实现。

2.2.1 科学设定企业发展战略目标

企业围绕经营主业，在对现实状况和未来形势进行综合分析和科学预测的基础上，制定并实施具有长期性和根本性的发展目标与战略规划。通过对战略目标的细化和分解，明确工作任务。

2.2.2 科学编制与实施工作方案

编制工作方案时就融入内控思想，是企业内部控制目标实现的最高境界。在企业财会工作标准化过程中，采用思路导图开发人的大脑，提高科学思维能力，进行归纳和总结，形成战略目标；并根据管理要求，进行目标分解、排序，将科学工作思路转化为工作方案。工作方案有大有小、有简单有复杂，就如同2008年我国举办奥运会，就是由一套一套工作方案嵌套而成，大的套小的，每一项工作看似独立，其实都有机地联系在一起，是一套科学的工作标准化体系方案。

2.2.3 科学编制与实施年度工作计划

根据通过评审的工作方案进行目标任务分解，建立工作总体执行体系；根据分类目标需要的时间周期，进行年度或规定时间分类目标分解，建立分类工作年度执行体系；根据决策层管理要求，进行目标量化、建立科学评价标准；以图形模式全方位展现年度工作分解过程，让年度目标形成单位最科学团队目标和体系；实现最佳工作目标统一和思想统一，让团队富有战斗力和执行力，实现企业宏观控制。

2.2.4 科学编制与执行月度工作计划

根据年度计划分解年度任务，建立月度工作总体执行计划；根据分类目标进行分解，建立分类工作月度执行计划；根据执行层管理要求，将年度目标细分，工作项目具体化；以图形模式全方位展现月度工作任务，建立科学量化体系，实现企业内部控制的思想。

2.2.5 科学完成周工作目标

根据月度目标进一步明确工作项目任务，选择工作标准，将时间节点进一步落实。根据工作标准要求，将工作环节分解、排序并执行；通过周工作内容可以工作标准模式全方位展现工作全貌，既具有团队的力量，又形成个人执行力，实现企业执行层面的核心控制。

2.2.6 科学完成日工作目标

明确具体工作任务，遵照执行工作标准，每日工作每日清；通过工作标准全方位了解工作全貌，科学完成个人工作；满足不同参与者实时监控工作标准要求，完成工作分解排序后的具体动作；帮助记录修正工作过程，积累形成新的专家经验，构成企业内部控制工作标准化解决方案的基础。

2.2.7 实现工作标准管控点要求

每项工作都有其自身的解决处理规范动作，都含有其自身的内控要求，核心是遵循圆通制工作标准律。企业通过工作标准化，建立起每个工作项目的标准解决模式，在工作标准中准确描述工作目标、具体时间、具体地点、具体单位岗位人员、具体资源条件等因素，工作者依据这些要素，保证每时每分都在完成工作标准的要求，准确完成工作内容和动作。

工作标准通过对工作进行科学分解、排序，规范工作结果，科学编排工作完成顺序，使得每项工作都能实现最优控制，实现遵守技术标准和管理标准的要求之目的。

企业需要通过建立自己的工作标准数据库，将毫无头绪的工作项目化繁为简，科学设置工作机构和工作岗位，使主要工作进入有序化管理和有序化处理状态。不同人员可以通过对数据库运用树型结构、散状结构、正向结构、反向结构等多形式展示工作细化结点，逐层展现工作框架，表格化展示工作内容。

工作标准数据库建立后，本身就建立起一套工作专家经验库和工作评价库。企业根据单位实际内控需要不断发展完善工作标准，实现个性化管理需要。工作人员随时随地根据需要检索使用工作标准库，了解工作内容与工作细化结点之间的关系；了解工作框架和工作内容细节。

因此，工作标准化就是通过提供工作的最佳做法来科学实现企业内部控制的思想，参见图2－3。

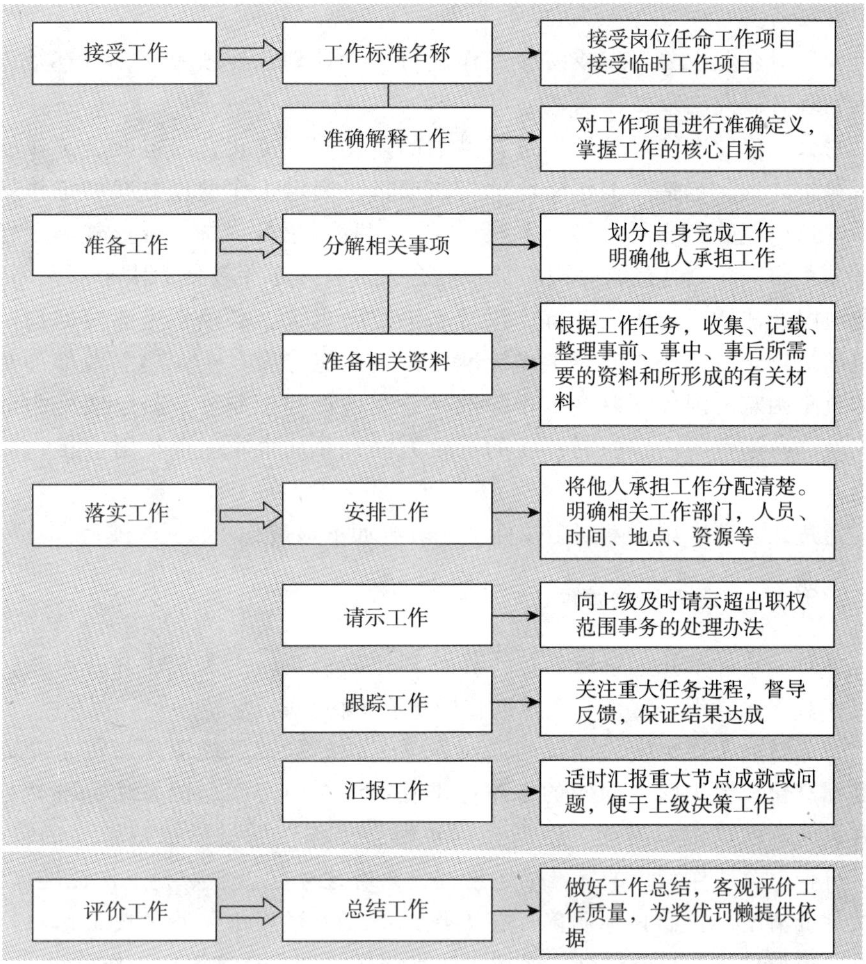

图 2－3 企业财会工作流程管控点分布图

2.3 企业工作标准化的作用

“天下之事不难于立法，而难在法之必行”。我国企事业单位行业多、类型复杂、规模差距大，财会工作人员对会计技术标准、管理标准掌握水平差异很大，如何将工作制度要求不停留在口头上、会议上、文件上，而是在执行中贯彻落实？

如何对企业机关工作或财会工作进行科学计划和业绩考评，一直是企业财务管理者研究的重要课题。

财会工作标准将财会工作进行科学的量化和标准化，使得财会工作能够实现科学计划，包括对工作岗位的工作项目，制定工作量化方案和工作量化标准，从而能够实现科学考评和科学总结。我国幅员广阔，企业规模、经营水平差距很大；企业经营管理人员和财会人员技术水平及能力水平参差不齐；企业对财经法律法规政策理解、执行水平差距也大，必须将企业内部控制制度科学地融于具体企业财会工作标准之中，才能克服在企业建立内部控制制度的重重困难。因此，财会工作标准是建立内部控制制度、科学实施内部控制制度、科学评价内部控制制度的有效方法，并从根本上保证财会工作质量的提高。

通过在实践应用中发现工作标准还具有如下显著作用：

2.3.1 实现有序化管理

通过工作标准化，促进单位工作计划详略得当，人人工作井井有条，实现工作有序化管理，这是工作标准化的核心价值！

企业财会工作标准化通过圆通制科学工作原理的系统应用，将企业财会问题标准化，解决财会问题的思路标准化，解决财会问题的方法标准化，解决财会问题的措施标准化，以期达到将财会工作问题科学规范解决的目的。并以符合财会工作特点的标准描述格式，系统建立起企业财会工作标准体系，层次划分清晰，核心目标明确，在工作任务完成过程中，通过按工作岗位和工作任务部件进行科学组合，实现工作有序化管理，持续保证工作质量。

2.3.2 应用工作标准，大幅降低脑力劳动强度

企业财会工作者接受一项新的工作任务，假如这项工作从没有接触过，就要花费大量的时间和脑力进行研究，要做认真的准备工作，考虑这项工作如何完成。“太阳底下无新事”，自己没有做过或者本单位没有做过，并不意味着别的单位、别人也没有做过，可能这项工作别人已经做过千百次，因此工作者要针对需要完成的工作问题，选择工作标准数据库尽可能相近或一样的工作标准学习，甚至参考进行科学的分解和排序，然后逐一进行加工处理，

达到预期效果，达到节约时间，降低脑力劳动强度的目的。

因此，会计电算化解放了财会人员的体力劳动，通过系统应用圆通制这一科学工作原理和方法，系统总结开发财会工作标准，并通过建立财会工作标准数据库，实现解放财会人员脑力劳动的作用。

2.3.3　实现企业财务工作科学化、数量化

如何对企业财会工作进行科学计划，一直是管理者最头疼的事，为了解决这一难题，我们开发研制的《企业内部控制财会工作标准化》软件，通过将工作问题标准化，解决工作问题的思路标准化、方法标准化、措施标准化，达到将工作问题科学解决的目的。从而以工作项目、工作核心环节清晰为目标，科学解决了企业财会工作的量化问题。通过量化，促进企业会计更加科学地编制工作计划，更加科学地实现战略目标。

2.3.4　建立企业财会工作考核评价新模式

如何对企业财会工作进行科学业绩考评，奖优罚懒、选贤任能，一直是领导者最头疼的事。工作标准化创新性提出思路导图模式，通过将会计问题标准化，解决会计问题的思路标准化、方法标准化、措施标准化，达到将会计问题科学解决的目的。同时，科学解决了财会工作的量化问题，通过量化，实现科学计划和考评目标的制定，使得财会工作能够实现科学计划，包括对工作岗位的工作项目制定工作量化方案、工作量化标准，从而实现科学考评和总结。

2.3.5　保障工作质量，提高工作效率

有了科学的工作计划和工作标准，并遵照执行，自然能够保证工作效率和质量。人人有计划，事事有规范，上下齐心协力，能够普遍提升企业会计的工作效率和工作质量。根据标准的特性，上级机构下发的各种文件，可分为两类，一是要求下级学习了解，不需要做实际工作。二是要求下级根据文件内容进行某种安排，采取某种行动，即完成规定工作，上级完全可以将文件内容编制成工作标准，要求下级遵照执行，将普遍提升工作质量。

2.3.6　企业管理者领导力的核心支撑系统

对主管领导准确处理工作起到咨询帮助作用。各级管理者由于分工的不

同或以前工作岗位的不同，可能对下级工作岗位的部分工作项目如何制定工作方案、明确核心工作目标以及正确流程不是很清楚。当这项工作发生时，往往会向下级了解很多工作细节。通过使用财会工作标准，这类问题将变得很简单，不管这个领导对这个工作项目以前是否熟悉，都可以通过财会工作标准化始终保持对所有岗位工作标准及时熟悉和了解。

工作标准体系支持某项工作突发时，不管领导者以前是否熟悉，都可以通过工作标准化了解工作细节、资料名称、工作流程，以及相关资源协调整合支持，实现领导者期望的最佳效果，并且可以使用工作标准考察下级是否工作到位。

2.3.7 企业财会工作者执行力的核心支撑系统

由于工作范围和工作经验的不同，执行者可能对上级安排工作任务的核心目标、工作方案、完成过程不是很清楚。企业财会工作标准系统支持某项工作突发时，不管执行者以前是否做过，都可以通过工作标准智能化提供工作细节、资料名称、工作流程，以及相关资源协调整合支持，帮助执行者快速完成工作任务，实现领导者期望的最佳效果。

2.3.8 企业会计新人熟悉岗位工作的宝典

名师出高徒。新进入企业从事财会工作的人员，对新岗位很陌生，需要一个优秀的师傅来带，企业财会工作标准软件就是一个水平高超、永不厌烦的良师益友。可以帮助新进入企业从事财会工作的人员尽快了解工作岗位、了解工作内容、了解工作目标、了解工作制度、了解工作处理流程、了解工作结果，快速胜任工作岗位的要求。

负责成本管理与核算的同志离职了，正好一名大学毕业生学习了成本管理与核算岗位的工作标准，就能通过阅读了解先前该岗位同志的工作标准及工作标准记录，实现在最短时间里熟悉该岗位的工作，胜任岗位工作。

2.3.9 对处理不经常发生的会计事项起到咨询帮助作用

现实生活中，某一工作岗位的某一项工作，不是经常发生，当其突然发生时，往往感到很多工作细节不够清晰，运用的资料名称不清楚，工作流程和核心环节不明白，需要翻阅大量资料文件进行研究。通过使用财会工作标准软件，可以帮助解决这类问题，不管这个工作项目是否发生，通过标准数据库都可了解工作内容，了解这个工作项目的处理工作标准。

如同一个企业需要进行资产评估，这项工作如何开展？即使负责这项工作的同志从来没有接触过，通过调阅工作标准数据库资产评估的工作标准，就能系统科学地了解资产评估的目标、时间安排、人员安排、准备工作以及评估工作过程，达成的结果等，也能科学地完成这项工作任务。

2.3.10　企业会计人员轮岗，工作质量不滑坡

对轮岗人员科学交接工作、快速熟悉新工作岗位起到积极作用。在我国企事业单位人事管理中，为了促进对部门内部各工作岗位的了解，经常采用轮岗或建立轮岗制度，这种制度除了优点之外，缺点就是将熟悉的工作岗位内容变得不熟悉了，轮岗人员要经过很长时间和辛勤努力才能熟悉新岗位工作，需要掌握很多工作细节，如需要的资料名称、工作流程和核心环节以及需要遵守的各种制度，需要建立工作记录等等，通过使用财会工作标准软件，可以帮助解决这类问题，大家工作岗位轮换以后，由于具有很多综合经验，通过财会工作标准，快速了解掌握新岗位工作标准，快速进入胜任角色的工作状态。

第3章　企业财会工作标准体系建设

企业工作标准体系是通过以工作标准为基础，指导机构设置、岗位设置、明确岗位工作目录，进而建立起科学量化考评机制。

3.1　企业工作标准体系之机构设置

企业组织架构是一种决策权的划分体系以及各部门的分工协作体系。组织架构需要根据企业总目标，把企业管理要素配置在一定的方位上，确定其活动条件，规定其活动范围，形成相对稳定的科学的管理体系。

没有组织架构的企业将是一盘散沙，组织架构不合理会严重阻碍企业的正常运作，甚至导致企业经营的彻底失败。相反，适宜、高效的组织架构能够最大限度地释放企业的能量，使组织更好发挥协同效应。

很多企业正承受着组织架构不合理所带来的损失与困惑。组织内部信息传导效率降低、失真严重；企业作出的决策低效甚至错误；组织部门设置臃肿；部门间责任划分不清，导致工作中互相推诿、互相掣肘；企业内耗严重；等等。要清除这些企业病，只有通过组织架构变革来实现。

3.1.1　注重实现企业发展战略

企业的组织架构是其实现企业经营战略的主要工具，不同的战略要求不同的结构。一旦战略形成，组织架构应作出相应的调整，以适应战略实施的要求。著名管理学者钱德勒曾指出：战略决定结构。

战略选择的不同能在两个层次上影响组织的结构：不同的战略要求开展不同的业务活动，这会影响管理的职能结构；战略重点的改变，会引起组织的工作重点转变以及各部门在组织中重要程度的改变，因此，要求对各管理部门之间的关系作相应的调整。

企业实行多元化战略，意味着企业的经营内容涉及到多方面业务，高度多元化的战略要求组织架构更加灵活。这就需要分权式的组织架构，这种结构是相对松散的，具有更多的不同步和灵活性。在这种组织架构下，各多元化业务之间联系相对较少，核心流程可以并行管理。这样才能从总体上推进多元化战略的实施，如事业部制。

而单一经营战略或企业推行低成本战略时，就要求组织架构降低运营成本并提高整体运作效率，这时企业可选择集权度较高的组织架构，如直线职能制，这样的组织架构通常具有更多的机械性。

3.1.2 适应企业发展规模

企业规模是影响企业组织设计的重要因素。企业的规模不同，其内部结构也存在明显的差异。随着企业规模的不断扩大，企业活动的内容日趋复杂，人数逐渐增多，专业分工不断细化，部门和职务的数量逐渐增加。这些都会直接导致组织架构复杂性的增加。

企业规模越大，需要协调与决策的事物将会不断增加，管理幅度就会越大。但是，管理者的时间和精力是有限的。这一矛盾将促使企业增加管理层级并进行更多的分权。因此，企业规模的扩大将会使组织的层级结构、部门结构与职能结构都会发生相应的变化。

值得注意的是，企业规模的扩大会相应地增加组织运作的刚性，降低其灵活性。人员与部门不断增多，要求企业进行规范管理。企业将会制定详细的规章制度，并通过严格的程序和书面工作实现标准化对员工和部门进行控制，公司就容易采用机械性的组织架构。

3.1.3 适应企业核心业务特点

如果企业业务种类众多，就要求组织有相应的资源和管理手段与之对应，来满足业务的需要，因此，部门或岗位设置上就会更多，所需要的人员就更多，组织相对就复杂一些。一般情况下，业务种类越多，组织内部部门或岗位设置就要越多。

企业的各个业务部门联系越紧密，组织机构设计就越需要考虑部门及部门内部业务之间的相互作用，越不能采用分散的组织机构，这种情况下采用直线职能制或矩阵式组织机构更合适。一般而言，业务相关程度越大，越要进行综合管理。

如果企业业务之间联系不紧密，或业务之间的离散度很高，那么，组织各部门或岗位之间的联系就越少，部门或岗位的独立性就越强。在这种运作状况下，企业宜采用事业部制组织架构，给下属部门更多的权力。业务相关程度较低时，可以分别对每一个业务采用不同的政策、不同的管理要求，进行分散管理。企业组织架构设置案例如图 3－1 所示。

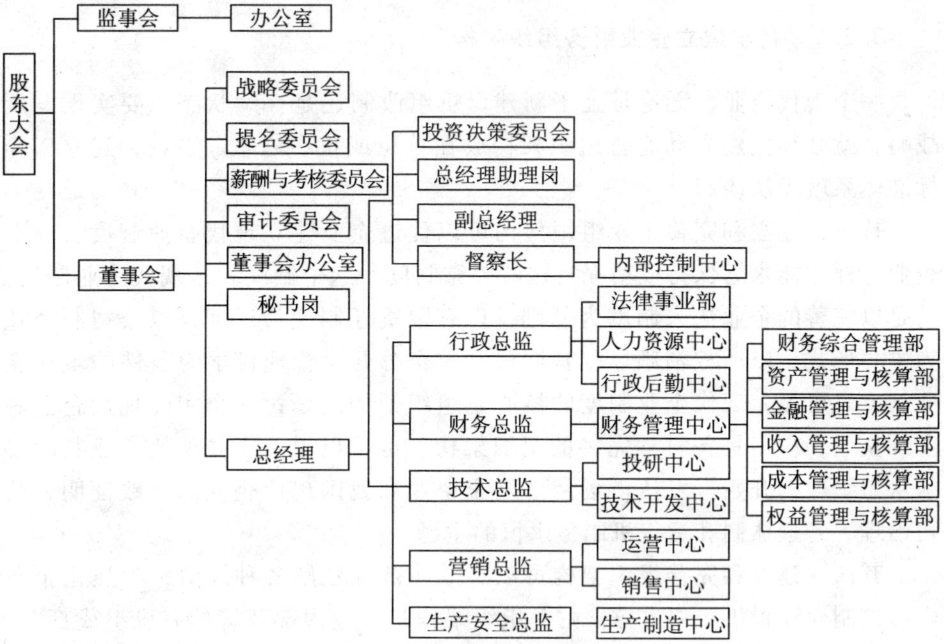

图 3－1　企业组织架构图

3.2　企业财会工作标准体系之机构设置

企业财会工作标准体系是通过以工作标准为基础指导机构设置、岗位设置，明确岗位工作目录，进而建立起科学量化考评机制，如图 3－2 所示。

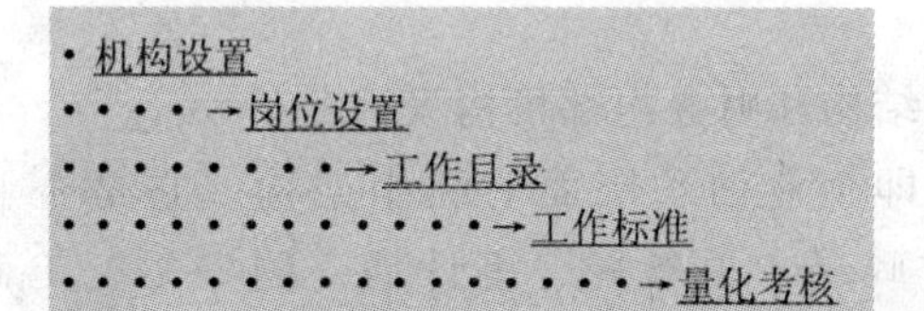

图 3－2　企业财会工作标准体系

3.2.1 科学建立企业财务组织架构

一个现代企业，无论是处于新建、重组改制还是存续状态，要实现发展战略，就必须把建立和完善组织架构放在首位或重中之重。否则，建立工作标准体系就无从谈起。

首先，建立和完善企业组织架构可以促进企业建立现代企业制度。一个企业怎样才能永远保持成功呢？这就要靠制度。这个制度就是现代企业制度。它是以完善的企业法人制度为基础，以有限责任制度为保证，以公司制企业为主要形式，以产权清晰、权责明确、政企分开、管理科学为条件的现代企业制度。可见，现代企业制度的核心是组织架构问题；一个实施现代企业制度的企业，应当具备科学完善的组织架构。也可以说，建立现代企业制度必须从组织架构开始。发达市场经济国家企业和我国现代企业的实践证明，公司治理、管理体制和运行机制是永恒的主题。

其次，建立和完善组织架构可以有效防范和化解各种风险，为强化企业内部控制建设提供重要支撑。财务组织架构是企业内部环境的有机组成部分，也是企业开展风险评估、实施控制活动、促进信息沟通、强化内部监督的基础设施和平台载体。一个科学高效、分工制衡的财务组织架构，可以使企业自上而下地对风险进行识别和分析，进而采取控制措施予以应对，可以促进信息在企业内部各层级之间、企业与外部利益相关者之间及时、准确、顺畅地传递，可以提升日常监督和专项监督的力度和效能。

3.2.2 企业财务组织架构设置思路

如何研究设立企业财务组织架构，企业财务组织体系如何进行组织架构设计和运行呢？

（1）财务治理结构和财务内部机构设计分析

财务治理结构即企业治理层面的组织架构。它是企业成为可以与外部主体（主要包括财政局、税务局、审计局、国资委、工商局、银行、保险公司等）发生各项经济关系的法人所必备的组织基础，具体是指企业根据相关的法律法规，设置不同层次、不同功能的法律实体及其相关的法人治理结构，与此同时需要对应完成财务组织架构建设，从而使得企业能够在法律许可的框架下拥有特定权利、履行相应义务，以保障各利益相关方的基本权益。

财务内部机构则是企业内部机构层面的组织架构。企业根据业务发展需要，分别设置不同层次的财务管理人员及其由各专业人员组成的财会管理团队，针对各项业务功能行使决策、计划、执行、监督、评价的权力并承担相应的义务，从而为业务顺利开展进而实现企业发展战略，提供强有力的财经支撑平台。

中国工作标准研究院通过长期研究，已经形成完整的内部财务机构设置模型样板，我们应当根据发展战略、业务需要和控制要求，选择适合本企业的内部财务组织机构类型。

（2）关于财务组织架构设计和运行的主要问题

从治理结构层面看，主要风险在于：治理结构形同虚设，缺乏科学决策、良性运行机制和执行力，可能导致企业经营失败，难以实现发展战略。具体表现为：一是股东大会是否规范而有效地召开，股东是否可以通过股东大会行使自己的权利；二是企业与控股股东是否在资产、财务、人员方面实现相互独立，企业与控股股东的关联交易是否贯彻平等、公开、自愿的原则；三是对与控股股东相关的信息是否根据规定及时完整地披露；四是企业是否对中小股东权益采取了必要的保护措施，使中小股东能够和大股东同等条件参加股东大会，获得与大股东一致的信息，并行使相应的权利；五是董事会是否独立于经理层和大股东，董事会及其审计委员会中是否有适当数量的独立董事存在且能有效发挥作用；六是董事对于自身的权利和责任是否有明确的认知，并且有足够的知识、经验和时间来勤勉、诚信、尽责地履行职责；七是董事会是否能够保证企业建立并实施有效的内部控制，审批企业发展战略和重大决策并定期检查、评价其执行情况，明确设立企业可接受的风险承受度，并督促经理层对内部控制有效性进行监督和评价；八是监事会的构成是否能够保证其独立性，监事能力是否与相关领域相匹配；九是监事会是否能够规范而有效地运行，监督董事会、经理层正确履行职责并纠正损害企业利益的行为；十是对经理层的权力是否存在必要的监督和约束机制。

从内部机构层面看，主要风险在于：内部机构设计不科学，权责分配不合理，可能导致机构重叠、职能交叉或缺失、推诿扯皮、运行效率低下。具体表现为：一是企业内部组织机构是否考虑经营业务的性质，按照适当集中或分散的管理方式设置；二是企业是否对内部组织机构设置、各职能部门的职责权限、组织的运行流程等有明确的书面说明和规定，是否存在关键职能缺位或职能交叉的现象；三是企业内部组织机构是否支持发展战略的实施，并根据环境变化及时作出调整；四是企业内部组织机构的设计与运行是否适应信息沟通的要求，有利于信息的上传、下达和在各层级、各业务活动间的传递，有利于为员工提供履行职权所需的信息；五是关键岗位员工是否对自身权责有明确的认识，有足够的胜任能力去履行权责，是否建立了关键岗位员工轮换制度和强制休假制度；六是企业是否对董事、监事、高级管理人员及全体员工的权限有明确的制度规定，对授权情况是否有正式的记录；七是企业是否对岗位职责进行了恰当的描述和说明，是否存在不相容职务未分离的情况；八是企业是否对权限的设置和履行情况进行了审核和监督，对于越权或权限缺位的行为是否及时予以纠正和处理。

3.2.3 企业财务组织架构的设计原则

企业组织架构的设计应当是依据《公司法》进行。

企业内部财务机构的设计是集团财务组织架构设计的关键环节之一。只有切合企业经营业务特点和内部控制要求的内部机构，才能为实现企业发展目标发挥积极促进作用。

（1）企业应当按照科学、精简、高效、透明、制衡的原则，综合考虑企业性质、发展战略、文化理念和管理要求等因素，合理设置内部职能机构，明确各机构的职责权限，避免职能交叉、缺失或权责过于集中，形成各司其职、各负其责、相互制约、相互协调的工作机制。

（2）企业应当对各机构的职能进行科学合理的分解，确定具体岗位的名称、职责和工作要求等，明确各个岗位的权限和相互关系。

（3）在内部机构设计过程中，应当体现不相容岗位相分离原则，努力识别出不相容职务，并根据相关的风险评估结果设立内部牵制机制，特别是在涉及重大或高风险业务处理程序时，必须考虑建立各层级、各部门、各岗位之间的分离和牵制，对因机构人员较少且业务简单而无法分离处理某些不相容职务时，企业应当制定切实可行的替代控制措施。

（4）在机构建设过程中，企业应当制定财务组织结构图、业务流程图、岗（职）位说明书和权限指引等内部管理制度或相关文件，使员工了解和掌握财务组织架构设计及权责分配情况，正确履行职责。根据大多数优秀企业的经验，建立权限指引和授权机制非常重要。有了权限指引，不同层级的员工就知道该如何行使并承担相应责任，也利于事后考核评价。“授权”表明的是，企业各项决策和业务必须由具备适当权限的人员办理，这一权限需要通过建立企业工作标准体系网络平台约定并以工作标准方式授予，这正是中国工作标准研究院的优势所在。

（5）科学建立集团工作标准体系，科学处理财权、事权关系。

企业内部各级员工必须获得相应的授权，才能实施决策或执行业务，严禁越权办理。按照授权对象和形式的不同，授权分为常规授权和特别授权。常规授权一般针对企业日常经营管理过程中发生的程序性和重复性工作，可以在由企业正式颁布的岗（职）位说明书中予以明确。特别授权一般是由董事会给经理层或经理层给内部机构及其员工授予处理某一突发事件（如法律纠纷）、作出某项重大决策、代替上级处理日常工作的临时性权力。

（6）在集团公司及下属企业现实运行过程中，必然会遇到“三重一大”问题，即“重大财经决策、重大财经事项、重要财会人事任免及大额资金使用”问题，应当充分发挥工作标准的作用。

为此，集团公司财务组织对企业重大财经决策、重大财经事项、重要财会人事任免及大额资金支付业务等形成工作标准，通过重大项目工作标准明确科学决策审批或者联签制度，健全现代企业财务管理制度。

3.2.4 关于财务组织架构的健康运行

财务组织机构运行涉及新集团公司治理结构和内部机构的运行，也涉及对原存续组织架构的全面梳理。

（1）重视财会部门负责人、部门经理及其他财会高级业务人员的任职资格和履职情况

就任职资格而言，我们重点关注工作能力、道德诚信、经营管理素质、任职程序等方面。就履职情况而言，着重关注合规、业绩以及履行忠实、勤勉义务等方面。最后是关注财务部门团队建设和内部的运行效果。

（2）重视内部机构设置的合理性

从合理性角度思考的重点有：内部机构设置是否适应内外部环境的变化；是否以发展目标为导向；是否满足专业化的分工和协作，有助于企业提高劳

动生产率；是否明确界定各机构和岗位的权利和责任，不存在权责交叉重叠，不存在只有权利而没有相对应的责任和义务的情况等。

（3）重视内部机构运行的高效性

从运行高效性角度思考的重点有：内部各机构的职责分工是否针对市场环境的变化作出及时调整。特别是当企业面临重要事件或重大危机时，各机构间表现出的职责分工协调性，可以较好地检验内部机构运行的效率。

（4）重视内部机构运行的效率

从权力制衡的效率评估，包括机构权力是否过大并存在监督漏洞；机构权力是否被架空；机构内部或各机构之间是否存在权力失衡等。梳理内部机构的高效性，还应关注内部机构运行是否有利于保证信息的及时顺畅流通，在各机构间达到快捷沟通的目的。评估内部机构运行中的信息沟通效率，一般包括信息在内部机构间的流通是否通畅，是否存在信息阻塞；信息在现有组织架构下流通是否及时，是否存在信息滞后；信息在组织架构中的流通是否有助于提高效率，是否存在沟通舍近求远的情况。

根据集团公司实际，针对子公司，需要建立科学的投资管控制度，通过合法有效的形式履行出资人职责、维护出资人权益，重点关注子公司的发展战略、年度财务预决算、重大投融资、重大担保、大额资金使用、主要资产处置、内部控制体系建设等重要事项。

3.3 企业财会工作标准化之内部机构设置

决策机构。根据《公司法》设立董事会，根据董事会授权设立集团财经委员会，研究决策集团重大财经事项。

监督机构。根据《公司法》设立监事会，根据企业内部控制制度在财务部设立稽核与内控岗位。

执行机构。财务执行机构是企业内部财会工作管理和执行部门，根据国企设立财务机构的特点，一般设立有总会计师，对董事会和总经理双重负责，总会计师为副总经理级。在总会计师职务之下，机构设置有财会管理团队，设立处长或部长（总监级），履行《会计法》中会计机构负责人角色，对总会计师负责。

集团财务会计工作由财会部门完成，财会部门根据国家财务制度、会计制度、内部控制制度对会计工作岗位进行分类，并根据工作量的不同选择一岗多人或多岗一人。甚至根据工作量的不同、管理要求的不同设置不同的科室和部门。

在我国教育部七十多所直属高校中，财务部门的内部机构设置名称、管理内容和范围，根据我们的调查，几乎没有两所院校之间是一样的，是不可能一样还是人为设置不一样，而这些高校教学体系为什么就能够一样？

机构设置不一样，造成最简单的问题就是由于名称不同，管理的范围给人的感觉就不一样，两个单位的人坐在一起交流工作，几乎没有办法进行，没有交流的共同语言基础，要讨论，就是奖励福利的优劣，或者指定的一个专题。

同样，我们的上市企业和大型企业集团，存在同样的问题。据我们调查，单位在设置内部机构时，基本都没有经过认真思考和研究，都是比较随意的设定，没有规律可循。

我们通过大量实例研究，根据企业财务会计工作的特点和财会管理与核算实际需要，在企业财务组织架构下设置“财务综合管理部、资产管理与核算部、金融管理与核算部、收入管理与核算部、成本管理与核算部、权益管理与核算部”。将财务管理与会计核算充分重视起来，尽管我们的部门设置是一家之言，也为广大财会工作者提供了一个标准化的思路，见图3-3。

3.3.1　财务综合管理部

包括岗位：（1）复核岗位、（2）审核制证岗位、（3）复核岗位、（4）稽核与内控岗位、（5）总账与报表岗位、（6）预算管理岗位、（7）财务分析与评价岗位、（8）价格管理岗位、（9）财务信息化管理岗位、（10）会计档案管理岗位等。

部门说明：财务综合部工作岗位是会计日常工作重要的工作内容，由于其工作内容和执行制度的全面性，以及与企业单位会计工作五个要素的不同，将这些岗位划分为综合类。对担任本工作岗位的财会人员综合素质要求较高。

3.3.2　资产管理与核算部

包括岗位：（11）出纳岗位、（12）投资管理与核算岗位、（13）在建工程管理与核算岗位、（14）存货管理与核算岗位、（15）固定资产管理与核算岗位、(16) 无形资产管理与核算岗位等。

部门说明：资产部工作岗位，执行国家相关资产政策、制度和规章，负责对企业各种资产的核算和管理，保证企业资产的完整与增值，是完成企业财务会计工作重要的工作岗位。也是企业单位会计工作五个重要构成要素之一。

3.3.3 金融管理与核算部

包括岗位：(17) 应付款核算与管理岗位和 (18) 融资核算与管理岗位等。

部门说明：负责企业债务核算与管理，根据企业资金运行情况，执行国家相关融资政策、制度和规章，是企业财务部门与外部单位或内部其他单位和个人交流较多的工作岗位，是企业会计工作五个重要构成要素之一。

3.3.4 收入管理与核算部

包括岗位：(19) 销售管理与核算岗位和 (20) 政府补贴管理与核算岗位等。

部门说明：收入类工作，负责企业各种收入的取得与核算，由于企业收入主要来源于生产经营和销售以及国家政府或其他单位资金补贴。因此，企业编制科学合理经费预算之后，需要充分发挥自身优势和自身努力，依法组织收入，实施绩效考评，因而，企业收入的核算与管理能够科学反映企业在完成经营目标中提高收入、创造收入的工作水平，是企业单位会计工作五个重要构成要素之一。

3.3.5 成本管理与核算部

包括岗位：(21) 薪酬管理与核算岗位、(22) 税收管理与核算岗位、(23) 成本管理与核算岗位、(24) 费用管理与核算岗位等。

部门说明：成本类工作，负责企业各种成本费用支出的核算与管理。由于支出主要用于采购、生产服务、行政后勤等各个方面，反映企业各种业务完成情况。受资金来源的局限，企业编制科学合理支出预算之后，成本类会计工作岗位需要加强经济核算，降低成本支出，实施绩效考评，提高资金使用效益，加强对单位经济活动的财务控制和监督，防范财务风险具有重要作用。是企业会计工作五个重要构成要素之一。

3.3.6 权益管理与核算部

包括岗位：（25）风险控制与保险岗位和（26）股东权益管理与核算岗位等。

部门说明：所有者权益类工作，负责企业股东权益、资本公积、实收资本等的核算与管理。由于企业财务管理的主要任务是科学合理编制单位预算，真实反映单位财务状况；依法组织收入，努力节约支出；建立健全财务制度，加强经济核算，实施绩效考评，提高资金使用效益；加强国有资产管理，合理配置和有效利用国有资产，防止国有资产流失；加强对单位经济活动的财务控制和监督，防范财务风险。因此，企业所有者权益的核算与管理能够科学反映企业在完成企业经营计划过程中提高资金效率，提高收入、降低支出的工作成果。是企业会计工作五个重要构成要素之一。

财务机构组织架构图如图 3－3 所示：

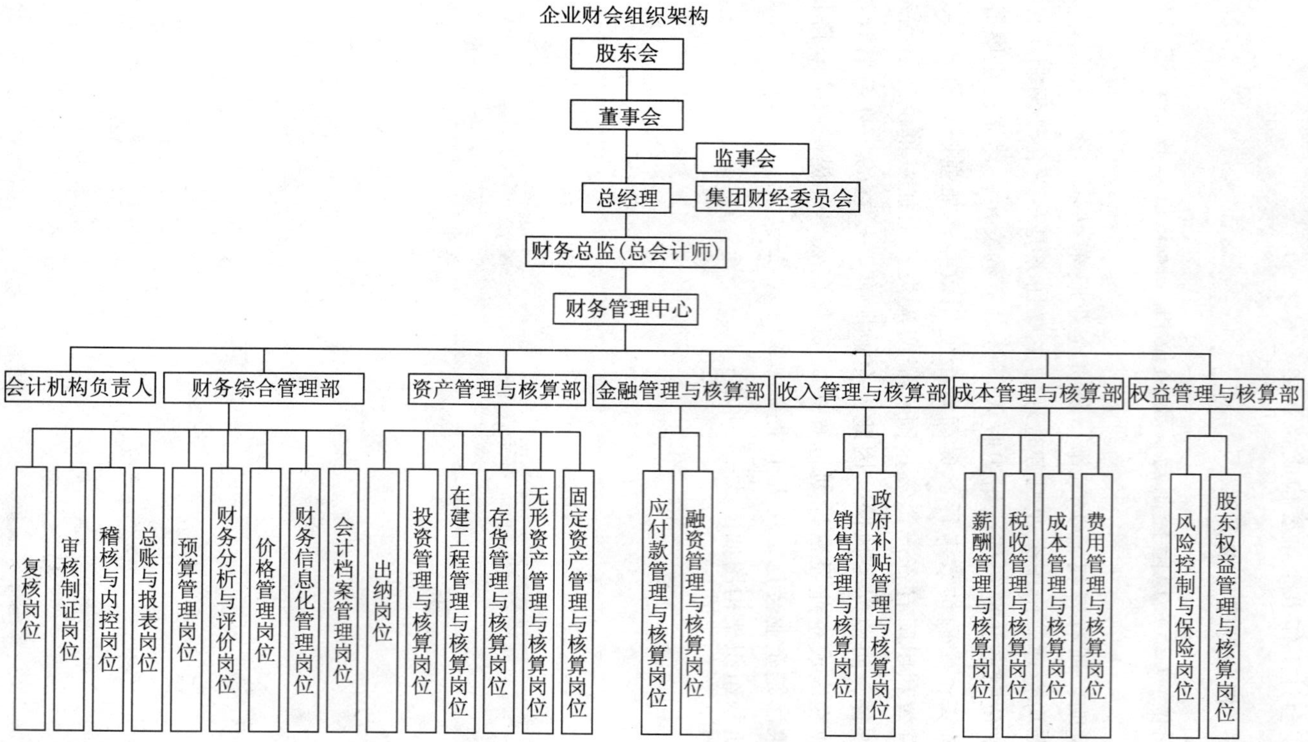

图3-3　企业财务组织架构图

3.4 企业财会工作标准化之岗位设置

工作岗位的诞生源于工作项目分类与工作项目环节分解。财会工作标准体系中每个岗位站在工作划分和工作结果目标角度来看，都是企业这一工作标准体系的利益代表。岗位的聚合是岗位工作的紧密性与效率性要求，因此，部门的划分是基于岗位分类管理的需要。

3.4.1 财会岗位分类

中国工作标准研究院在企业大量实例研究中，按工作目标或生产工艺过程聚合度的不同划分行业业务，如软件类的需求设计岗、程序设计岗、编程岗、测试岗等；销售类的“策划岗、培训岗、市场岗、渠道岗、销售岗等”等等。企业工作岗位按管理人的聚合度划分为“管理类与人事类”；按财会的聚合度划分为“综合类、资产类、负债类、收入类、成本类、所有者权益类等”，如果考虑财务工作执行过程中的决策管理，还包括管理类岗位，参见表3－1。

表3－1　　企业财会工作岗位分类

分类序号	分类名称	岗位序号	岗位名称
一	管理类	01	财会机构管理岗位
		1.1	总会计师岗
		1.2	会计机构负责人岗
		1.3	部门经理岗
二	综合类	02	复核岗位
		03	审核制证岗位
		04	稽核与内控岗位
		05	总账与报表岗位
		06	预算管理岗位
		07	财务分析与评价岗位
		08	价格管理岗位

续表

分类序号	分类名称	岗位序号	岗位名称
		09	财务信息化管理岗位
		10	会计档案管理岗位
三	资产类	11	出纳岗位
		12	投资核算与管理岗位
		13	建设工程核算与管理岗位
		14	存货核算与管理岗位
		15	固定资产核算与管理岗位
		16	无形资产核算与管理岗位
四	债权债务类	17	往来款核算与管理岗位
		18	融资核算与管理岗位
五	收入类	19	销售管理与核算岗位
		20	政府补贴管理与核算岗位
六	费用类	21	薪酬管理与核算岗位
		22	税务管理与核算岗位
		23	成本管理与核算岗位
		24	费用管理与核算岗位
七	所有者权益类	25	风险控制与保险岗位
		26	股东权益管理与核算岗位

3.4.2 财会岗位与会计科目关系对照表

根据我国财会人员的工作习惯以及岗位分配和会计岗位命名习惯，除了管理类和综合类岗位以外，财会人员经常将各种岗位核算内容与会计制度中规定的会计科目进行挂钩。为便于集团财会人员对工作岗位和工作内容进行理解，特将财会工作岗位分类中资产类、负债类、净资产类、收入类、费用类岗位职责与相关会计科目核算内容对照列出，参见表 3－2。

表 3－2　　　　　　企业财会岗位与会计科目关系对照表

总序	顺序	代号	科目名称	分类	对应会计核算岗位名称
一、资产类					
1	1	1001	库存现金		出纳岗位
2	2	1002	银行存款		
5	3	1012	其他货币资金		
8	4	1101	交易性金融资产		投资核算与管理岗位
10	5	1121	应收票据		往来款核算与管理岗位
11	6	1122	应收账款		
12	7	1123	预付账款		
13	8	1131	应收股利		
14	9	1132	应收利息		
18	10	1221	其他应收款		
19	11	1231	坏账准备		
26	12	1401	材料采购		存货核算与管理岗位
27	13	1402	在途物资		
28	14	1403	原材料		
29	15	1404	材料成本差异		
30	16	1405	库存商品		
31	17	1406	发出商品		
32	18	1407	商品进销差价		
33	19	1408	委托加工物资		
34	20	1411	包装物及低值易耗品(或周转材料)		
40	21	1471	存货跌价准备		
41	22	1501	持有至到期投资		投资核算与管理岗位
42	23	1502	持有至到期投资减值准备		
43	24	1503	可供出售金融资产		
44	25	1511	长期股权投资		
45	26	1512	长期股权投资减值准备		
46	27	1521	投资性房地产		
47	28	1531	长期应收款		

续表

总序	顺序	代号	科目名称	分类	对应会计核算岗位名称
48	29	1532	未实现融资收益		投资核算与管理岗位
50	30	1601	固定资产		固定资产核算与管理岗位
51	31	1602	累计折旧		
52	32	1603	固定资产减值准备		
53	33	1604	在建工程		建设工程核算与管理岗位
54	34	1605	工程物资		
55	35	1606	固定资产清理		固定资产核算与管理岗位
62	36	1701	无形资产		无形资产核算与管理岗位
63	37	1702	累计摊销		
64	38	1703	无形资产减值准备		
65	39	1711	商誉		
66	40	1801	长期待摊费用		成本核算与管理岗位
67	41	1811	递延所得税资产		税收核算与管理岗位
69	42	1901	待处理财产损溢		
二、负债类					
70	43	2001	短期借款		往来款核算与管理岗位
77	44	2101	交易性金融负债		投资核算与管理岗位
79	45	2201	应付票据		往来款管理与核算岗位
80	46	2202	应付账款		
81	47	2203	预收账款		
82	48	2211	应付职工薪酬		薪酬管理与核算岗位
83	49	2221	应交税费		税收核算与管理岗位
84	50	2231	应付利息		往来款核算与管理岗位
85	51	2232	应付股利		
86	52	2241	其他应付款		
93	53	2401	递延收益		投资核算与管理岗位
94	54	2501	长期借款		
95	55	2502	应付债券		
100	56	2701	长期应付款		

续表

总序	顺序	代号	科目名称	分类	对应会计核算岗位名称
101	57	2702	未确认融资费用		投资核算与管理岗位
102	58	2711	专项应付款		
103	59	2801	预计负债		
104	60	2901	递延所得税负债		税务核算与管理岗位
三、共同类					
107	61	3101	衍生工具		投资核算与管理岗位
108	62	3201	套期工具		
109	63	3202	被套期项目		
四、所有者权益类					
110	64	4001	实收资本		所有者权益核算与管理岗位
111	65	4002	资本公积		
112	66	4101	盈余公积		
114	67	4103	本年利润		
115	68	4104	利润分配		
116	69	4201	库存股		
五、成本类					
117	70	5001	生产成本		成本核算与管理岗位
118	71	5101	制造费用		
119	72	5201	劳务成本		
120	73	5301	研发支出		
六、损益类					
124	74	6001	主营业务收入		销售核算与管理岗位
129	75	6051	其他业务收入		
131	76	6101	公允价值变动损益		投资核算与管理岗位
138	77	6111	投资收益		
142	78	6301	营业外收入		
143	79	6401	主营业务成本		成本核算与管理岗位
144	80	6402	其他业务成本		
145	81	6405	营业税金及附加		税收核算与管理岗位

续表

总序	顺序	代号	科目名称	分类	对应会计核算岗位名称
155	82	6601	销售费用		销售核算与管理岗位
156	83	6602	管理费用		费用核算与管理岗位
157	84	6603	财务费用		
159	85	6701	资产减值损失		
160	86	6711	营业外支出		
161	87	6801	所得税费用		税收核算与管理岗位
162	88	6901	以前年度损益调整		

第4章 企业财会工作标准化之工作分析

企业财会工作标准化过程中，一项重要的工作就是根据圆通制科学工作原理，系统研究企业机构设置的科学性，各个部门设置的科学性，部门中工作岗位设置的科学性，岗位承担的工作项目与工作职责。

岗位工作人员根据承担的工作项目处理过程进行环节或阶段划分，不仅要清楚地知道要解决什么问题，而且要将财会知识、财经政策、经济问题、财会工作……等等进行事件化、项目化。

企业财会工作标准化过程中，一项重要的工作就是根据圆通制科学工作原理，系统研究企业机构设置的科学性，各个部门设置的科学性，部门中工作岗位设置的科学性，岗位承担的工作项目与工作职责。

岗位工作人员根据承担的工作项目处理过程进行环节或阶段划分，不仅要清楚地知道要解决什么问题，而且要将财会知识、财经政策、经济问题、财会工作……等等进行事件化、项目化。

将需要解决的事件化、项目化问题，再通过科学分类渐次细分，一层一层明确，直到不能再分，见图 4－1。

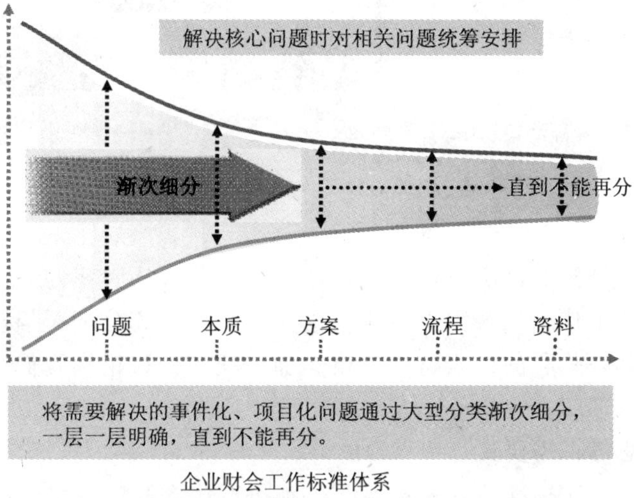

图 4－1　圆通制在企业财会工作标准化中的应用

通过研究，目前共细分列举了我国企业经营管理中约 17 800 多个工作标准项目，其中，企业财会人员工作标准项目约有 5 000 多个。如果一个企业只有一位会计和一位出纳，那么，就意味着这位企业会计人员要胜任 26 个岗位。由于行业地区不同，工作标准是有差异的，其差异部分表现为同一行业单位之间差异大约为 10%，行业之间差异约占 20%，相同或基本相似的工作标准约占 70%。见图 4－2。

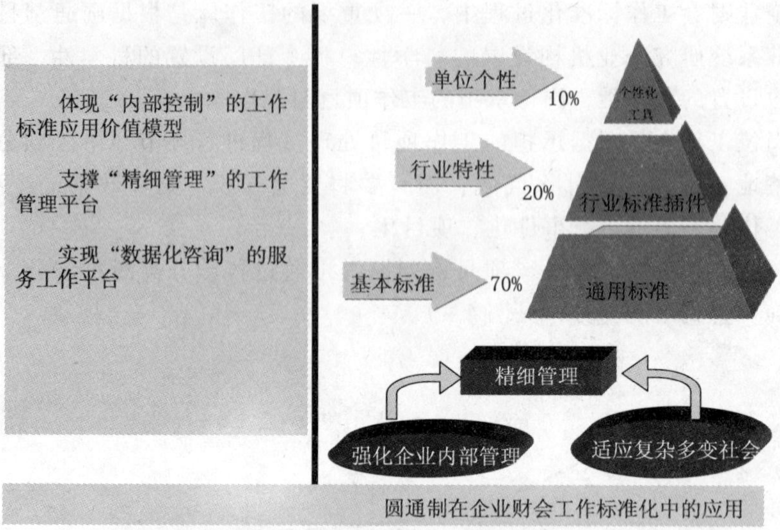

图 4－2　企业财会工作标准体系特性与共性

我们在工作标准化研究过程中，许多财经专家认为我们列举的许多工作标准不是财会工作，从表象上看来，这个意见是很充分的，但从工作标准角度来分析，却是关联的，当财会人员参加一项工作讨论，我们能说这项工作不是我们财务部门直接的工作就不需要了解或掌握吗？因此，既然参加会议，就需要深入思考，需要具备统筹的能力。

另外，就工作标准的处理层级与工作分工，有些同志提问会计交接工作是哪个岗位的工作，容易混淆工作环节、工作主导与工作标准的概念。只要这项工作标准构成要素中包含了某个岗位，这项工作标准就与这个岗位有关，或者说，这项工作标准就是这个岗位的工作标准。

4.1　会计机构负责人岗位

4.1.1　会计机构负责人岗位说明

会计机构负责人岗位属于企业财经事务管理岗位。由于企业规模的不同，内部管理岗位职级差异很大，根据《会计法》“第二十一条　财务会计报告应当由单位负责人和主管会计工作的负责人、财会机构负责人（会计主管人员）签名并盖章；设置总会计师的单位，还须由总会计师签名并盖章。”《事业单位财务管理规则》“第五条　事业单位的财务活动在单位负责人的领导下，由单位财务部门统一管理。”

财务会计管理工作是政务服务与事务服务兼而有之的工作。财会机构负责人根据企业规模、企业性质等不同，设置不同岗位，主要包括：总会计师、财务处长、副处长、财务业务科长、副科长、会计主管、会计等，均履行财会事务管理职责。

事业法人或企业法人设立上级职务的下级领导岗位、单位会计部门各级别副职、非独立核算财务部门负责人，根据工作量均衡分配原则，承担相应管理工作，执行财会机构负责人工作标准。

根据岗位工作独立性原则，财会管理岗位具有其独立的工作目录内容和独立的工作标准，其管理性职能主要表现在履行单位财会工作中各个需要安排、监督、审核、组织、审批的核心环节。

4.1.2　会计机构负责人岗位工作思路导图

参见图4－3。

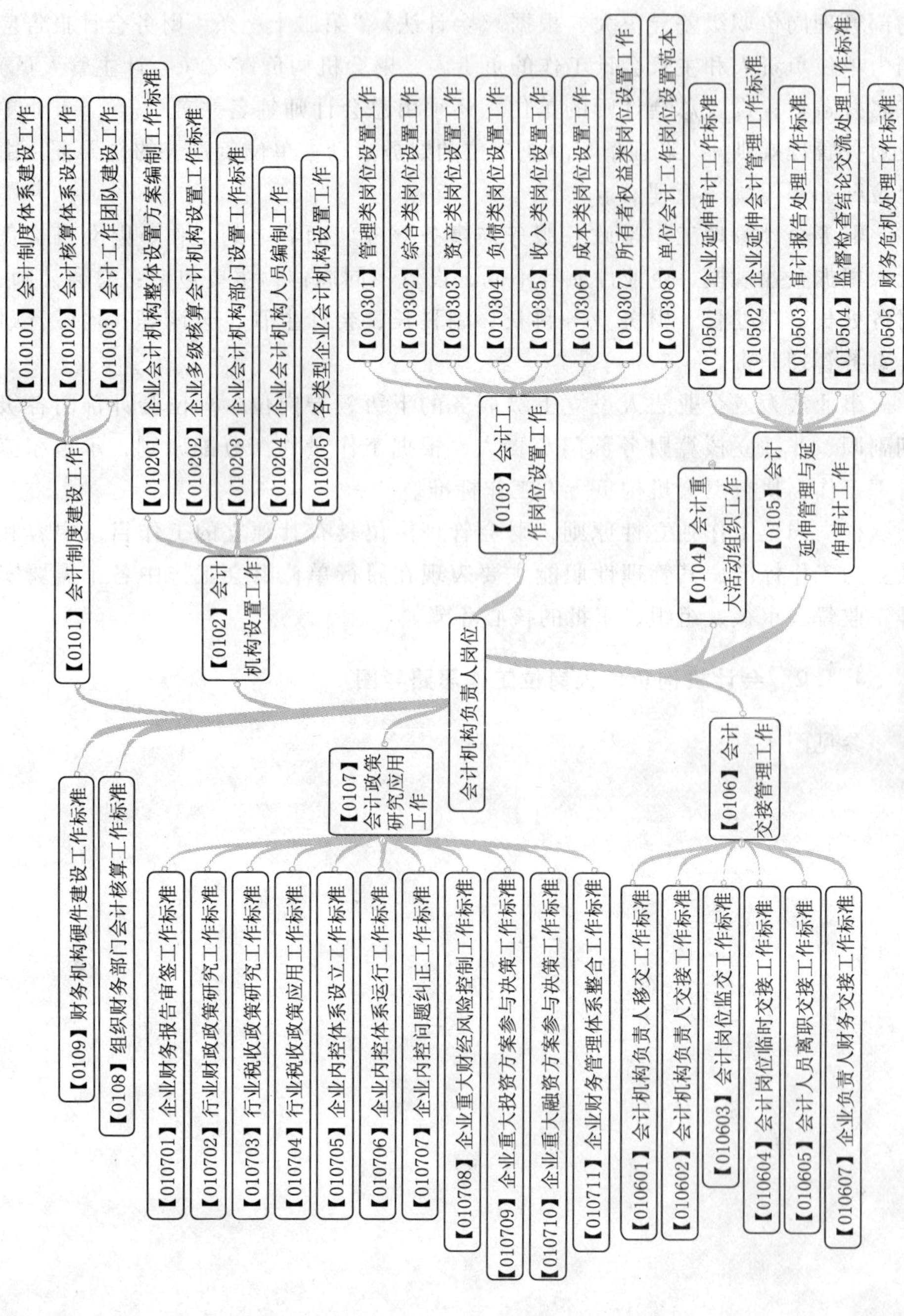

图4-3 会计机构负责人工作思路导图

4.1.3　会计机构负责人岗位工作标准目录

参见表4－1。

表4－1　　会计机构负责人岗位工作标准目录

编　码	名　称
01	会计机构负责人岗位（总会计师、财务经理常见工作）
0101	会计制度建设工作
010101	会计制度体系建设工作
01010101	会计制度体系建设工作标准
01010102	单项会计制度起草工作标准
01010103	单项会计制度执行工作标准
01010104	单项会计制度修订工作标准
010102	会计核算体系设计工作
01010201	会计核算体系设计工作标准
01010202	单项会计核算工作需求调查工作标准
01010203	单项会计核算工作数据流设计工作标准
01010204	单项会计核算工作流设计工作标准
01010205	单项会计核算工作审批流设计工作标准
010103	会计工作团队建设工作
01010301	会计工作评价体系建立工作标准
01010302	会计工作能力评价工作标准
01010304	会计工作胜任度评价工作标准
01010305	会计教育计划组织工作标准
0102	会计机构设置工作
010201	企业会计机构整体设置方案编制工作标准
010202	企业多级核算会计机构设置工作标准
010203	企业会计机构部门设置工作标准
010204	企业会计机构人员编制工作
01020401	内设机构人员岗位分配工作标准
010205	各类型企业会计机构设置工作

续表

编　码	名　称
01020503	大型企业会计机构设置工作标准
01020505	中型企业会计机构设置工作标准
01020506	小型企业会计机构设置工作标准
01020509	科研事业单位会计机构设置工作标准
01020510	卫生事业单位会计机构设置工作标准
0103	会计工作岗位设置工作
010301	管理类岗位设置工作
01030101	会计机构负责人岗位工作标准
01030102	总会计师岗位工作标准
01030103	财务处长岗位工作标准
01030104	财务科长岗位工作标准
010302	综合类岗位设置工作
01030201	审核制证岗位工作标准
01030202	复核岗位工作标准
01030203	稽核与内控岗位工作标准
01030204	总账与报表岗位工作标准
01030205	预算管理岗位工作标准
01030206	财务分析与评价岗位工作标准
01030207	价格管理岗位工作标准
01030208	财务信息化管理岗位工作标准
01030209	会计档案管理岗位工作标准
010303	资产类岗位设置工作
01030301	出纳岗位工作标准
01030302	投资管理与核算岗位工作标准
01030303	在建工程管理与核算岗位工作标准
01030304	存货管理与核算岗位工作标准
01030305	固定资产管理与核算岗位工作标准
01030306	无形资产管理与核算岗位工作标准
010304	负债类岗位设置工作

续表

编　码	名　称
01030401	往来款项管理与核算岗位工作标准
01030402	融资管理与核算岗位工作标准
010305	收入类岗位设置工作
01030501	主营业务收入管理与核算岗位工作标准
01030502	政府补助管理与核算岗位工作标准
01030503	财政拨款管理与核算岗位工作标准
01030504	基建拨款管理与核算岗位工作
010306	成本类岗位设置工作
01030601	薪酬管理与核算岗位工作标准
01030602	税费管理与核算岗位工作标准
01030604	费用管理与核算岗位工作标准
01030605	生产成本管理与核算岗位工作标准
01030606	生产费用管理与核算岗位工作标准
010307	所有者权益类岗位设置工作
01030701	风险控制与保险岗位工作标准
01030702	股东权益管理与核算岗位工作标准
010308	单位会计工作岗位设置范本
0104	会计重大活动组织工作
010401	企业重大会计会议活动组织工作
01040101	企业重大会计会议活动组织策划工作标准
01040102	企业重大会计会议活动组织审批工作标准
01040103	企业重大会计会议活动组织接待工作标准
01040104	企业重大会计会议活动应急处理工作标准
01040105	参加重大会计会议活动准备工作标准
01040106	参加重大会计会议活动结果汇报工作标准
010402	企业重大会计项目（评估、设立、分割、重组、解散、注销）组织工作
01040201	企业重大会计项目工作方案制定工作标准
01040202	企业重大会计项目工作方案组织实施工作标准
01040203	企业重大会计项目工作方案实施结果验收工作标准

续表

编　码	名　称
01040204	企业重大会计项目工作方案实施结果汇报工作标准
01040205	企业资产评估组织工作
0104020501	企业资产评估工作方案制定工资标准
0104020502	企业资产评估工作方案组织实施工作标准
0104020503	企业资产评估工作方案实施结果验收工作标准
0104020504	企业资产评估工作方案实施结果汇报工作标准
01040206	企业新设机构组织工作
0104020601	企业新设机构工作方案制定工作标准
0104020602	企业新设机构工作方案组织实施工作标准
0104020603	企业新设机构工作方案实施结果验收工作标准
0104020604	企业新设机构工作方案实施结果汇报工作标准
01040207	企业分割会计组织工作
0104020701	企业分割会计工作方案制定工作标准
0104020702	企业分割会计工作方案组织实施工作标准
0104020703	企业分割会计工作方案实施结果验收工作标准
0104020704	企业分割会计工作方案实施结果汇报工作标准
01040208	企业重组会计组织工作
0104020801	企业重组会计工作方案制定工作标准
0104020802	企业重组会计工作方案组织实施工作标准
0104020803	企业重组会计工作方案实施结果验收工作标准
0104020804	企业重组会计工作方案实施结果汇报工作标准
01040209	企业解散会计组织工作
0104020901	企业解散会计工作方案制定工作标准
0104020902	企业解散会计工作方案组织实施工作标准
0104020903	企业解散会计工作方案实施结果验收工作标准
0104020904	企业解散会计工作方案实施结果汇报工作标准
01040210	企业注销会计组织工作
0104021001	企业注销会计工作方案制定工作标准
0104021002	企业注销会计工作方案组织实施工作标准

续表

编　码	名　称
0104021003	企业注销会计工作方案实施结果验收工作标准
0104021004	企业注销会计工作方案实施结果汇报工作标准
010403	企业接受财务检查工作
01040301	企业接受直接上级财务检查工作标准
01040302	企业接受财政企业会计财务检查工作标准
01040303	企业接受审计企业会计财务检查工作标准
01040306	企业接受地税征管企业会计税务检查工作标准
01040307	企业接受地税稽查企业会计税务检查工作标准
01040308	企业接受国税征管企业会计税务检查工作标准
01040309	企业接受国税稽查企业会计税务检查工作标准
01040310	企业接受中介机构出具报告检查工作标准
0104034	企业接受检察企业会计财务检查工作标准
0104035	企业接受行业管理企业会计财务检查工作标准
0105	会计延伸管理与延伸审计工作
010501	企业延伸审计工作标准
010502	企业延伸会计管理工作标准
01050201	企业收入延伸管理工作标准
01050202	企业支出延伸管理工作标准
010503	审计报告处理工作标准
010504	监督检查结论交流处理工作标准
010505	财务危机处理工作标准
0106	会计交接管理工作
010601	会计机构负责人移交工作标准
010602	会计机构负责人交接工作标准
010603	会计岗位监交工作标准
010604	会计岗位临时交接工作标准
010605	会计人员离职交接工作标准
010607	企业负责人财务交接工作标准
0107	会计政策研究应用工作

续表

编　码	名　称
010701	企业财务报告审签工作标准
010702	行业财政政策研究工作标准
010703	行业税收政策研究工作标准
010704	行业税收政策应用工作标准
010705	企业内控体系设立工作标准
010706	企业内控体系运行工作标准
010707	企业内控问题纠正工作标准
010708	企业重大财经风险控制工作标准
010709	企业重大投资方案参与决策工作标准
010710	企业重大融资方案参与决策工作标准
010711	企业财务管理体系整合工作标准
0108	组织财务部门会计核算工作标准
0109	财务机构硬件建设工作标准

4.2　审核制证岗位

4.2.1　审核制证岗位说明

审核制证岗位是特殊的会计工作岗位，根据圆通会计工作岗位设置标准，每个岗位都应独立完成本岗位会计核算事项的管理和会计事务的处理，完成对各自原始凭证以及记账凭证的审核与制作。因此，设立专门审核制证岗位是满足通常企业会计工作岗位设置数量少，将涉及费用报销等日常事务单独出来，满足财务服务业务的需要。

本工作岗位工作标准适用于资产类岗位、负债类岗位、净资产类岗位、收入类岗位、费用类岗位的日常会计核算业务处理工作。

4.2.2　审核制证岗位工作思路导图

参见图4－4。

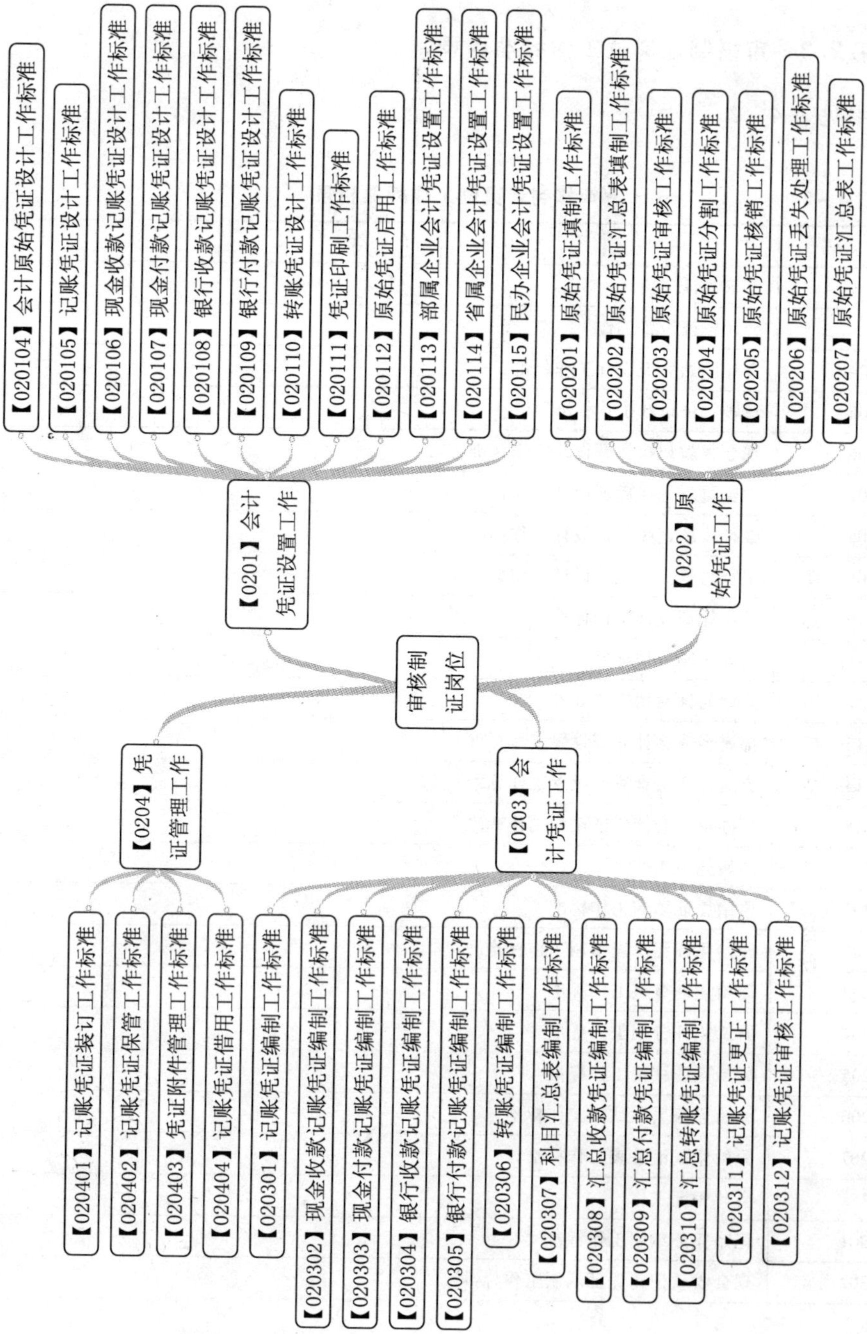

图4-4 审核制证岗位工作思路导图

4.2.3 审核制证岗位工作标准目录

参见表4-2。

表4-2 审核制证岗位工作标准目录

编码	名称
02	审核制证岗位
0201	会计凭证设置工作
020104	会计原始凭证设计工作标准
020105	记账凭证设计工作标准
020106	现金收款记账凭证设计工作标准
020107	现金付款记账凭证设计工作标准
020108	银行收款记账凭证设计工作标准
020109	银行付款记账凭证设计工作标准
020110	转账凭证设计工作标准
020111	凭证印刷工作标准
020112	原始凭证启用工作标准
020113	部属企业会计凭证设置工作标准
020114	省属企业会计凭证设置工作标准
020115	民办企业会计凭证设置工作标准
0202	原始凭证工作
020201	原始凭证填制工作标准
020202	原始凭证汇总表填制工作标准
020203	原始凭证审核工作标准
020204	原始凭证分割工作标准
020205	原始凭证核销工作标准
020206	原始凭证丢失处理工作标准
020207	原始凭证汇总表工作标准
0203	会计凭证工作
020301	记账凭证编制工作标准
020302	现金收款记账凭证编制工作标准

续表

编　码	名　称
020303	现金付款记账凭证编制工作标准
020304	银行收款记账凭证编制工作标准
020305	银行付款记账凭证编制工作标准
020306	转账凭证编制工作标准
020307	科目汇总表编制工作标准
020308	汇总收款凭证编制工作标准
020309	汇总付款凭证编制工作标准
020310	汇总转账凭证编制工作标准
020311	记账凭证更正工作标准
020312	记账凭证审核工作标准
0204	凭证管理工作
020401	记账凭证装订工作标准
020402	记账凭证保管工作标准
020403	凭证附件管理工作标准
020404	记账凭证借用工作标准

4.3　复核岗位

4.3.1　复核岗位说明

复核岗位是企业财务部门设置的全面承担财务部门会计结算与核算业务复核检查的工作岗位。包括资金收付的核对，各业务岗位日常编制的记账凭证核对，包括记账凭证的正确性、真实性、完整性和记账凭证计算机录入的准确性；要求对处理错误的凭证，立即退还制单人员重新编制正确的记账凭证。

本工作岗位工作标准适用于资产类岗位、负债类岗位、净资产类岗位、收入类岗位、费用类岗位的日常会计核算业务处理工作。

4.3.2　复核岗位工作思路导图

参见图4－5。

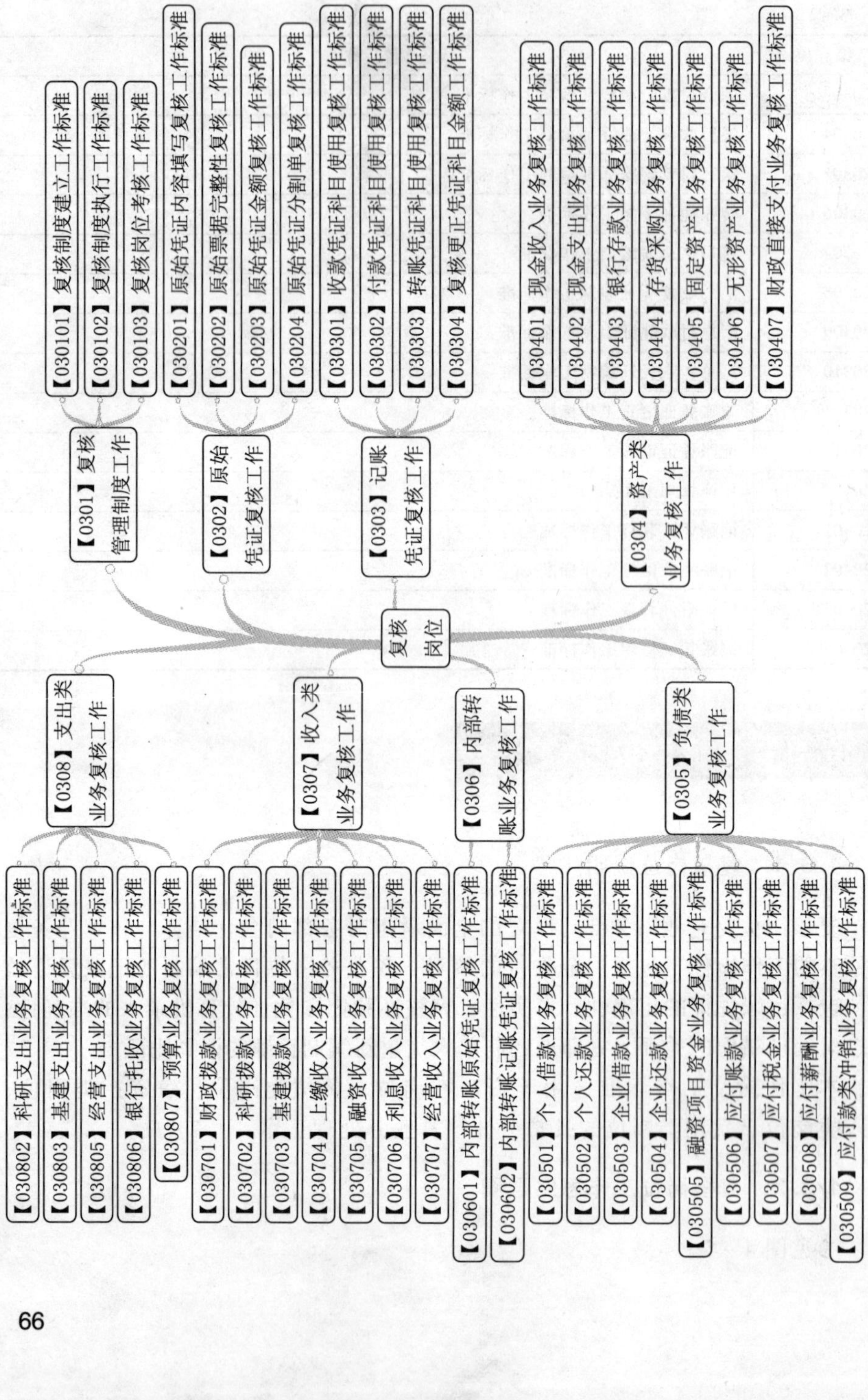

图4-5 复核岗位工作思路导图

4.3.3　复核岗位工作标准目录

参见表4－3。

表4－3　　复核岗位工作标准目录

编　码	名　称
03	复核岗位
0301	复核管理制度工作
030101	复核制度建立工作标准
030102	复核制度执行工作标准
030103	复核岗位考核工作标准
0302	原始凭证复核工作
030201	原始凭证内容填写复核工作标准
030202	原始票据完整性复核工作标准
030203	原始凭证金额复核工作标准
030204	原始凭证分割单复核工作标准
0303	记账凭证复核工作
030301	收款凭证科目使用复核工作标准
030302	付款凭证科目使用复核工作标准
030303	转账凭证科目使用复核工作标准
030304	复核更正凭证科目金额工作标准
0304	资产类业务复核工作
030401	现金收入业务复核工作标准
030402	现金支出业务复核工作标准
030403	银行存款业务复核工作标准
030404	存货采购业务复核工作标准
030405	固定资产业务复核工作标准
030406	无形资产业务复核工作标准
030407	财政直接支付业务复核工作标准

续表

编　码	名　称
0305	负债类业务复核工作
030501	个人借款业务复核工作标准
030502	个人还款业务复核工作标准
030503	企业借款业务复核工作标准
030504	企业还款业务复核工作标准
030505	融资项目资金业务复核工作标准
030506	应付账款业务复核工作标准
030507	应付税金业务复核工作标准
030508	应付薪酬业务复核工作标准
030509	应付款类冲销业务复核工作标准
0306	内部转账业务复核工作
030601	内部转账原始凭证复核工作标准
030602	内部转账记账凭证复核工作标准
0307	收入类业务复核工作
030701	财政拨款业务复核工作标准
030702	科研拨款业务复核工作标准
030703	基建拨款业务复核工作标准
030704	上缴收入业务复核工作标准
030705	融资收入业务复核工作标准
030706	利息收入业务复核工作标准
030707	经营收入业务复核工作标准
0308	支出类业务复核工作
030802	科研支出业务复核工作标准
030803	基建支出业务复核工作标准
030805	经营支出业务复核工作标准
030806	银行托收业务复核工作标准
030807	预算业务复核工作标准

4.4　稽核与内控岗位

4.4.1　稽核与内控岗位说明

稽核与内控岗位执行会计法规规定的财会机构内部稽核制度及内部控制制度。核心是财会机构本身对于会计核算、财务管理工作进行的一种自我检查或审核工作，其目的在于防止财务会计工作中所出现的差错和有关人员的舞弊。通过本岗位，对单位业务流程、财务管理流程、日常核算工作中所出现的疏忽、错误等及时加以纠正或制止，以提高会计工作的质量。

企业会计工作标准化以后，对于各种会计制度的变化，都反映在会计工作标准引用技术标准的变化，因此，及时修正会计工作标准，就能将最新制度规定实时地应用于各种工作之中。

4.4.2　稽核与内控岗位工作思路导图

参见图4-6。

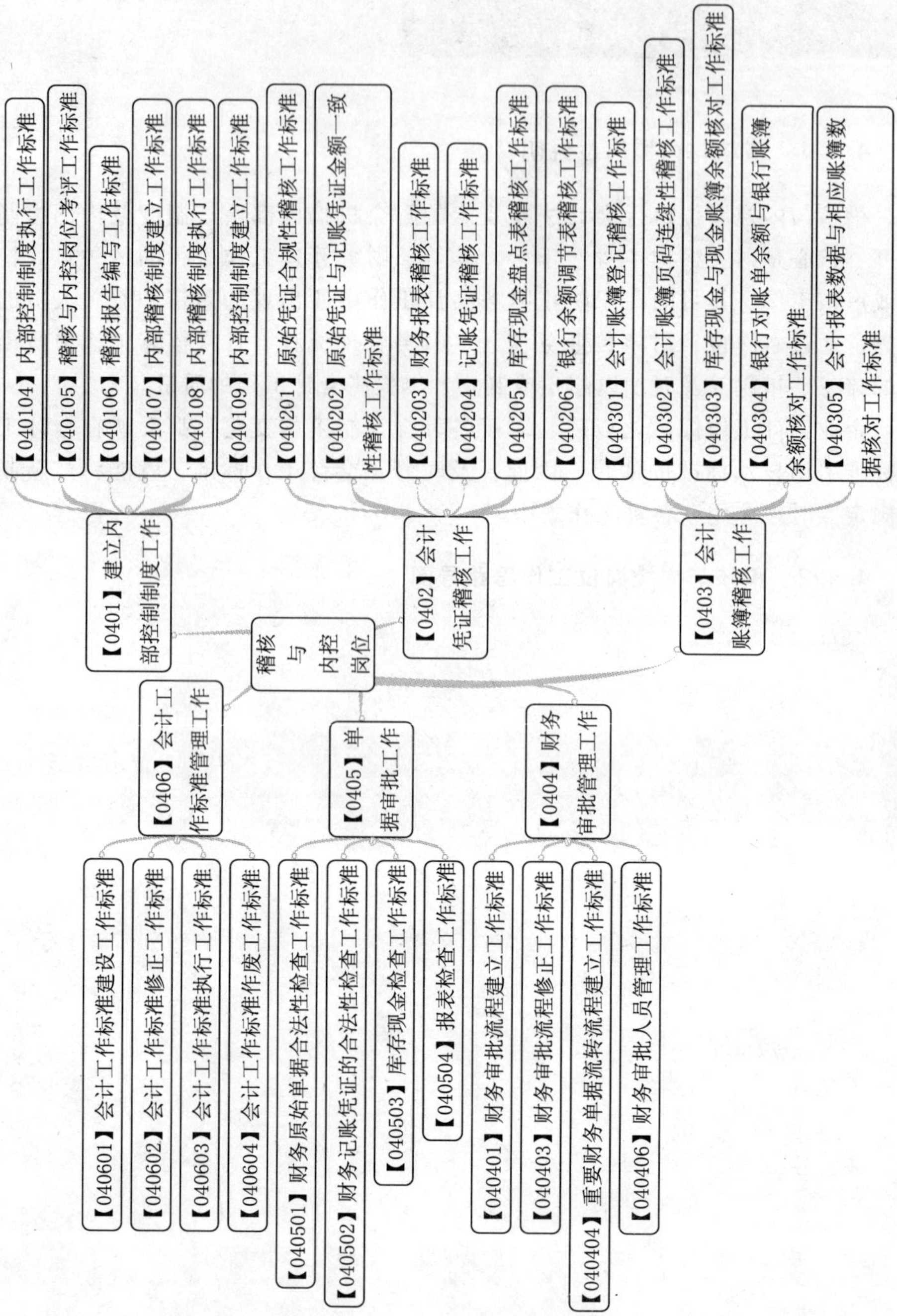

图4-6 稽核与内控岗位工作思路导图

4.4.3　稽核与内控岗位工作标准目录

参见表4－4。

表4－4　　稽核与内控岗位工作标准目录

编　码	名　称
04	稽核与内控岗位
0401	建立内部控制制度工作
040102	企业内部制度执行稽核工作标准
040104	内部控制制度执行工作标准
040105	稽核与内控岗位考评工作标准
040106	稽核报告编写工作标准
040107	内部稽核制度建立工作标准
040108	内部稽核制度执行工作标准
040109	内部控制制度建立工作标准
0402	会计凭证稽核工作
040201	原始凭证合规性稽核工作标准
040202	原始凭证与记账凭证金额一致性稽核工作标准
040203	财务报表稽核工作标准
040204	记账凭证稽核工作标准
040205	库存现金盘点表稽核工作标准
040206	银行余额调节表稽核工作标准
0403	会计账簿稽核工作
040301	会计账簿登记稽核工作标准
040302	会计账簿页码连续性稽核工作标准
040303	库存现金与现金账簿余额核对工作标准
040304	银行对账单余额与银行账簿余额核对工作标准
040305	会计报表数据与相应账簿数据核对工作标准
0404	财务审批管理工作
040401	财务审批流程建立工作标准
040403	财务审批流程修正工作标准

续表

编　码	名　称
040404	重要财务单据流转流程建立工作标准
040406	财务审批人员管理工作标准
0405	单据审批工作
040501	财务原始单据合法性检查工作标准
040502	财务记账凭证的合法性检查工作标准
040503	库存现金检查工作标准
040504	报表检查工作标准
0406	会计工作标准管理工作
040601	会计工作标准建设工作标准
040602	会计工作标准修正工作标准
040603	会计工作标准执行工作标准
040604	会计工作标准作废工作标准

4.5　总账与报表岗位

4.5.1　总账与报表岗位说明

总账与报表岗位负责企业总分类账簿登记管理和会计报表编报工作。该岗位通过管理总分类科目、登记全部经济业务、提供总括核算资料，并通过总分类账所提供的核算资料，编制会计报表，为评价单位事业发展、经营业绩和改善经营管理提供资讯，是系统管理、协调会计部门会计核算工作的核心岗位。

4.5.2　总账与报表岗位工作思路导图

参见图 4－7。

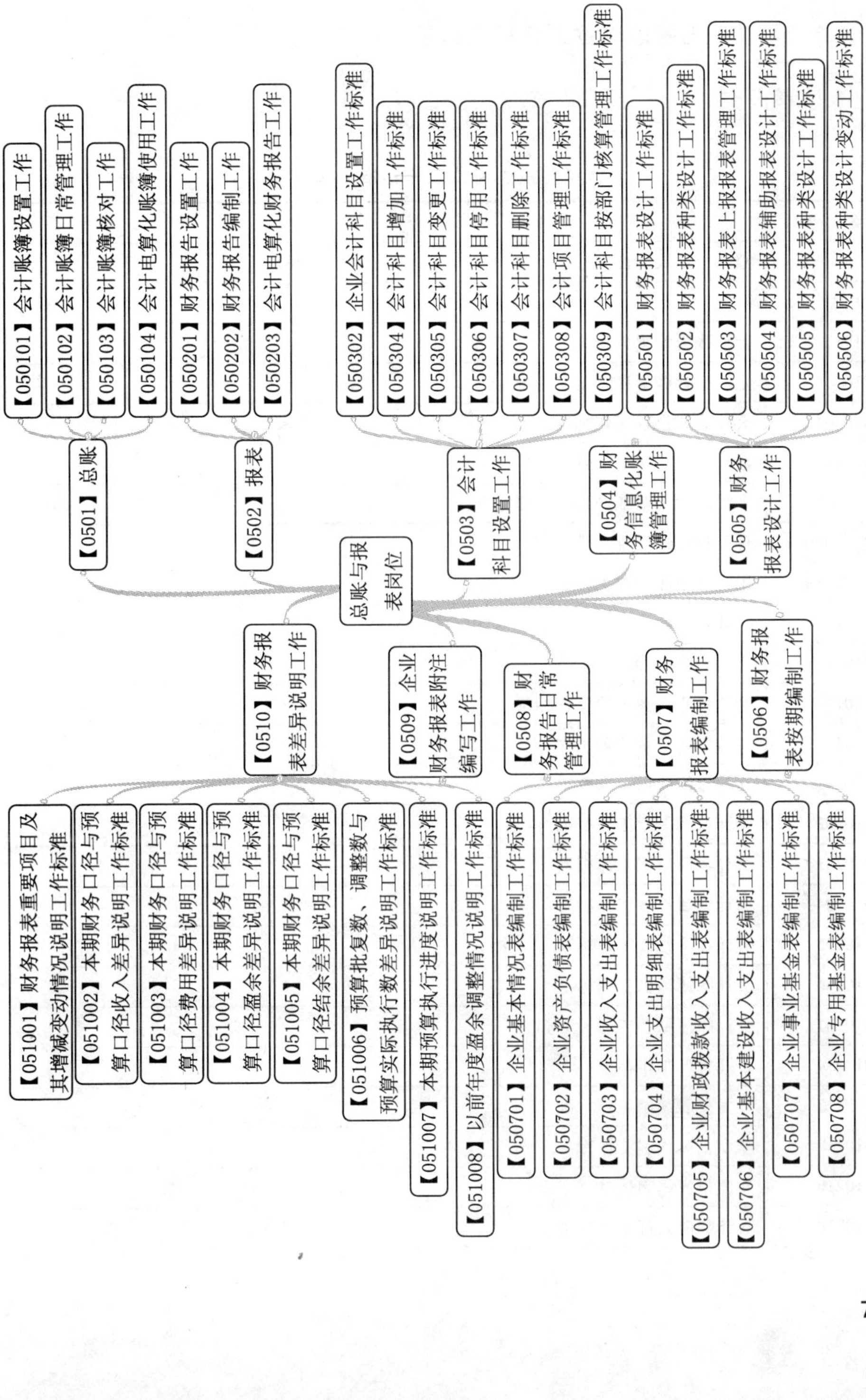

图4-7 总账与报表岗位工作思路导图

4.5.3 总账与报表岗位工作标准目录

参见表4－5。

表4－5　　总账与报表岗位工作标准目录

编　码	名　称
05	总账与报表岗位
0501	总账
050101	会计账簿设置工作
05010101	企业会计账簿设置工作标准
05010104	会计总账设置工作标准
05010105	会计三栏式明细账设置工作标准
05010106	会计多栏式明细账设置工作标准
05010107	现金日记账设置工作标准
05010108	银行日记账设置工作标准
05010109	会计辅助账设置工作标准
05010110	会计台账设置工作标准
05010111	会计备查账簿设置工作标准
050102	会计账簿日常管理工作
05010201	会计账簿启用工作标准
05010202	会计账簿登记工作标准
05010203	会计账簿结账工作标准
05010204	会计账簿审核工作标准
05010205	会计账簿修改工作标准
05010206	会计账簿印刷工作标准
05010207	会计账簿贴花工作标准
05010214	账簿打印工作标准
05010217	月度报表编制工作标准
05010218	季度报表编制工作标准
05010219	年度报表编制标准
05010220	会计账簿装订工作标准

续表

编　码	名　称
05010221	会计账簿借用工作标准
05010222	会计账簿保管工作标准
05010223	会计账簿丢失处理工作标准
05010224	会计账簿销毁工作标准
050103	会计账簿核对工作
05010301	会计账账核对工作标准
05010302	会计账证核对工作标准
05010303	会计账实核对工作标准
05010304	会计账表核对工作标准
050104	会计电算化账簿使用工作
05010401	会计电算化账簿设置工作标准
05010402	会计电算化账簿登记工作标准
05010403	会计电算化账簿打印工作标准
05010404	会计电算化账簿查询工作标准
0502	报表
050201	财务报告设置工作
05020101	大型企业集团财务报告设置工作标准
05020102	大型企业财务报告设置工作标准
05020103	中小企业财务报告设置工作标准
05020104	财务报告种类设计工作标准
05020106	财务报告启用工作标准
050202	财务报告编制工作
05020201	月度财务报告编制工作标准
05020202	季度财务报告编制工作标准
05020203	年度财务报告编制工作标准
05020204	会计报表附表编制工作标准
05020205	会计报表附注编写工作标准
05020206	财务情况说明书编写工作标准
05020207	合并报表编制工作标准

续表

编　码	名　称
05020208	财务报告填写工作标准
05020209	财务报告审核工作标准
05020210	财务报告修改工作标准
050203	会计电算化财务报告工作
05020301	财务信息化财务报告设置工作标准
05020302	财务信息化财务报告编写工作标准
05020303	财务信息化财务报告打印工作标准
05020304	财务信息化财务报告查询工作标准
0503	会计科目设置工作
050302	企业会计科目设置工作标准
050304	会计科目增加工作标准
050305	会计科目变更工作标准
050306	会计科目停用工作标准
050307	会计科目删除工作标准
050308	会计项目管理工作标准
050309	会计科目按部门核算管理工作标准
0504	财务信息化账簿管理工作
050401	财务信息化会计账簿设置工作标准
050402	财务信息化会计账簿登记工作标准
050403	财务信息化会计账簿打印工作标准
050404	财务信息化会计账簿查询工作标准
0505	财务报表设计工作
050501	财务报表设计工作标准
050502	财务报表种类设计工作标准
050503	财务报表上报报表管理工作标准
050504	财务报表辅助报表设计工作标准
050505	财务报告种类设计工作标准
050506	财务报表种类设计变动工作标准
0506	财务报表按期编制工作

续表

编 码	名 称
050601	月度财务报表编制工作标准
050602	季度财务报表编制工作标准
050603	中期财务报表编制工作标准
050604	年度财务报表编制工作标准
050605	会计报表附表编制工作标准
050606	财务情况说明书编写工作标准
0507	财务报表编制工作
050701	企业基本情况表编制工作标准
050702	企业资产负债表编制工作标准
050703	企业收入支出表编制工作标准
050704	企业支出明细表编制工作标准
050705	企业财政拨款收入支出表编制工作标准
050706	企业基本建设收入支出表编制工作标准
050707	企业事业基金表编制工作标准
050708	企业专用基金表编制工作标准
0508	财务报告日常管理工作
050801	财务报告启用工作标准
050802	财务报告账表核对工作标准
050803	合并报表编制工作标准
050804	财务报告填写工作标准
050805	财务报告审核工作标准
050806	财务报告装订工作标准
050807	财务报告借用工作标准
050808	财务报告修改工作标准
050809	财务报告保管工作标准
050810	财务报告丢失处理工作标准
050811	财务报告印刷工作标准
050812	财务报告销毁工作标准
0509	企业财务报表附注编写工作

续表

编　码	名　称
050901	财务报表声明编写工作标准
050902	单位整体财务状况说明编写工作标准
050903	单位业务活动情况说明编写工作标准
050904	重要会计政策说明工作标准
050905	重要会计估计说明工作标准
050906	会计政策、会计估计变更以及差错更正说明工作标准
050907	特殊财务会计报告事项说明工作标准
0510	财务报表差异说明工作
051001	财务报表重要项目及其增减变动情况说明工作标准
051002	本期财务口径与预算口径收入差异说明工作标准
051003	本期财务口径与预算口径费用差异说明工作标准
051004	本期财务口径与预算口径盈余差异说明工作标准
051005	本期财务口径与预算口径结余差异说明工作标准
051006	预算批复数、调整数与预算实际执行数差异说明工作标准
051007	本期预算执行进度说明工作标准
051008	以前年度盈余调整情况说明工作标准

4.6　预算管理岗位

4.6.1　预算管理岗位说明

预算管理岗位属于财会部门综合类岗位。预算管理岗位是完成企业基于预测、决策的需要，用数量和金额的形式反映企业一定时期内经营、投资、财务等活动的具体计划，是为实现企业目标而对各种资源和企业活动进行的详细安排。应严格贯彻执行预算管理法律、法规和单位制度。科学预算管理是企业引导和控制经济活动、实现部门协调、进行目标业绩考核的重要手段。

4.6.2　预算管理岗位工作思路导图

参见图4－8。

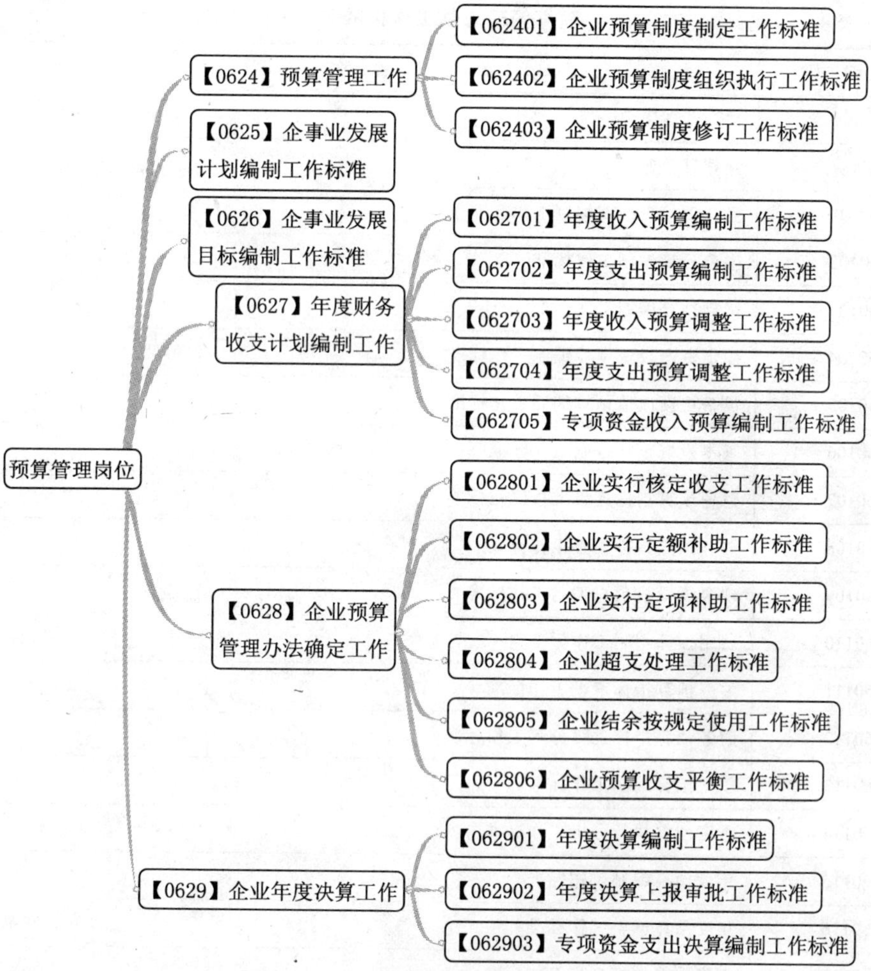

图4－8　预算管理岗位工作思路导图

4.6.3 预算管理岗位工作标准目录

参见表4－6。

表4－6　预算管理岗位工作标准目录

编　码	名　称
06	预算管理岗位
0601	预算日常业务
060101	资产负债表预算编制工作标准
060102	生产预算编制工作标准
060103	销售预算编制工作标准
060104	固定资产投资预算编制工作标准
060105	设备更新改造预算编制工作标准
060106	基本投资预算编制工作标准
060107	财务预算指标逐级上报工作标准
060108	财务预算指标汇总工作标准
060109	现金流量表预算编制工作标准
060110	费用预算编制工作标准
060111	财务预算指标审批工作标准
060112	财务预算指标逐级分解工作标准
060113	季度预算编制工作标准
060114	季度预算执行分析工作标准
060115	年度预算编制工作标准
060116	年度预算调整工作标准
060117	年度预算执行分析工作标准
060118	月度预算编制工作标准
060119	月度预算执行分析工作标准
0605	销售预算编制工作标准

续表

编　码	名　称
0610	财务预算指标汇总工作标准
0612	生产预算编制工作标准
0624	预算管理工作
062401	企业预算制度制定工作标准
062402	企业预算制度组织执行工作标准
062403	企业预算制度修订工作标准
0625	企事业发展计划编制工作标准
0626	企事业发展目标编制工作标准
0627	年度财务收支计划编制工作
062701	年度收入预算编制工作标准
062702	年度支出预算编制工作标准
062703	年度收入预算调整工作标准
062704	年度支出预算调整工作标准
062705	专项资金收入预算编制工作标准
0628	企业预算管理办法确定工作
062801	企业实行核定收支工作标准
062802	企业实行定额补助工作标准
062803	企业实行定项补助工作标准
062804	企业超支处理工作标准
062805	企业结余按规定使用工作标准
062806	企业预算收支平衡工作标准
0629	企业年度决算工作
062901	年度决算编制工作标准
062902	年度决算上报审批工作标准
062903	专项资金支出决算编制工作标准

4.7 财务分析与评价岗位

4.7.1 财务分析与评价岗位说明

财务分析与评价岗位属于财会部门综合类岗位。财务分析与评价岗位依托企业或外部利害相关者的财务报告资料，遵循财务分析和评价的方法和步骤，运用财务分析和评价的指标，从而对企业经济活动过程进行分析，肩负着为决策当局的规划决策提供价值信息支持和从价值方面对业务部门提供咨询服务双重责任，进而为企业管理者提供财务分析信息，促进企业内部管理；为企业外部投资者提供决策依据；为社会提供企业财务信息，促进证券市场的正常运行等。

4.7.2 财务分析与评价岗位工作思路导图

参见图 4 - 9。

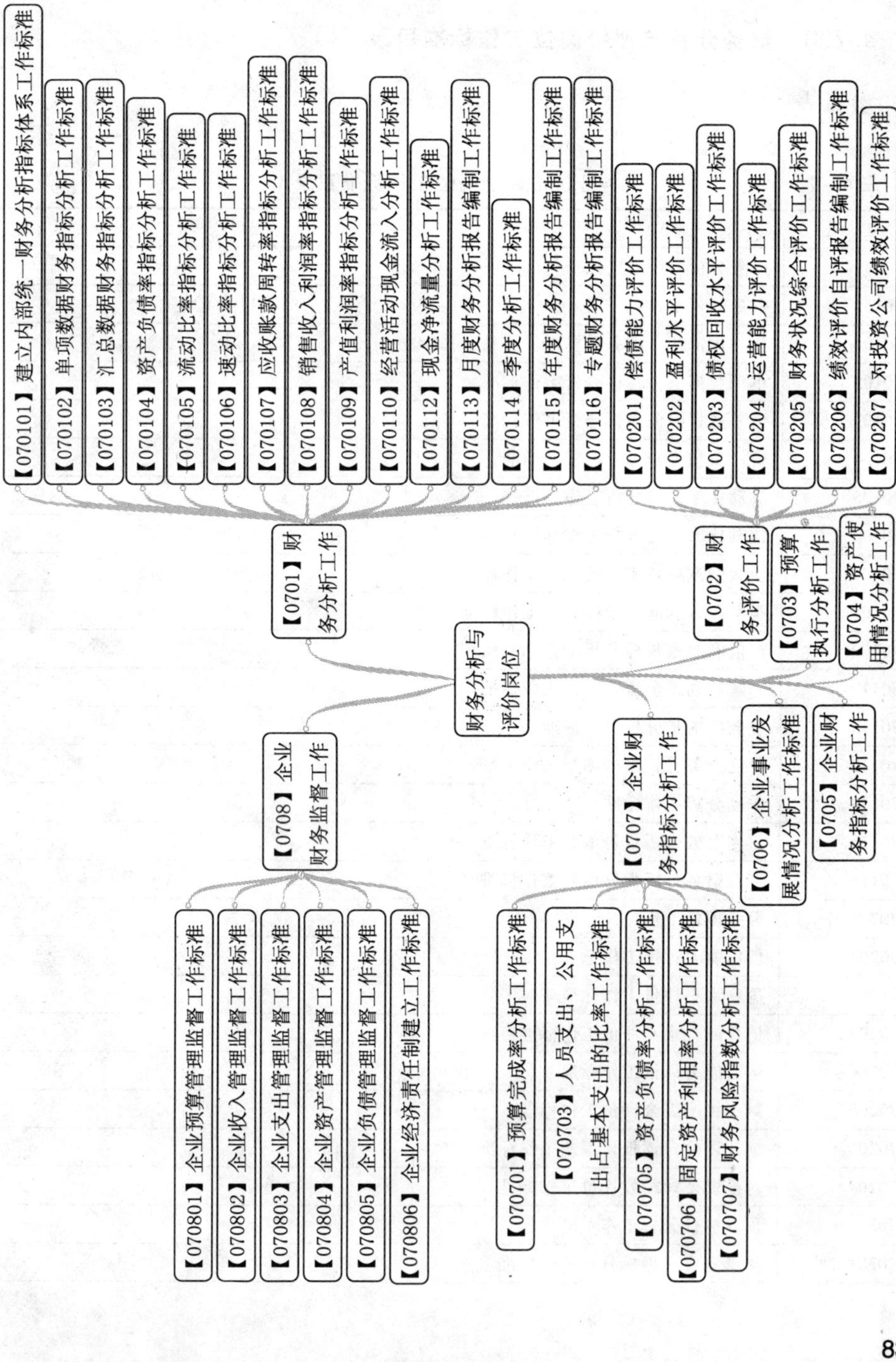

图4-9 财务分析与评价岗位工作思路导图

4.7.3 财务分析与评价岗位工作标准目录

参见表4－7。

表4－7　财务分析与评价岗位工作标准目录

编　码	名　称
07	财务分析与评价岗位
0701	财务分析工作
070101	建立内部统一财务分析指标体系工作标准
070102	单项数据财务指标分析工作标准
070103	汇总数据财务指标分析工作标准
070104	资产负债率指标分析工作标准
070105	流动比率指标分析工作标准
070106	速动比率指标分析工作标准
070107	应收账款周转率指标分析工作标准
070108	销售收入利润率指标分析工作标准
070109	产值利润率指标分析工作标准
070110	经营活动现金流入分析工作标准
070112	现金净流量分析工作标准
070113	月度财务分析报告编制工作标准
070114	季度分析工作标准
070115	年度财务分析报告编制工作标准
070116	专题财务分析报告编制工作标准
0702	财务评价工作
070201	偿债能力评价工作标准
070202	盈利水平评价工作标准
070203	债权回收水平评价工作标准
070204	运营能力评价工作标准
070205	财务状况综合评价工作标准
070206	绩效评价自评报告编制工作标准
070207	对投资公司绩效评价工作标准
0703	预算执行分析工作
070301	预算完成率指标分析工作标准

续表

编　码	名　称
070302	经费自给率指标分析工作标准
0704	资产使用情况分析工作
070401	资产负债率指标分析工作标准
070402	固定资产利用率指标分析工作标准
070403	财务风险指数指标分析工作标准
0705	企业财务指标分析工作
0706	企业事业发展情况分析工作标准
0707	企业财务指标分析工作
070701	预算完成率分析工作标准
070703	人员支出、公用支出占基本支出的比率工作标准
070705	资产负债率分析工作标准
070706	固定资产利用率分析工作标准
070707	财务风险指数分析工作标准
0708	企业财务监督工作
070801	企业预算管理监督工作标准
070802	企业收入管理监督工作标准
070803	企业支出管理监督工作标准
070804	企业资产管理监督工作标准
070805	企业负债管理监督工作标准
070806	企业经济责任制建立工作标准

4.8 价格管理岗位

4.8.1 价格管理岗位说明

价格管理岗位属于财会部门综合类岗位。价格管理岗位必须认真贯彻执行上级价格方针、政策，拟定本单位年度价格调整方案，并组织实施。负责价格管理工作，根据《价格法》规定的定价权限和具体适用范围，制定和调整政府指导价、单位定价。负责本单位事业性收费标准的申请，办理《收费许可证》。负责拟定《单位成本监审目录》规定的重要商品和服务价格，根据单位产品目录和服务项目，负责产品成本调查，进行成本监审和测定。对主副食品、生产资料价格进行价格监测、分析和预测市场价格行情，向上级管理机关、单位领导及内部相关人员提供价格信息。

4.8.2 价格管理岗位工作思路导图

参见图 4－10。

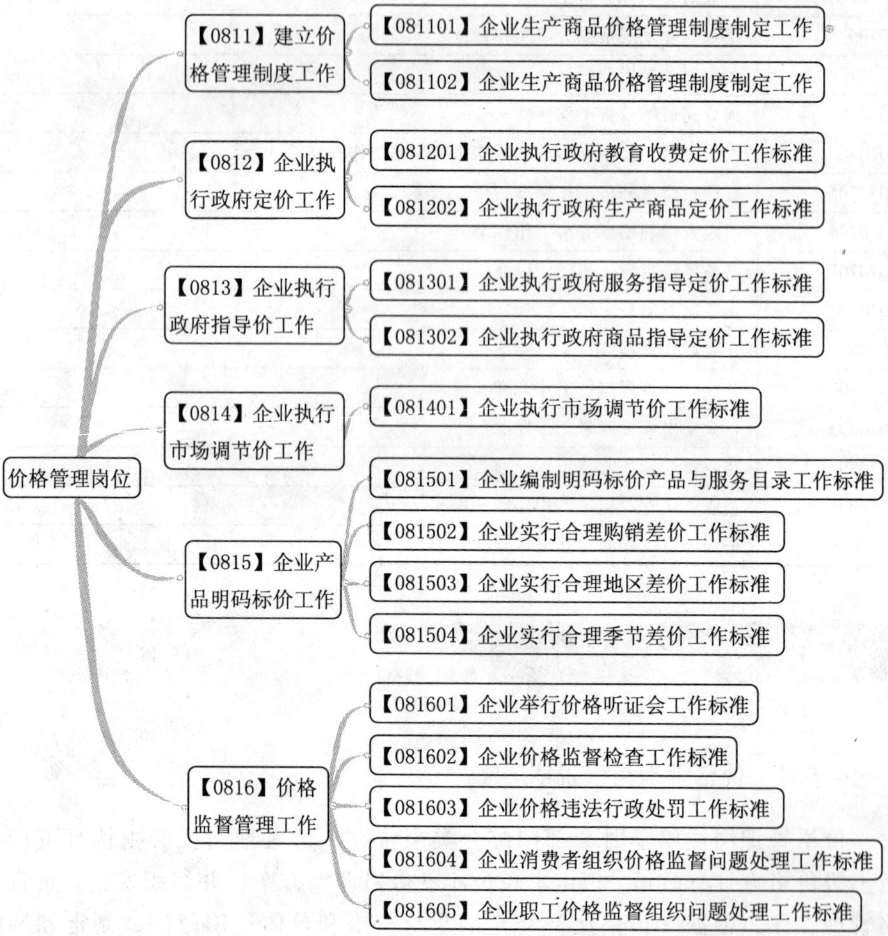

图 4－10 价格管理岗位工作思路导图

4.8.3 价格管理岗位工作标准目录

参见表4－8。

表4－8 价格管理岗位工作标准目录

编码	名称
08	价格管理岗位
0808	资产负债表预算编制工作标准
0811	建立价格管理制度工作
081101	企业生产商品价格管理制度制定工作
08110101	企业有形商品价格管理制定工作标准
08110102	企业无形资产价格管理制定工作标准
08110103	企业生产商品内部价格管理制度制定工作标准
08110104	内部结算价格制定工作标准
081102	企业生产商品价格管理制度制定工作
0812	企业执行政府定价工作
081201	企业执行政府教育收费定价工作标准
081202	企业执行政府生产商品定价工作标准
0813	企业执行政府指导价工作
081301	企业执行政府服务指导定价工作标准
081302	企业执行政府商品指导定价工作标准
0814	企业执行市场调节价工作
081401	企业执行市场调节价工作标准
0815	企业产品明码标价工作
081501	企业编制明码标价产品与服务目录工作标准
081502	企业实行合理购销差价工作标准
081503	企业实行合理地区差价工作标准

续表

编　码	名　称
081504	企业实行合理季节差价工作标准
0816	价格监督管理工作
081601	企业举行价格听证会工作标准
081602	企业价格监督检查工作标准
081603	企业价格违法行政处罚工作标准
081604	企业消费者组织价格监督问题处理工作标准
081605	企业职工价格监督组织问题处理工作标准

4.9　财务信息化管理岗位

4.9.1　财务信息化管理岗位说明

财务信息化管理岗位属于财会部门综合类岗位。财务信息化岗位专门负责企业财会部门会计电算化系统、会计工作标准化系统管理、操作与维护工作。该岗位的设置除要考虑会计人员工作规则外，还要受单位电算化系统模式、规模的制约，这种制约甚至是决定性的，单位采用的系统大小、复杂程度都对该岗位工作标准产生重要影响。主要工作包括系统管理、软件操作、数据审核、系统维护、数据档案管理等。

4.9.2　财务信息化管理岗位工作思路导图

参见图 4－11。

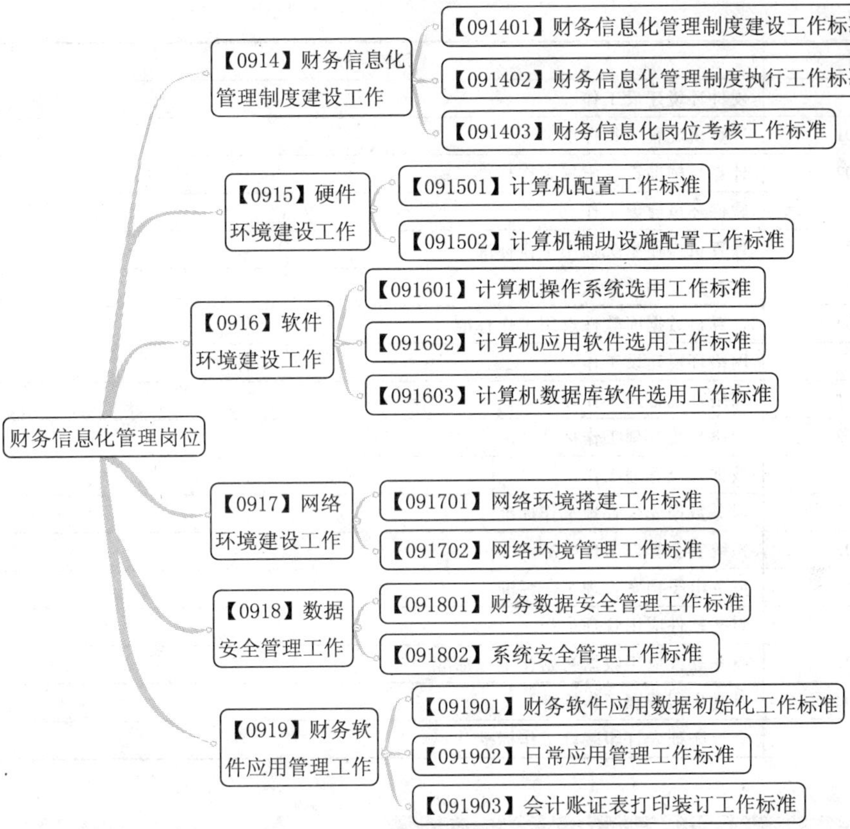

图4－11　财务信息化管理岗位工作思路导图

4.9.3　财务信息化管理岗位工作标准目录

参见表4－9。

表4－9　　财务信息化管理岗位工作标准目录

编　码	名　称
09	财务信息化管理岗位
0914	财务信息化管理制度建设工作
091401	财务信息化管理制度建设工作标准
091402	财务信息化管理制度执行工作标准
091403	财务信息化岗位考核工作标准

续表

编　码	名　称
0915	硬件环境建设工作
091501	计算机配置工作标准
091502	计算机辅助设施配置工作标准
0916	软件环境建设工作
091601	计算机操作系统选用工作标准
091602	计算机应用软件选用工作标准
091603	计算机数据库软件选用工作标准
0917	网络环境建设工作
091701	网络环境搭建工作标准
091702	网络环境管理工作标准
0918	数据安全管理工作
091801	财务数据安全管理工作标准
091802	系统安全管理工作标准
091803	财务电子档案管理工作标准
0919	财务软件应用管理工作
091901	财务软件应用数据初始化工作标准
091902	日常应用管理工作标准
091903	会计账证表打印装订工作标准

4.10　会计档案管理岗位

4.10.1　会计档案管理岗位说明

会计档案管理岗位属于财会部门综合类岗位。会计档案管理岗位是根据《中华人民共和国会计法》和《中华人民共和国档案法》制定的《会计档案管理办法》的规定，办理会计档案的立卷、归档、保管、查阅和销毁等工作，保证会计档案妥善保管的综合工作岗位。

4.10.2　会计档案管理岗位工作思路导图

参见图4－12。

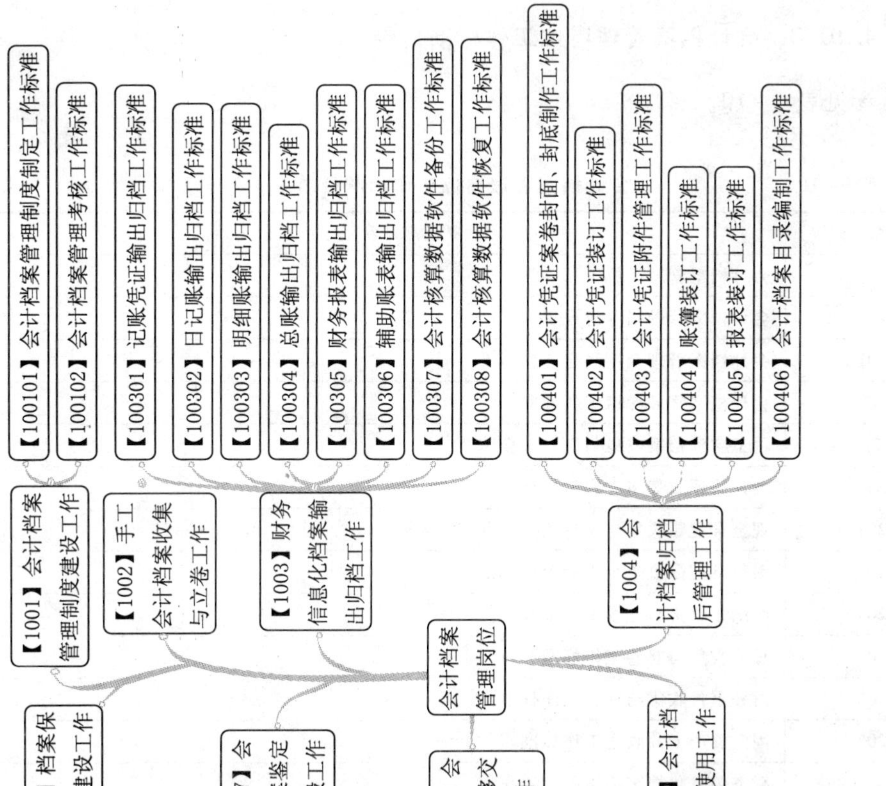

图4-12　会计档案管理岗位工作思路导图

4.10.3 会计档案管理岗位工作标准目录

参见表4－10。

表4－10　　会计档案管理岗位工作标准目录

编　码	名　称
10	会计档案管理岗位
1001	会计档案管理制度建设工作
100101	会计档案管理制度制定工作标准
100102	会计档案管理考核工作标准
1002	手工会计档案收集与立卷工作
100201	会计凭证收集与立卷工作标准
100202	现金日记账收集与立卷工作标准
100203	银行日记账收集与立卷工作标准
100204	明细账收集与立卷工作标准
100205	总账收集与立卷工作标准
100206	财务报告收集与立卷工作标准
100207	固定资产卡片收集工作标准
1003	财务信息化档案输出归档工作
100301	记账凭证输出归档工作标准
100302	日记账输出归档工作标准
100303	明细账输出归档工作标准
100304	总账输出归档工作标准
100305	财务报表输出归档工作标准
100306	辅助账表输出归档工作标准
100307	会计核算数据软件备份工作标准
100308	会计核算数据软件恢复工作标准
1004	会计档案归档后管理工作
100401	会计凭证案卷封面、封底制作工作标准
100402	会计凭证装订工作标准
100403	会计凭证附件管理工作标准

续表

编　码	名　称
100404	账簿装订工作标准
100405	报表装订工作标准
100406	会计档案目录编制工作标准
1005	会计档案日常使用工作
100501	内部人员查阅会计档案工作标准
100502	外部人员查阅会计档案工作标准
100503	会计档案复制工作标准
100504	会计档案借出工作标准
100505	会计档案摘抄工作标准
100506	会计档案归还工作标准
100507	会计档案丢失处理工作标准
100508	会计档案损坏处理工作标准
100509	会计档案借出丢失处理工作标准
1006	会计档案移交处理工作
100601	会计档案移交工作标准
100602	企业撤销会计档案管理工作标准
100603	企业解散会计档案管理工作标准
100604	企业破产会计档案管理工作标准
100605	企业（正常）终止会计档案管理工作标准
100606	企业分立后原单位解散会计档案管理工作标准
100607	企业分立后未结清原始凭证管理工作标准
100608	建设项目会计档案移交工作标准
100609	会计档案拆封重新整理工作标准
1007	会计档案鉴定及销毁工作
100701	会计档案保管期限鉴定工作标准
100702	会计档案销毁鉴定工作标准
100703	保管期满无保存价值档案销毁工作标准
100704	保管期满未结债权债务原始凭证管理工作标准
100705	保管期满未了事项原始凭证管理工作标准

续表

编　码	名　称
100706	会计档案销毁清册编制工作标准
1008	档案保管环境建设工作
100801	会计档案室（库房）建设工作标准
100802	会计档案保管环境建设工作标准
100803	会计档案保管安全建设工作标准

4.11　出纳岗位

4.11.1　出纳岗位说明

出纳岗位属于财会部门资产类岗位。出纳岗位是会计工作体系中一个非常重要的工作岗位。根据《会计法》的规定，每个独立会计核算机构都应设立出纳岗位，遵照有关规定和制度，办理本单位的现金、有价证券、票据等的收付、保管、核算工作，办理银行资金、银行票据、对外投资、资金融通管理与结算，完成出纳日记账簿、备查账簿、相关报表及财务印章管理等工作。其核心是管理与核算企业货币资金，是资产类重要会计工作岗位之一。

4.11.2　出纳岗位工作思路导图

参见图 4 - 13。

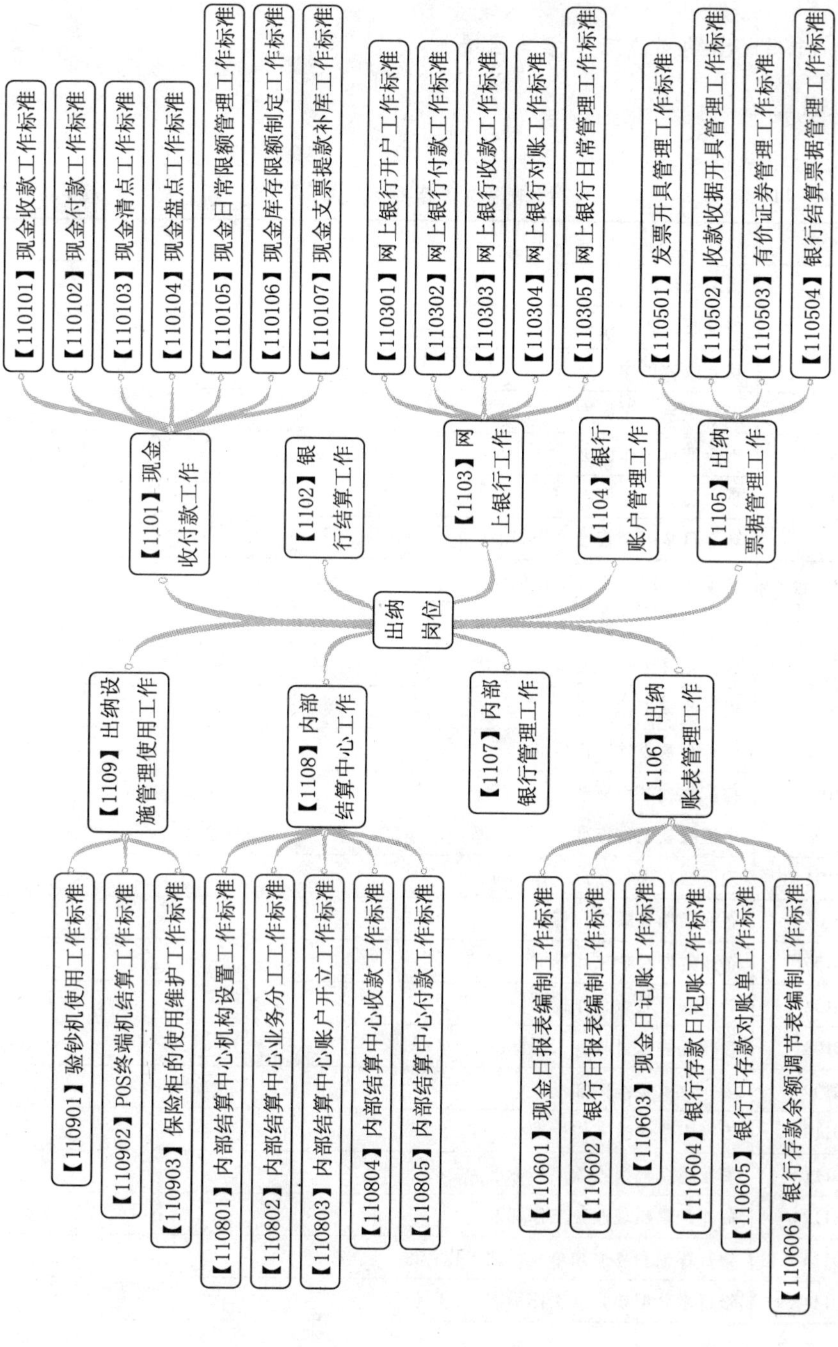

图4-13　出纳岗位工作思路导图

4.11.3 出纳岗位工作标准目录

参见表4－11。

表4－11 出纳岗位工作标准目录

编码	名称
11	出纳岗位
1101	现金收付款工作
110101	现金收款工作标准
110102	现金付款工作标准
110103	现金清点工作标准
110104	现金盘点工作标准
110105	现金日常限额管理工作标准
110106	现金库存限额制定工作标准
110107	现金支票提款补库工作标准
1102	银行结算工作
110201	银行收款工作
11020101	银行存款收款工作标准
11020102	信汇收款工作标准
11020103	电汇收款工作标准
11020104	现金缴存银行账户工作标准
11020105	企业活期存款工作标准
11020106	企业定期存款工作标准
11020107	转账支票收款工作标准
11020108	银行托收承付收款工作标准
11020109	委托收款工作标准
11020110	银行本票收款工作标准
11020111	商业承兑汇票收款工作标准
11020112	商业汇票贴现业务工作标准
11020113	银行存款利息通知单收付款工作标准
11020114	银行承兑汇票收款工作标准

续表

编 码	名 称
110202	银行付款工作
11020201	银行存款付款工作标准
11020202	现金支票付款工作标准
11020203	转账支票付款工作标准
11020204	银行账户提取现金工作标准
11020205	信汇付款工作标准
11020206	银行本票付款工作标准
11020207	电汇付款工作标准
11020208	企业定期收款工作标准
11020209	企业活期收款工作标准
11020210	银行托收承付付款工作标准
11020211	委托付款工作标准
11020212	商业承兑汇票付款工作标准
11020213	银行承兑汇票付款工作标准
110203	信用卡工作
11020301	信用卡开户工作标准
11020302	信用卡收款工作标准
11020303	信用卡付款工作标准
1103	网上银行工作
110301	网上银行开户工作标准
110302	网上银行付款工作标准
110303	网上银行收款工作标准
110304	网上银行对账工作标准
110305	网上银行日常管理工作标准
1104	银行账户管理工作
110401	银行账户开户工作标准
110402	银行账户变更工作标准
110403	银行预留印鉴管理工作标准
110404	银行预留印鉴变更工作标准

续表

编　码	名　称
110405	企业存款证明办理工作标准
1105	出纳票据管理工作
110501	发票开具管理工作标准
110502	收款收据开具管理工作标准
110503	有价证券管理工作标准
110504	银行结算票据管理工作标准
1106	出纳账表管理工作
110601	现金日报表编制工作标准
110602	银行日报表编制工作标准
110603	现金日记账工作标准
110604	银行存款日记账工作标准
110605	银行日存款对账单工作标准
110606	银行存款余额调节表编制工作标准
1107	内部银行管理工作
110701	内部银行机构设置工作标准
110702	内部银行业务分工工作标准
110703	内部银行业务处理工作标准
1108	内部结算中心工作
110801	内部结算中心机构设置工作标准
110802	内部结算中心业务分工工作标准
110803	内部结算中心账户开立工作标准
110804	内部结算中心收款工作标准
110805	内部结算中心付款工作标准
1109	出纳设施管理使用工作
110901	验钞机使用工作标准
110902	POS 终端机结算工作标准
110903	保险柜的使用维护工作标准

4.12 投资管理与核算岗位

4.12.1 投资管理与核算岗位说明

投资管理与核算岗位属于财会部门资产类岗位。投资管理与核算岗位负责企业项目前期可行性调查、考察、论证和申报工作，负责企业所有投资项目运行情况的检查、分析和管理工作，负责对外投资的财务结算工作，在企业计划期内及时办理各项投资款项（包括股权投资和债权投资的本金）；及时督办企业所取得的投资收益；做到及时、准确完成，确保企业利益不受损失。

4.12.2 投资管理与核算岗位工作思路导图

参见图4-14。

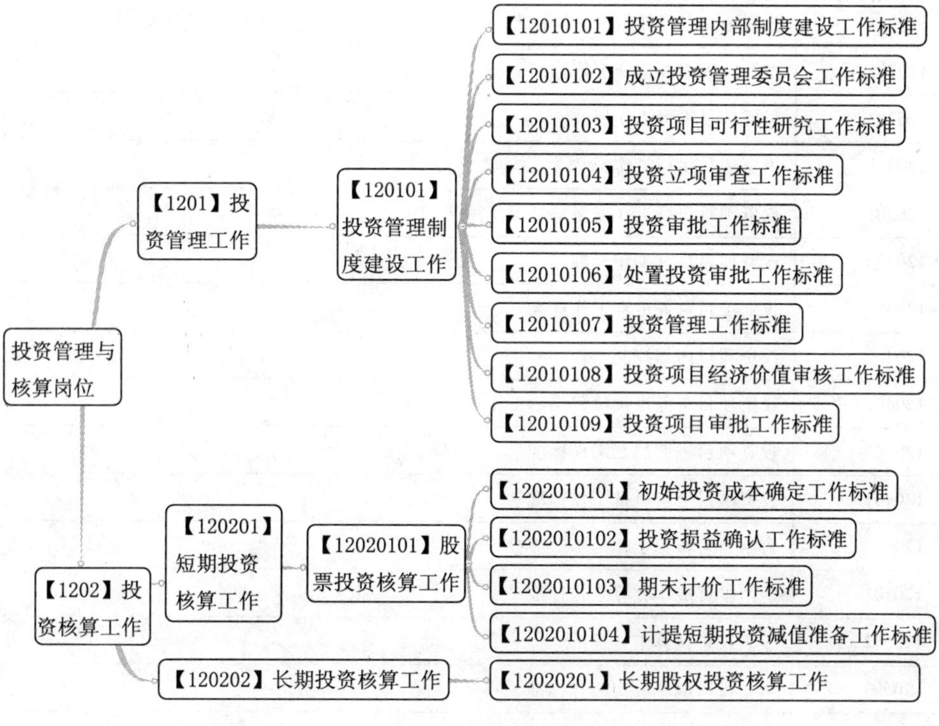

图4-14 投资管理与核算岗位工作思路导图

4.12.3 投资管理与核算岗位工作标准目录

参见表4-12。

表4-12 投资管理与核算岗位工作标准目录

编 码	名 称
12	投资管理与核算岗位
1201	投资管理制度建设工作
120101	内部投资管理制度建设工作标准
120102	外部投资管理制度建设工作标准
120103	成立投资管理委员会工作标准
1202	投资项目决策工作
120201	投资项目可行性报告工作标准
120202	投资立项审查论证工作标准
120203	投资项目审批工作标准
1203	投资项目执行工作
120301	投资项目执行工作方案编制工作标准
120302	投资项目执行工作标准
120303	投资项目财务检查工作标准
1204	投资项目内部控制工作
120401	投资项目财务审批流程编制工作标准
120402	投资项目进度控制工作标准
120403	投资项目经费审批工作标准
1205	短期投资核算工作
120501	短期投资成本核算工作标准
120502	股票投资核算工作标准
120503	初始投资成本确定工作标准
120504	投资损益确认工作标准

续表

编码	名称
120505	期末计价工作标准
120506	计提短期投资减值准备工作标准
1206	长期投资核算工作
120601	长期股权投资核算工作标准
120602	成本法核算长期股权投资工作标准
120603	初始投资成本确定工作标准
120604	追加长期投资成本确定工作标准
120605	长期投资损益确认工作标准
120606	权益法转为成本法核算工作标准
120607	计提长期投资减值准备工作标准
120608	权益法核算长期股权投资工作标准
120609	初始投资成本确定工作标准
120610	追加投资成本确定工作标准
120611	投资损益确认工作标准
1207	债券投资核算工作
120701	债券投资核算工作标准
120702	债券投资结算工作标准
1208	实物投资工作
120801	投资实物计价工作标准
120802	投资实物移交工作标准
120803	实物投资核算工作标准
1209	债转股工作
120901	债权核算工作标准
120902	债转股可行性研究工作标准
120903	债转股会计计价工作标准
120904	债转股会计处理工作标准
120905	债转股股权确认工作标准
1210	投资收益核算工作
121001	投资收益结算工作标准

续表

编　码	名　称
121002	投资收益确认工作标准
121003	投资损失确认工作标准
121004	投资成本核销工作标准
121005	投资收益分配工作标准

4.13　建设工程管理与核算岗位

4.13.1　建设工程管理与核算岗位说明

建设工程管理与核算岗位是为了加强和规范基本建设会计核算和财务管理，严格贯彻执行国家有关法律、行政法规和方针政策；负责编制基建资金的年度预算，依法、合理、及时筹集资金，按基建程序，做好会计核算，严格审查基建项目预决算，认真编制会计报表和财务分析工作；加强财务管理，严格控制工程成本和建设成本，提高基建资金的投资效益。

4.13.2　建设工程管理与核算岗位工作思路导图

参见图4－15。

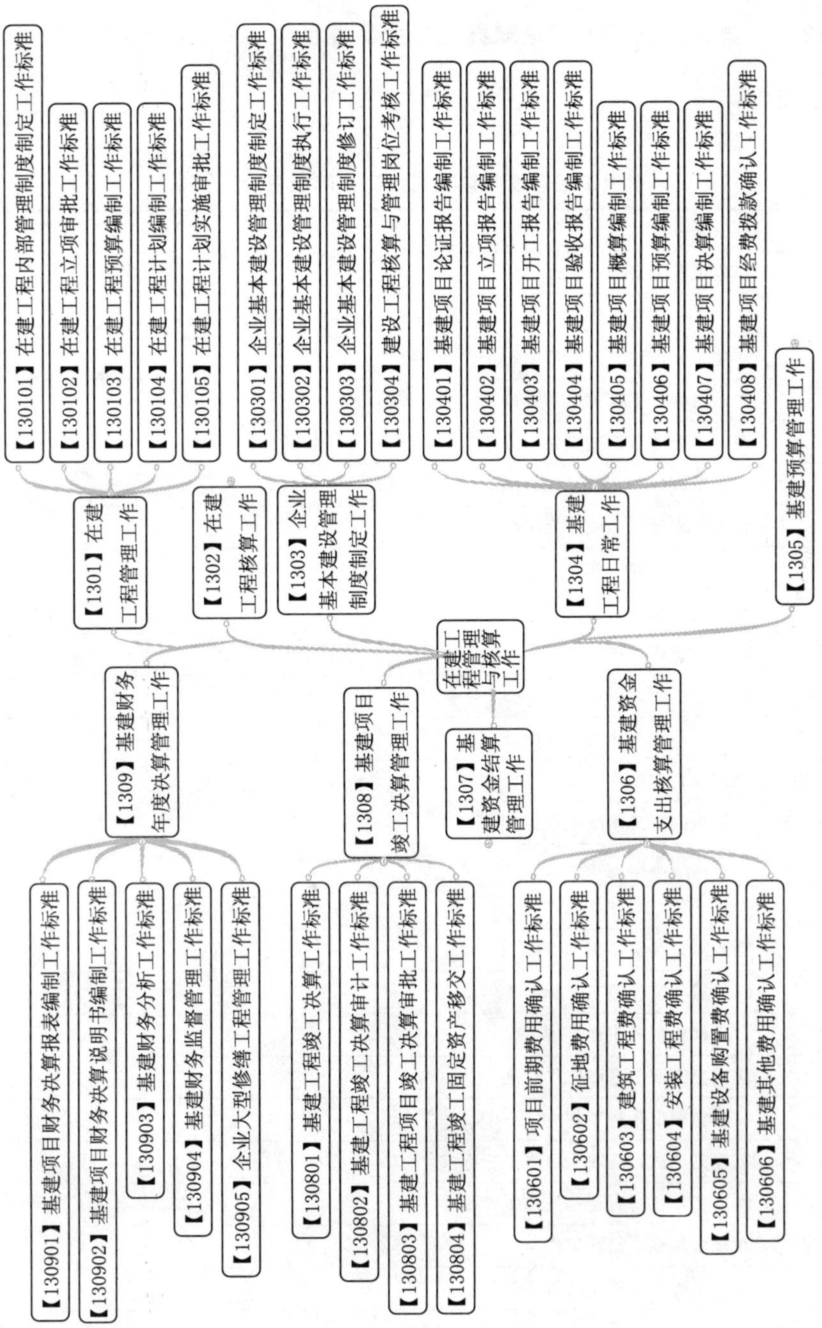

图4-15　建设工程管理与核算岗位工作思路导图

4.13.3 建设工程管理与核算岗位工作标准目录

参见表4－13。

表4－13　建设工程管理与核算岗位工作标准目录

编　码	名　称
13	在建工程管理与核算岗位
1301	在建工程管理工作
130101	在建工程内部管理制度制定工作标准
130102	在建工程立项审批工作标准
130103	在建工程预算编制工作标准
130104	在建工程计划编制工作标准
130105	在建工程计划实施审批工作标准
1302	在建工程核算工作
130201	建筑工程核算工作
13020101	建造固定资产核算工作
1302010101	自行建造固定资产核算工作
130201010101	领用专购材料物资工作标准
130201010102	领用本企业库存材料工作标准
130201010103	应负担的职工薪酬工作标准
130201010104	工程耗用水电工作标准
130202	设备安装工程预算工作
13020201	购回需安装设备工作标准
13020202	领用需安装设备工作标准
13020203	领用材料物资工作标准
13020204	应负担的职工薪酬工作标准
130203	在建工程试运行工作
13020301	工程完工试运行收入取得工作标准
13020302	在建工程试运行费用支出工作标准
130204	在建工程完工结转工作
13020401	在建工程办理竣工决算工作标准

续表

编 码	名 称
13020402	在建工程结转固定资产工作标准
13020403	登记固定资产卡片工作标准
13020404	预计使用年限工作标准
13020405	确定折旧计提办法工作标准
13020406	在建工程完工尚未领用的物资结转工作标准
1303	企业基本建设管理制度制定工作
130301	企业基本建设管理制度制定工作标准
130302	企业基本建设管理制度执行工作标准
130303	企业基本建设管理制度修订工作标准
130304	建设工程管理与核算岗位考核工作标准
1304	基建工程日常工作
130401	基建项目论证报告编制工作标准
130402	基建项目立项报告编制工作标准
130403	基建项目开工报告编制工作标准
130404	基建项目验收报告编制工作标准
130405	基建项目概算编制工作标准
130406	基建项目预算编制工作标准
130407	基建项目决算编制工作标准
130408	基建项目经费拨款确认工作标准
1305	基建预算管理工作
130501	企业基建项目年度投资预算管理工作标准
130502	企业基建项目投资总预算管理工作标准
130503	企业基建项目投资预算调整方案编制工作标准
130504	企业基建资金来源核算确认工作
13050401	中央财政预算内基建项目资金来源确认工作标准
13050402	专项资金中安排的基建项目资金来源确认工作标准
13050403	地方财政预算内基建项目资金来源确认工作标准
13050404	企业综合财务预算安排的基建项目资金来源确认工作标准
13050405	企业基建项目贷款来源确认工作标准

续表

编　码	名　称
13050406	企业基建项目捐款来源确认工作标准
1306	基建资金支出核算管理工作
130601	项目前期费用确认工作标准
130602	征地费用确认工作标准
130603	建筑工程费确认工作标准
130604	安装工程费确认工作标准
130605	基建设备购置费确认工作标准
130606	基建其他费用确认工作标准
1307	基建资金结算管理工作
130701	基建项目合同制管理工作标准
130702	建筑工程勘探合同管理工作标准
130703	建筑工程设计合同管理工作标准
130704	建筑工程施工合同管理工作标准
130705	建筑工程设备材料采购合同管理工作标准
130706	建筑工程监理合同管理工作标准
130707	建筑工程首付款工作标准
130708	建筑工程进度款付款工作标准
130709	工程质量保证金预留工作标准
1308	基建项目竣工决算管理工作
130801	基建工程竣工决算工作标准
130802	基建工程竣工决算审计工作标准
130803	基建工程项目竣工决算审批工作标准
130804	基建工程竣工固定资产移交工作标准
1309	基建财务年度决算管理工作
130901	基建项目财务决算报表编制工作标准
130902	基建项目财务决算说明书编制工作标准
130903	基建财务分析工作标准
130904	基建财务监督管理工作标准
130905	企业大型修缮工程管理工作标准

4.14　存货管理与核算岗位

4.14.1　存货管理与核算岗位说明

存货管理与核算岗位属于财会部门资产类岗位。存货管理与核算岗位是对企业在日常活动中持有以备出售的产成品或商品、处在生产过程中的在产品、在生产过程或提供劳务过程中耗用的材料和物料等管理与核算办法及政策的制订者与执行者。要配合有关部门制定材料消耗定额，编制材料计划成本目录，参与审查采购计划，控制采购成本，防止盲目采购，分析储备情况，参与库存盘点，防止呆滞积压，负责存货明细核算，对已验收入库尚未付款的材料，月终要估价入账，及时处理清查账务。对于超过正常储备和长期呆滞积压的存货要分析原因，提出处理意见和建议，督促有关部门及时处理，是保证企业存货科学管理与流动资金合理使用的重要工作岗位。其核心是管理与核算企业存货资产，防止停工待料、适应市场变化、降低进货成本和维持均衡生产，是资产类重要会计工作岗位之一。

4.14.2　存货管理与核算岗位工作思路导图

参见图4－16。

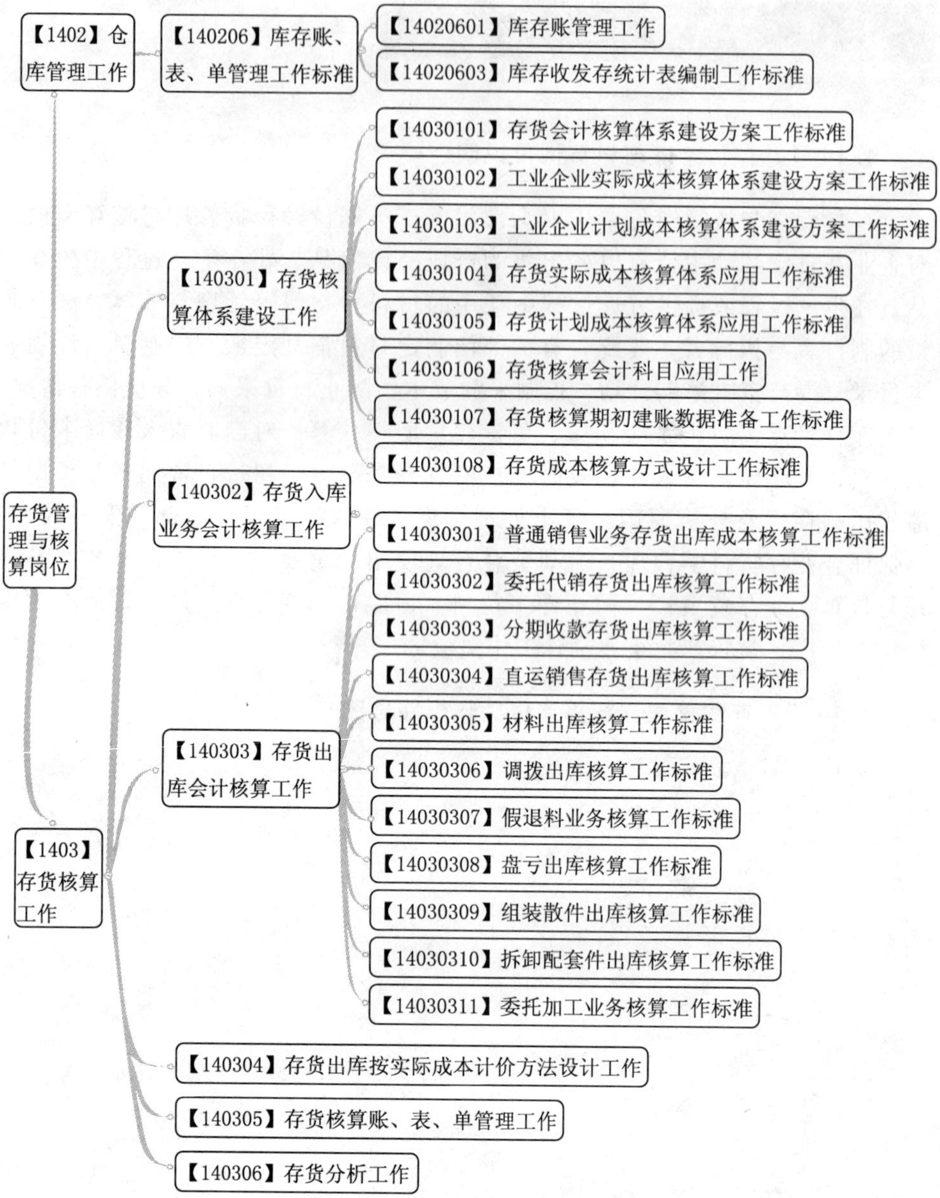

图 4-16　存货管理与核算岗位工作思路导图

4.14.3 存货管理与核算岗位工作标准目录

参见表4－14。

表4－14　　存货管理与核算岗位工作标准目录

编　码	名　称
14	存货管理与核算岗位
1402	仓库管理工作
140206	库存账、表、单管理工作标准
14020601	库存账管理工作
1402060101	存货代管账登记工作标准
1402060102	供应商库存统计工作标准
14020603	库存收发存统计表编制工作标准
1403	存货核算工作
140301	存货核算体系建设工作
14030101	存货会计核算体系建设方案工作标准
14030102	工业企业实际成本核算体系建设方案工作标准
14030103	工业企业计划成本核算体系建设方案工作标准
14030104	存货实际成本核算体系应用工作标准
14030105	存货计划成本核算体系应用工作标准
14030106	存货核算会计科目应用工作
1403010601	采购入库业务会计科目应用工作标准
1403010602	产成品入库业务会计科目应用工作标准
1403010603	普通销售业务会计科目应用工作标准
1403010604	发出商品业务会计科目应用工作标准
1403010605	材料出库业务会计科目应用工作标准
1403010607	盘盈业务会计科目应用工作标准
1403010608	盘亏业务会计科目应用工作标准
1403010613	委托加工业务会计科目应用工作标准
1403010614	采购结算业务会计科目应用工作标准
14030107	存货核算期初建账数据准备工作标准
14030108	存货成本核算方式设计工作标准

续表

编　码	名　称
140302	存货入库业务会计核算工作
14030201	采购业务会计处理工作标准
14030202	暂估采购成本业务会计处理工作标准
14030203	在途材料采购业务会计处理工作标准
14030206	产成品入库成本核算工作标准
14030208	盘盈入库业务成本核算工作标准
140303	存货出库会计核算工作
14030301	普通销售业务存货出库成本核算工作标准
14030302	委托代销存货出库核算工作标准
14030303	分期收款存货出库核算工作标准
14030304	直运销售存货出库核算工作标准
14030305	材料出库核算工作标准
14030307	假退料业务核算工作标准
14030308	盘亏出库核算工作标准
14030311	委托加工业务核算工作标准
140304	存货出库按实际成本计价方法设计工作
140305	存货核算账、表、单管理工作
14030501	存货核算账、表、单体系设计工作
1403050101	存货核算账簿体系设计工作标准
1403050102	存货核算报表体系设计工作标准
1403050103	存货核算单据体系设计工作标准
14030502	基础单据
1403050201	采购入库单填制工作标准
1403050202	销售出库单填制工作标准
1403050203	材料出库单填制工作标准
1403050206	产成品入库单填制工作标准
1403050207	假退料单填制工作标准
1403050208	入库调整单填制工作标准
1403050209	出库调整单填制工作标准
14030503	明细账登记工作
1403050301	存货明细账登记工作标准

续表

编 码	名 称
1403050302	差异/价明细登记工作标准
1403050303	发出商品明细账工作标准
1403050304	分期收款发出商品明细账登记工作标准
1403050307	暂估成本明细账登记工作标准
1403050308	个别计价明细账登记工作标准
14030505	会计报表
1403050501	入库汇总表编制工作标准
1403050502	出库汇总表编制工作标准
1403050503	收发存汇总表编制工作标准
1403050504	暂估材料/商品余额表工作标准
1403050505	差异/差价分摊表编制工作标准
140306	存货分析工作
14030601	存货周转率分析工作标准
14030602	ABC 成本分析工作标准
14030603	库存资金预算工作标准
14030604	库存资金占用分析工作标准
14030605	入库成本分析工作标准

4.15 固定资产管理与核算岗位

4.15.1 固定资产管理与核算岗位说明

固定资产管理与核算岗位属于财会部门资产类岗位。是企业财会部门为生产商品、提供劳务、出租或经营管理而持有的，使用寿命超过一个会计年度的有形资产提供完整财务管理与会计核算工作的重要岗位。其核心是管理与核算企业固定资产，是资产类重要会计工作岗位之一。

4.15.2 固定资产管理与核算岗位工作思路导图

参见图 4 – 17。

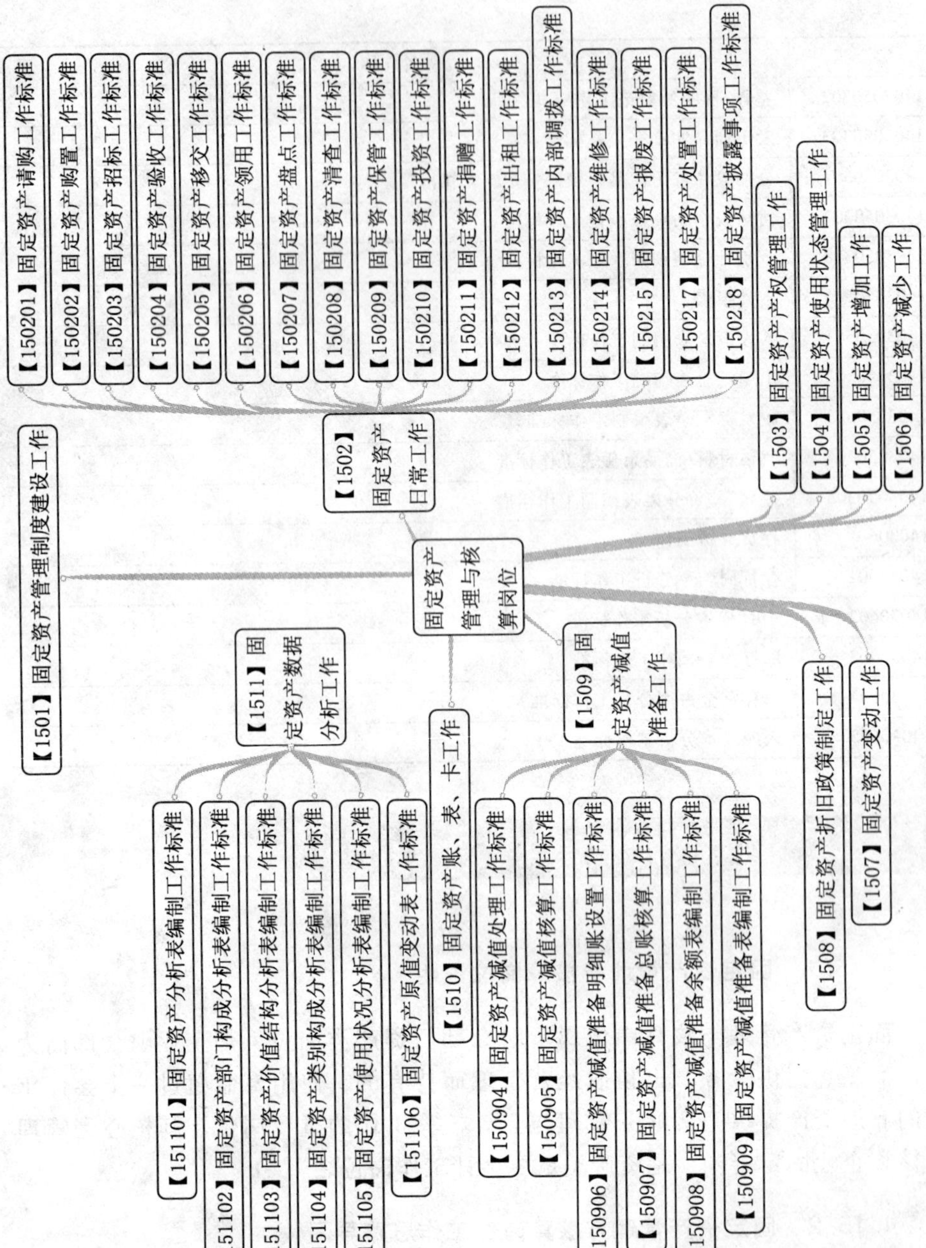

图4-17 固定资产管理与核算岗位工作思路导图

4.15.3 固定资产管理与核算岗位工作标准目录

参见表4－15。

表4－15 固定资产管理与核算岗位工作标准目录

编 码	名 称
15	固定资产管理与核算岗位
1501	固定资产管理制度建设工作
150101	企业固定资产管理体系建设方案工作标准
150102	企业固定资产核算体系建设工作标准
150103	固定资产投资计划制订工作标准
150104	固定资产编码管理工作
15010401	固定资产部门编码工作标准
15010402	固定资产分类编码工作标准
15010403	固定资产编码工作标准
1502	固定资产日常工作
150201	固定资产请购工作标准
150202	固定资产购置工作标准
150203	固定资产招标工作标准
150204	固定资产验收工作标准
150205	固定资产移交工作标准
150206	固定资产领用工作标准
150207	固定资产盘点工作标准
150208	固定资产清查工作标准
150209	固定资产保管工作标准
150210	固定资产投资工作标准
150211	固定资产捐赠工作标准
150212	固定资产出租工作标准
150213	固定资产内部调拨工作标准
150214	固定资产维修工作标准
150215	固定资产报废工作标准

续表

编　码	名　称
150217	固定资产处置工作标准
150218	固定资产披露事项工作标准
1503	固定资产产权管理工作
150301	固定资产产权登记工作标准
150302	固定资产产权变更登记工作标准
150303	固定资产计提折旧工作标准
1504	固定资产使用状态管理工作
150401	固定资产启用工作标准
150402	固定资产季节性停用办理工作标准
150403	固定资产大修理停用办理工作标准
150404	固定资产未使用办理工作标准
150405	固定资产不需用办理工作标准
1505	固定资产增加工作
150502	固定资产自营建造工作标准
150503	固定资产出包建造工作标准
150504	固定资产融资租入工作标准
150505	固定资产经营租入工作标准
150506	固定资产接受投资工作标准
150507	固定资产接受捐赠工作标准
150508	固定资产非货币交换取得工作标准
150509	债务重组取得固定资产核算工作标准
150510	固定资产盘盈核算工作标准
150511	固定资产更新改造核算工作标准
1506	固定资产减少工作
150601	经营租出固定资产工作标准
150602	对外投资固定资产工作标准
150603	对外捐赠固定资产工作标准
150604	非货币性交换换出固定资产工作标准
150605	债务重组减少固定资产核算工作标准

续表

编　码	名　称
150606	处置固定资产核算工作标准
150607	盘亏固定资产核算工作标准
150608	固定资产出售工作标准
1507	固定资产变动工作
150701	固定资产原值变动工作标准
150702	固定资产部门转移工作标准
150703	固定资产使用状况变动工作标准
150704	固定资产折旧方法变动工作标准
150705	固定资产累计折旧调整工作标准
150707	固定资产生产能力变动工作标准
150708	固定资产使用年限变动工作标准
150709	固定资产计提减值准备工作标准
150710	固定资产转回减值准备工作标准
150711	固定资产类别变动工作标准
150712	固定资产评估价值变动工作标准
1508	固定资产折旧政策制定工作
150801	企业资产折旧方案制定工作标准
150802	固定资产不提折旧工作标准
150803	固定资产平均年限法折旧工作标准
150804	固定资产工作量法折旧工作标准
150805	固定资产年数总和法折旧工作标准
150806	固定资产双倍余额递减法折旧工作标准
1509	固定资产减值准备工作
150904	固定资产减值处理工作标准
150905	固定资产减值核算工作标准
150906	固定资产减值准备明细账设置工作标准
150907	固定资产减值准备总账核算工作标准
150908	固定资产减值准备余额表编制工作标准
150909	固定资产减值准备表编制工作标准

续表

编　码	名　称
1510	固定资产账、表、卡工作
151001	固定资产账簿设置工作
15100102	固定资产明细账设置工作标准
15100105	固定资产总账设置工作标准
151002	固定资产报表管理工作
15100201	固定资产统计表编制工作
1510020101	固定资产原值一览表工作标准
1510020102	固定资产到期提示表编制工作标准
1510020103	固定资产役龄资产统计表工作标准
1510020104	固定资产逾龄资产统计表工作标准
1510020105	固定资产盘盈盘亏报告表工作标准
1510020106	固定资产评估变动表编制工作标准
1510020107	固定资产评估汇总表编制工作标准
15100202	固定资产折旧表编制工作
1510020201	固定资产部门折旧计提汇总表编制工作标准
1510020202	固定资产分类折旧计提汇总表编制工作标准
1510020203	固定资产及累计折旧表编制工作标准
1510020204	固定资产折旧计算明细表编制工作标准
1510020205	固定资产折旧清单表编制工作标准
1510020206	固定资产折旧分配表工作标准
1510020207	固定资产折旧部门分配表工作标准
1510020208	固定资产折旧分类分配表工作标准
1510020209	固定资产原值变动表编制工作标准
151003	固定资产卡片管理工作
15100301	固定资产卡片新增工作标准
15100302	固定资产卡片修改工作标准
15100303	固定资产卡片删除工作标准
15100304	固定资产卡片减少工作标准
15100305	固定资产卡片查询工作标准

续表

编 码	名 称
15100306	固定资产卡片保管工作标准
1511	固定资产数据分析工作
151101	固定资产分析表编制工作标准
151102	固定资产部门构成分析表编制工作标准
151103	固定资产价值结构分析表编制工作标准
151104	固定资产类别构成分析表编制工作标准
151105	固定资产使用状况分析表编制工作标准
151106	固定资产原值变动表工作标准

4.16 无形资产管理与核算岗位

4.16.1 无形资产管理与核算岗位说明

无形资产管理与核算岗位根据企业财务制度、会计制度和企业无形资产管理制度，科学完成企业无形资产管理与核算工作。包括不具有实物形态而能为使用者提供某种权利的资产，如专利权、商标权、著作权、土地使用权、非专利技术、商誉以及其他财产权利。

4.16.2 无形资产管理与核算岗位工作思路导图

参见图4-18。

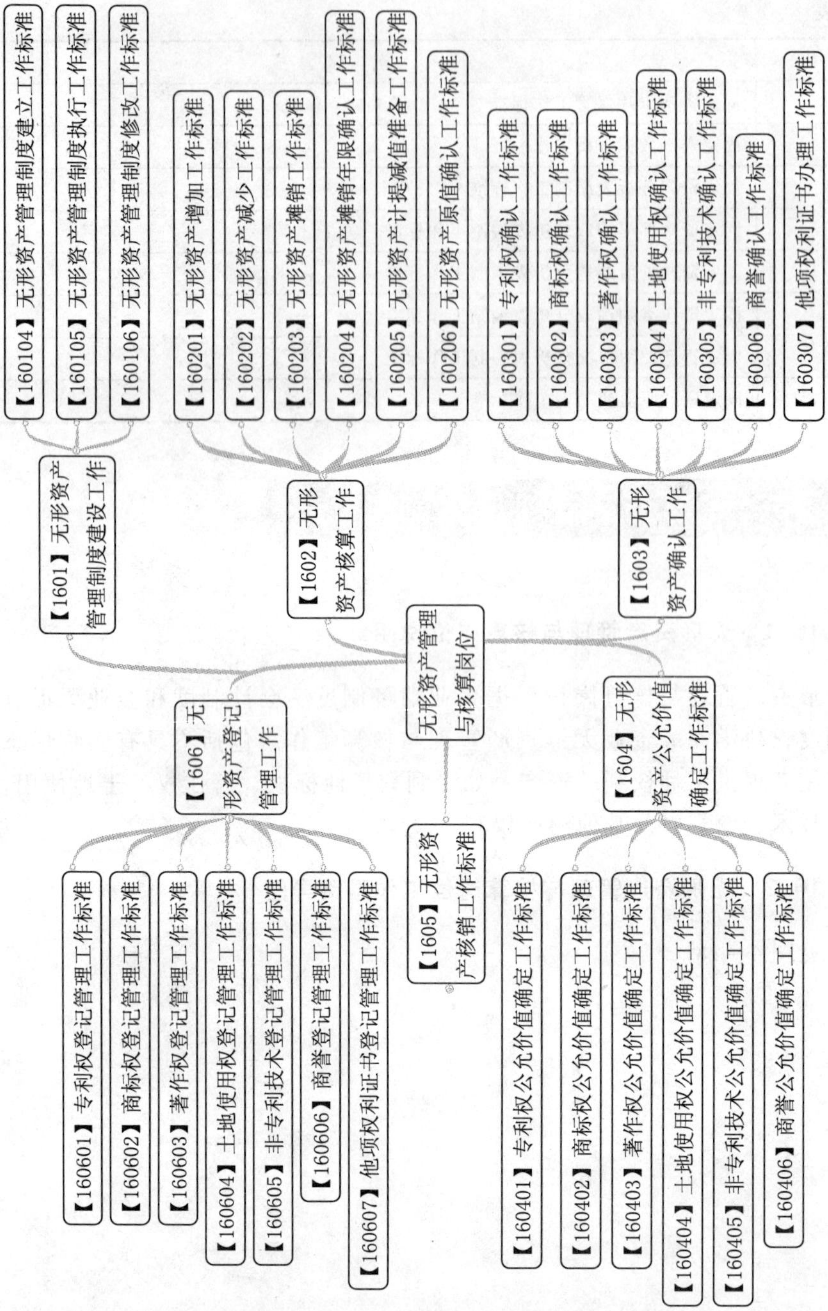

图4-18 无形资产管理与核算岗位工作思路导图

4.16.3 无形资产管理与核算岗位工作标准目录

参见表4－16。

表4－16 无形资产管理与核算岗位工作标准目录

编 码	名 称
16	无形资产管理与核算岗位
1601	无形资产管理制度建设工作
160104	无形资产管理制度建立工作标准
160105	无形资产管理制度执行工作标准
160106	无形资产管理制度修改工作标准
1602	无形资产核算工作
160201	无形资产增加工作标准
16020101	可辨认无形资产增加核算工作
1602010101	非专利技术增加核算工作
1602010102	计算机软件增加工作标准
160202	无形资产减少工作标准
16020201	计算机软件减少工作标准
160203	无形资产摊销工作标准
160204	无形资产摊销年限确认工作标准
160205	无形资产计提减值准备工作标准
160206	无形资产原值确认工作标准
1603	无形资产确认工作
160301	专利权确认工作标准
160302	商标权确认工作标准
160303	著作权确认工作标准
160304	土地使用权确认工作标准
160305	非专利技术确认工作标准
160306	商誉确认工作标准
160307	他项权利证书办理工作标准
1604	无形资产公允价值确定工作标准
160401	专利权公允价值确定工作标准
160402	商标权公允价值确定工作标准
160403	著作权公允价值确定工作标准

续表

编　码	名　称
160404	土地使用权公允价值确定工作标准
160405	非专利技术公允价值确定工作标准
160406	商誉公允价值确定工作标准
1605	无形资产核销工作标准
160501	专利权核销工作标准
160502	商标权核销工作标准
160503	著作权核销工作标准
160504	土地使用权核销工作标准
160505	非专利技术核销工作标准
160506	商誉核销工作标准
160507	他项权利证书撤销工作标准
1606	无形资产登记管理工作
160601	专利权登记管理工作标准
160602	商标权登记管理工作标准
160603	著作权登记管理工作标准
160604	土地使用权登记管理工作标准
160605	非专利技术登记管理工作标准
160606	商誉登记管理工作标准
160607	他项权利证书登记管理工作标准

4.17　往来款管理与核算岗位

4.17.1　往来款管理与核算岗位说明

往来款管理与核算岗位属于财会部门资产类或负债类岗位。包括应收账款等资产类业务及应付账款等负债类业务，企业收账款业务量大者，亦可将二者进行分设。该岗位管理与核算的重点是企业应收账款业务，信用政策的制定与监督执行等工作。

4.17.2　往来款管理与核算岗位工作思路导图

参见图 4－19。

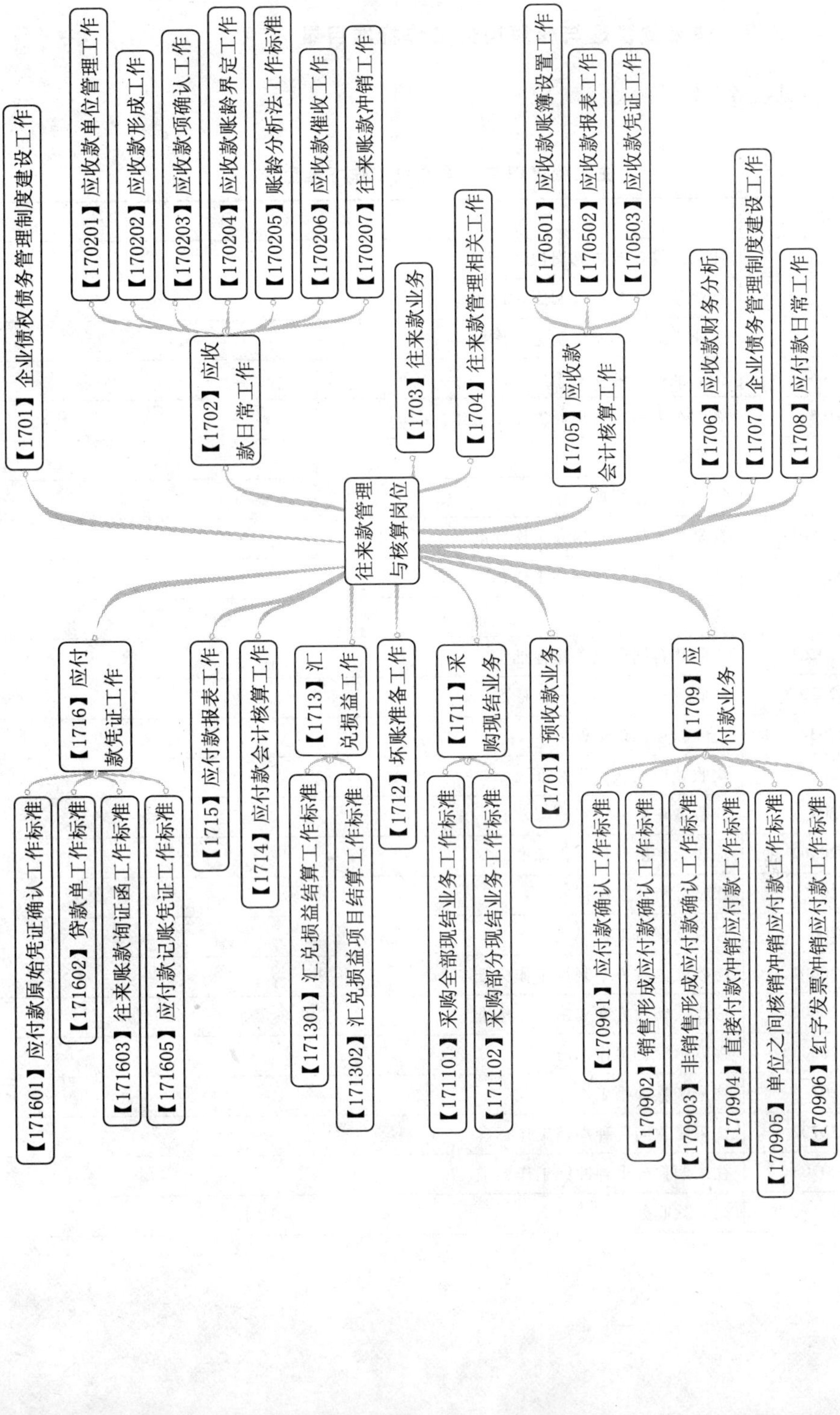

图4-19　往来款管理与核算岗位工作思路导图

4.17.3 往来款管理与核算岗位工作标准目录

参见表4－17。

表4－17　　往来款管理与核算岗位工作标准目录

编　码	名　称
17	往来款管理与核算岗位
1701	企业债权债务管理制度建设工作
170103	企业借款管理制度制定工作标准
170104	企业债权清理计划工作标准
170105	企业个人借款管理制度制定工作标准
1702	应收款日常工作
170201	应收款单位管理工作
17020101	往来款单位档案建立工作标准
17020102	往来款个人档案建立工作标准
170202	应收款形成工作
17020201	应收款合同形成工作标准
17020202	应收款非合同形成工作标准
170203	应收款项确认工作
17020301	应收款项确认工作标准
170204	应收款账龄界定工作
17020402	应收款账龄分析工作标准
170205	账龄分析法工作标准
170206	应收款催收工作
17020601	应收款催收方案制订工作标准
17020602	应收款催收方案实施工作标准
17020603	催款单设置工作标准
170207	往来账款冲销工作
17020702	往来账款同币种冲销工作标准
17020703	往来账款异币种冲销工作标准
1703	往来款业务

续表

编 码	名 称
170301	应收款业务
17030101	应收款确认工作
1703010101	销售形成应收款确认工作标准
1703010102	非销售形成应收款确认工作标准
1703010103	销售形成应收款变更确认工作标准
1703010104	非销售形成应收款变更确认工作标准
17030102	应收款冲销工作
1703010201	直接付款冲销应收款工作标准
1703010202	支付银行承兑汇票冲销应收账款工作标准
1703010203	支付商业承兑汇票冲销应收账款工作标准
1703010204	企业之间核销冲销应收款工作标准
1703010205	红字发票冲销应收款工作标准
170302	预付款业务
17030201	确认预付款工作
1703020101	销售形成预付款确认工作标准
1703020102	非销售形成预付款确认工作标准
1703020103	销售形成预付款变更确认工作标准
1703020104	非销售形成预付款变更确认工作标准
17030202	预付款冲销工作
1703020201	直接付款冲销预付款工作标准
1703020202	企业之间核销冲销预付款工作标准
1703020203	红字发票增加预付款工作标准
170303	应付款业务
17030301	应付款确认工作标准
1703030101	销售形成应付款确认工作标准
1703030102	非销售形成应付款确认工作标准
1703030103	销售形成应付款变更确认工作标准
1703030104	非销售形成应付款变更确认工作标准
17030302	应付款冲销工作

续表

编　码	名　称
1703030201	直接付款冲销应付款工作标准
1703030202	企业之间核销冲销应付款工作标准
1703030203	红字发票冲销应付款工作标准
170305	采购现结业务
17030501	采购全部现结业务工作标准
17030502	采购部分现结业务工作标准
170306	销售现结业务
17030601	销售全部现结业务工作标准
17030602	销售部分现结业务工作标准
170307	红字应收冲销业务工作标准
1704	往来款管理相关工作
170401	坏账准备工作
17040101	坏账准备确认工作标准
17040102	坏账准备计提工作标准
17040103	坏账准备冲回工作标准
170402	汇兑损益工作
17040201	汇兑损益结算工作标准
1705	应收款会计核算工作
170501	应收款账簿设置工作
17050101	应收款项目明细账核算工作标准
17050102	应收款科目明细账核算工作标准
17050104	应收款客户明细账设置工作标准
17050105	应收款三栏明细账核算工作标准
17050107	应收款业务员明细账设置工作标准
17050108	应收款部门明细账设置工作标准
17050109	应收款地区明细账设置工作标准
170502	应收款报表工作
17050201	应收款项目明细表编制工作标准
17050202	应收款科目明细表编制工作标准

续表

编　码	名　称
17050207	应收款业务员明细表编制工作标准
17050208	应收款部门明细表编制工作标准
17050209	应收款地区明细表编制工作标准
170503	应收款凭证工作
17050301	应收款原始凭证审核工作
1705030101	借款单填制工作标准
1705030102	往来账款询证函工作标准
17050302	应收款记账凭证工作
1705030201	应收款记账凭证编制工作标准
1705030202	预付款记账凭证编制工作标准
1706	应收款财务分析
170601	应收账款财务分析工作
17060101	应收账款账龄财务分析工作标准
17060103	预付账款账龄财务分析工作标准
170602	应收款信用分析工作
17060201	客户信用等级确认工作标准
17060202	客户信用管理工作标准
17060203	客户信用分析工作标准
1707	企业债务管理制度建设工作
170701	企业负债计划工作标准
170702	应付款管理制度建设工作标准
1708	应付款日常工作
170801	应付款单位档案建立工作标准
170802	应付款个人档案建立工作标准
170803	应付款合同形成工作标准
170804	应付款非合同形成工作标准
170805	往来账款冲销工作
17080501	往来账款单笔勾兑冲销工作标准
17080502	往来账款同币种冲销工作标准

续表

编　码	名　称
17080503	往来账款异币种冲销工作标准
1709	应付款业务
170901	应付款确认工作标准
170902	销售形成应付款确认工作标准
170903	非销售形成应付款确认工作标准
170904	直接付款冲销应付款工作标准
170905	单位之间核销冲销应付款工作标准
170906	红字发票冲销应付款工作标准
1710	预收款业务
171001	预收款确认工作标准
171002	销售形成预收款确认工作标准
171003	非销售形成预收款确认工作标准
171004	直接付款冲销预收款工作标准
171005	单位之间核销冲销预收款工作标准
171006	红字发票冲销预收款工作标准
1711	采购现结业务
171101	采购全部现结业务工作标准
171102	采购部分现结业务工作标准
1712	坏账准备工作
171201	坏账准备确认工作标准
171202	坏账准备计提工作标准
171203	坏账准备冲回工作标准
1713	汇兑损益工作
171301	汇兑损益结算工作标准
171302	汇兑损益项目结算工作标准
1714	应付款会计核算工作
171401	应付款账簿工作
17140101	应付款项目明细账建立工作标准
17140102	应付款科目明细账建立工作标准

续表

编 码	名 称
17140103	应付款供应商明细账工作标准
1715	应付款报表工作
171501	应付款项目明细表工作标准
171502	应付款科目明细表工作标准
171503	应付款供应商明细表工作标准
171504	应付款客户明细表工作标准
1716	应付款凭证工作
171601	应付款原始凭证确认工作标准
171602	借款单工作标准
171603	往来账款询证函工作标准
171605	应付款记账凭证工作标准

4.18 融资管理与核算岗位

4.18.1 融资管理与核算岗位说明

融资管理与核算岗位属于财会部门负债类岗位。又叫资金筹集岗位，根据生产经营和对外投资等活动情况，参与企业管理和核算，通过发行股票、债券，取得借款、赊购、租赁等直接或间接筹集资金的活动。资金是企业的血脉，保障企业资金供需平衡和运转正常责任重大，因此，该岗位要充分熟悉各种融资方式和融资渠道。

4.18.2 融资管理与核算岗位工作思路导图

参见图4－20。

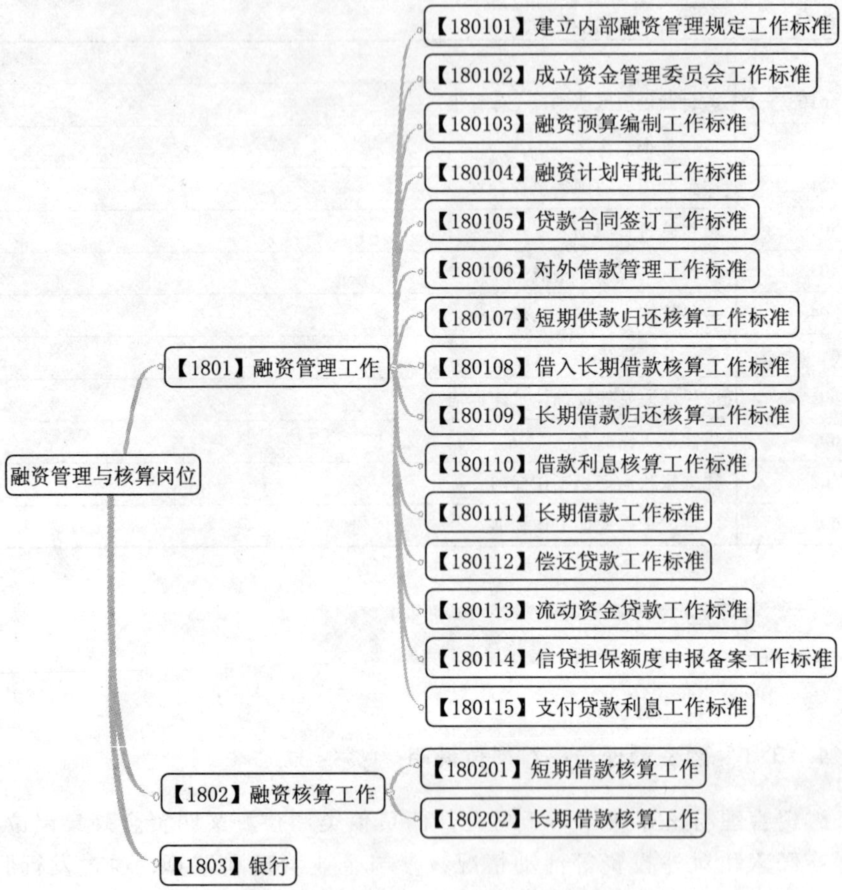

图 4－20　融资管理与核算岗位工作思路导图

4. 18. 3　融资管理与核算岗位工作标准目录

参见表 4－18。

表 4－18　　融资管理与核算岗位工作标准目录

编　码	名　称
18	融资管理与核算岗位
1801	融资管理工作
180101	建立内部融资管理规定工作标准
180102	成立资金管理委员会工作标准
180103	融资预算编制工作标准
180104	融资计划审批工作标准
180105	贷款合同签订工作标准
180106	对外借款管理工作标准
180107	短期借款归还核算工作标准
180108	借入长期借款核算工作标准
180109	长期借款归还核算工作标准
180110	借款利息核算工作标准
180111	长期借款工作标准
180112	偿还贷款工作标准
180113	流动资金贷款工作标准
180114	信贷担保额度申报备案工作标准
180115	支付贷款利息工作标准
1802	融资核算工作
180201	短期借款核算工作
18020101	生产周转借款工作标准
18020102	采购材料借款工作标准
18020103	计提短期借款利息工作标准
18020104	支付短期借款利息工作标准
18020105	归还短期借款工作标准
180202	长期借款核算工作
18020201	确定贷款单位工作标准
18020202	确定贷款种类工作标准
18020203	购建固定资产催款工作标准
18020204	计提交付使用前固定资产借款利息工作标准

续表

编码	名称
18020205	计提交付使用后固定资产借款利息工作标准
18020206	归还长期借款工作标准
1803	银行
180301	流动资金贷款
18030101	流动资金循环贷款申请工作标准
18030102	法人账户透支申请工作标准
18030103	备用贷款申请工作标准
18030104	搭桥贷款申请工作标准
18030105	周转限额贷款申请工作标准
18030106	临时贷款申请工作标准
180302	固定资产贷款
180303	贸易链融资
18030301	打包贷款申请工作标准
18030302	信用证项下买方融资工作标准
18030303	信用证项下卖方融资工作标准
18030304	出口发票融资工作标准
18030305	国内保理业务工作标准
18030306	票据贴现工作标准
1803030601	商业承兑汇票工作标准
1803030602	银行承兑汇票工作标准
1803030603	出口押汇工作标准
1803030604	进口押汇工作标准
1803030605	提货担保工作标准
180304	供应链融资工作标准
18030401	采购融资工作标准
18030402	营运融资工作标准
180305	专项融资
18030501	商品融资工作标准
18030502	出口信贷工作标准

续表

编 码	名 称
180306	房地产开发贷款申请工作标准
18030601	住房开发贷款申请工作标准
18030602	商用房开发贷款申请工作标准
18030603	土地储备贷款申请工作标准
18030604	高校房地产开发贷款申请工作标准
18030605	法人商用房按揭贷款申请工作标准
180307	政策性贷款申请工作标准
18030701	国家开发政策性贷款申请工作标准
18030702	农业发展政策性贷款申请工作标准
1803070201	农业产业化龙头企业贷款申请工作标准
1803070202	农业科技贷款申请工作标准
1803070203	粮食流转贷款申请工作标准
1803070204	粮食调控贷款申请工作标准
1803070205	粮食合同收购贷款申请工作标准
1803070206	地方储备粮贷款申请工作标准
1803070207	粮食加工企业贷款申请工作标准
1803070208	粮食仓储设施贷款申请工作标准
1803070209	其他粮食企业贷款申请工作标准
1803070210	商品棉贷款申请工作标准
1803070211	棉花良种贷款申请工作标准
1803070212	棉花企业技术设备改造贷款
1803070213	储备棉贷款申请工作标准
1803070214	化肥储备贷款申请工作标准
1803070215	储备糖贷款申请工作标准
1803070216	储备肉贷款申请工作标准
1803070217	烟叶储备贷款申请工作标准
1803070218	羊毛储存贷款申请工作标准
18030703	进出口政策性贷款申请工作标准
1803070301	出口卖方信贷工作标准

续表

编　码	名　称
180307030101	设备出口卖方信贷工作标准
180307030102	船舶出口卖方信贷工作标准
180307030103	高新技术产品（含软件产品）出口卖方信贷工作标准
180307030104	一般机电产品出口申请工作标准
180307030105	对外承包工程贷款申请工作标准
180307030106	境外投资贷款申请工作标准
1803070302	出口买方信贷工作标准
1803070303	中国政府对外优惠贷款申请工作标准
1803070304	外国政府贷款转贷申请工作标准
1803070305	筹融资工作标准
1803070306	代客外汇资金交易工作标准
1803070307	对外担保工作标准
1803070308	结算业务工作标准
1803070309	企业存款工作标准

4.19　销售管理与核算岗位

4.19.1　销售管理与核算岗位说明

销售管理与核算岗位属于财会部门收入类岗位。销售管理与核算岗位参与企业为完成其经营目标所从事的经常性活动以及与之相关的活动中形成的、会导致所有权益增加的、与所有者投入资本无关的经济利益的流入管理与核算工作。完成包括销售商品收入管理与核算工作、提供劳务收入管理与核算工作和让渡资产使用权收入管理与核算工作等活动。

4.19.2　销售管理与核算岗位工作思路导图

参见图 4-21。

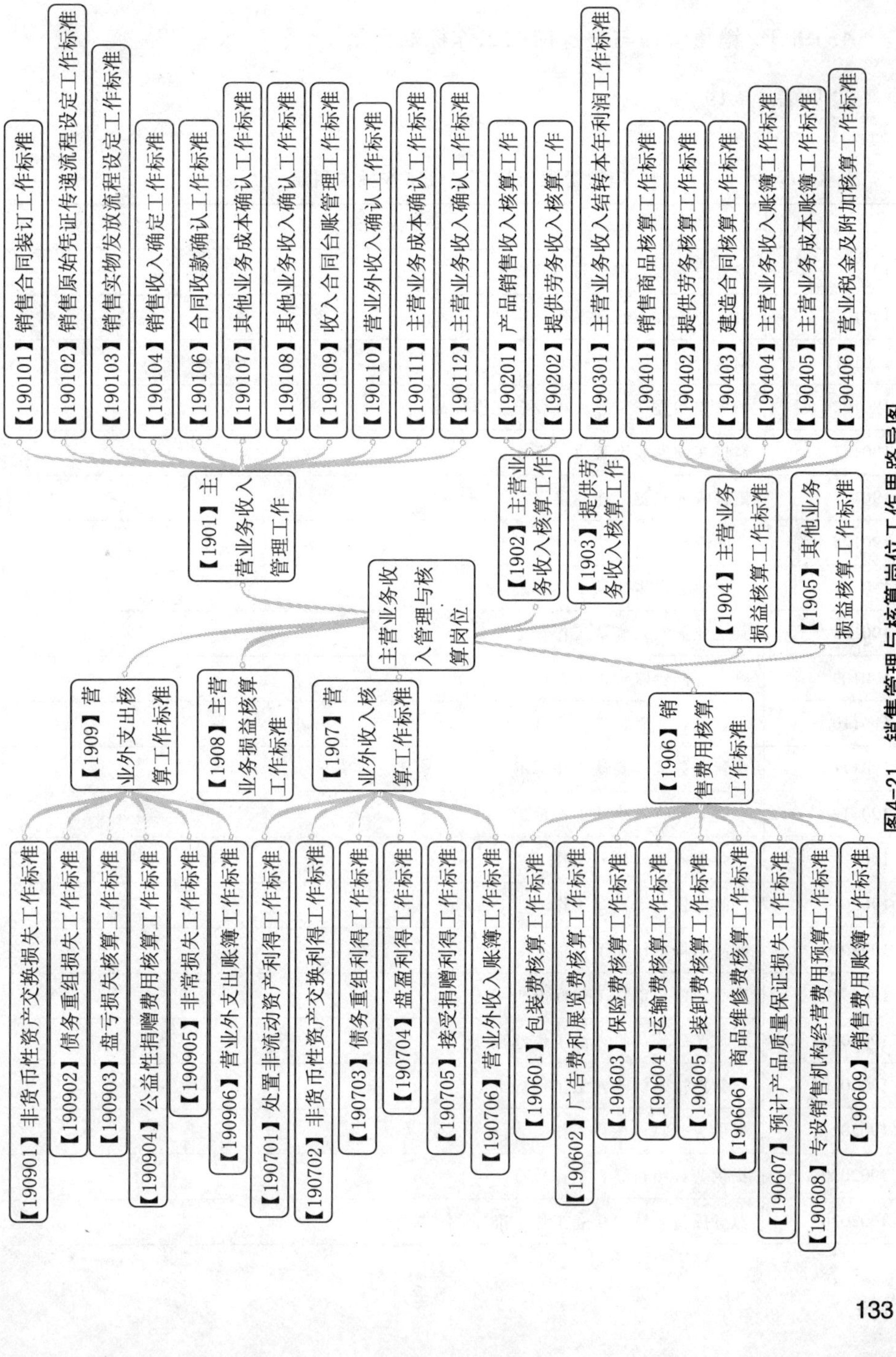

图4-21　销售管理与核算岗位工作思路导图

4.19.3 销售管理与核算岗位工作标准目录

参见表4－19。

表4－19　销售管理与核算岗位工作标准目录

编　码	名　称
19	主营业务收入管理与核算岗位
1901	主营业务收入管理工作
190101	销售合同装订工作标准
190102	销售原始凭证传递流程设定工作标准
190103	销售实物发放流程设定工作标准
190104	销售收入确定工作标准
190106	合同收款确认工作标准
190107	其他业务成本确认工作标准
190108	其他业务收入确认工作标准
190109	收入合同台账管理工作标准
190110	营业外收入确认工作标准
190111	主营业务成本确认工作标准
190112	主营业务收入确认工作标准
1902	主营业务收入核算工作
190201	产品销售收入核算工作
19020101	产品销售单传递工作标准
19020102	产品销售单审核工作标准
19020103	交付产品确认收入法工作标准
19020104	交款提货确认收入法工作标准
190202	提供劳务收入核算工作
19020201	提供劳务项目结算工作标准
19020202	劳务项目结算单传递工作标准

续表

编　码	名　称
19020203	劳务收入确认工作标准
1903	提供劳务收入核算工作
190301	主营业务收入结转本年利润工作标准
1904	主营业务损益核算工作标准
190401	销售商品核算工作标准
19040101	一般商品销售工作标准
19040102	商业折扣销售工作标准
19040103	现金折扣销售工作标准
19040104	销售折让销售工作标准
19040105	分期收款方式销售工作标准
19040106	销售退回工作标准
19040107	代销商品工作标准
19040108	售后团购工作标准
19040109	售后租回工作标准
19040110	以旧换新方式销售工作标准
190402	提供劳务核算工作标准
190403	建造合同核算工作标准
190404	主营业务收入账簿工作标准
190405	主营业务成本账簿工作标准
190406	营业税金及附加核算工作标准
1905	其他业务损益核算工作标准
190501	出租固定资产工作标准
190502	出租无形资产工作标准
190503	出租包装物工作标准
190504	销售材料工作标准

续表

编　码	名　称
190505	其他业务收入账簿工作标准
190506	其他业务成本账簿工作标准
1906	销售费用核算工作标准
190601	包装费核算工作标准
190602	广告费和展览费核算工作标准
190603	保险费核算工作标准
190604	运输费核算工作标准
190605	装卸费核算工作标准
190606	商品维修费核算工作标准
190607	预计产品质量保证损失工作标准
190608	专设销售机构经营费用预算工作标准
190609	销售费用账簿工作标准
1907	营业外收入核算工作标准
190701	处置非流动资产利得工作标准
190702	非货币性资产交换利得工作标准
190703	债务重组利得工作标准
190704	盘盈利得工作标准
190705	接受捐赠利得工作标准
190706	营业外收入账簿工作标准
1908	主营业务损失核算工作标准
1909	营业外支出核算工作标准
190901	非货币性资产交换损失工作标准
190902	债务重组损失工作标准
190903	盘亏损失核算工作标准
190904	公益性捐赠费用核算工作标准
190905	非常损失工作标准
190906	营业外支出账簿工作标准

4.20 政府补贴管理与核算岗位

4.20.1 政府补贴管理与核算岗位说明

政府补贴管理与核算岗位属于财会部门收入类岗位。政府补贴是企业获得的政府政策优惠，包括享受国家各种资金支持与政策支持。因此，企业关注国家优惠政策、享受国家优惠政策、争取国家优惠政策是财务部门政府补贴管理与核算岗位的重要职责与工作。该岗位是充分表现财务部门创造价值的重要岗位，一直被企业财务部门所忽视，鉴于此项工作能够充分提升财务部门的对外活动和交流，我们建议大型企业重视设立本工作岗位。

4.20.2 政府补贴管理与核算岗位工作思路导图

参见图4－22。

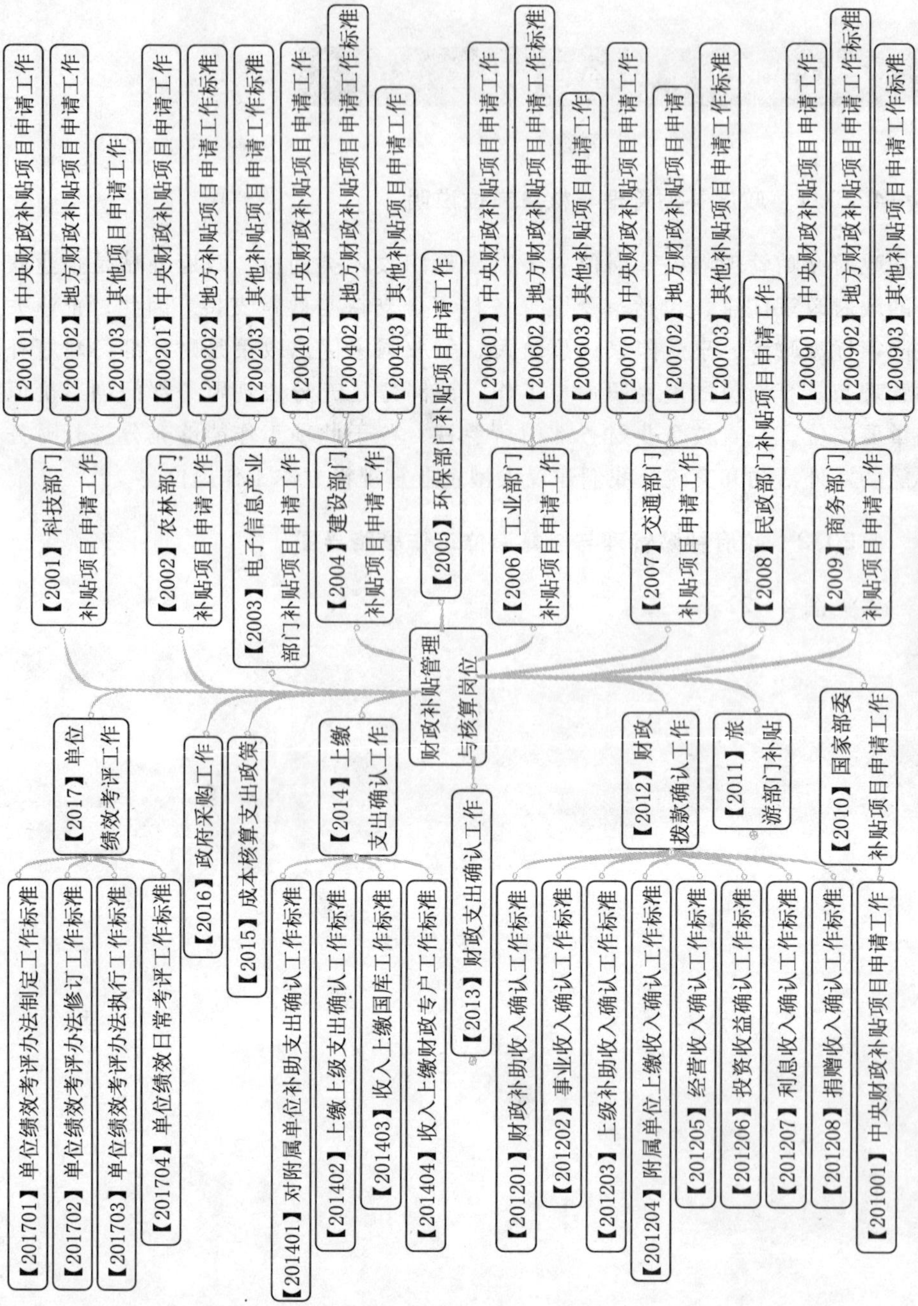

图4-22 政府补贴管理与核算岗位工作思路导图

4.20.3 政府补贴管理与核算岗位工作标准目录

参见表4－20。

表4－20 政府补贴管理与核算岗位工作标准目录

编码	名称
20	财政补贴管理与核算岗位
2001	科技部门补贴项目申请工作
200101	中央财政补贴项目申请工作
20010101	863计划项目补贴
20010103	政策引导类科技计划项目申请工作
2001010301	星火计划申请工作标准
2001010302	国家火炬计划重点高新技术企业项目申报工作标准
2001010303	农业科技成果转化资金申请工作标准
2001010304	国家重点高新产品计划项目申报工作标准
2001010305	国家软科学研究计划备选项目申报工作标准
2001010306	科技基础性行动专项工作申请工作标准
20010104	科技兴贸行动专项申请工作
2001010401	科学技术研究发展计划申请工作标准
2001010402	自然科学基础计划项目申报工作标准
2001010403	重大科技创新项目申请工作标准
2001010404	国家科技支撑计划项目申请工作标准
20010105	国际科技合作计划项目申请工作
2001010501	中俄政府间科技合作计划申报工作标准
2001010502	中国与哈萨克斯坦政府间科技合作项目申报工作标准
20010106	“13115科技创新项目”申请工作
2001010601	“13115”科技创新工程重大科技产业化和工程技术研究中心项目资金预算申报工作标准

续表

编　码	名　称
2001010602	“13115”科技创新工程重大科技产业区项目资金申报工作标准
2001010603	“13115”科技创新工程中药现代化科技行动计划攻关项目申报工作标准
200102	地方财政补贴项目申请工作
200103	其他项目申请工作
20010301	科技型中小企业科技创新基金
20010302	技术转移项目申请工作标准
20010303	初创期科技型企业创新项目申请工作标准
20010304	高技术服务业项目申请工作标准
20010305	科技成果转化项目申请工作标准
20010306	产业集群技术服务项目申请工作标准
20010307	创业投资引导资金项目申报工作标准
20010308	企业技术创新能力建设专项申请工作标准
20010309	科研院所技术开发研究专项资金申请工作标准
20010310	中央级科研院所科技基础性工作专项资金申请工作标准
20010311	科技型中小企业投资引导基金资格申请工作标准
20010312	发展中国家技术培训班项目申报工作标准
20010313	农业科技专家大院申报工作标准
20010314	高技术企业产品申报工作标准
20010315	高技术企业申报工作标准
20010316	高新人才补贴申报工作标准
20010317	专业技术职务评审申报工作标准
2002	农林部门补贴项目申请工作
200201	中央财政补贴项目申请工作
20020101	农业经营与管理项目申请工作
2002010101	农民专业合作经济组织示范项目申请工作标准
2002010102	农业产业化农业项目以奖代补资金申报工作标准

续表

编　码	名　称
2002010103	“一村一品”发展专项资金项目申报工作标准
2002010104	特色专业村项目申报工作标准
20020102	市场信息资金申请工作标准
2002010201	农产品促销项目申请工作标准
2002010202	三点合一农业信息服务试点项目资金申请工作标准
2002010203	农业标准化实施示范项目资金申请工作标准
20020103	科技教育资金申请工作
2002010301	超级稻新品种选育与示范项目资金申请工作标准
2002010302	农村劳动力转移培训项目申报工作标准
2002010303	测土配方施肥试点补贴资金申报工作标准
2002010304	农村劳动力职业技能培训补贴申报工作标准
2002010305	农业科技园区建设项目申报工作标准
20020104	农业机械项目申请工作
2002010401	保护性耕作技术示范推广项目申请工作标准
2002010402	主要农作物生产机械化示范项目申请工作标准
2002010403	农业机械购置补贴资金申请工作标准
2002010404	农机化示范区建设项目申报工作标准
20020105	种植业项目申请工作
2002010501	优势农产品新品种推广项目申请工作标准
2002010502	优势农产品重大技术——旱作节水项目申请工作标准
20020106	畜牧业项目申请工作
2002010601	畜禽种质资源保护项目资金申请工作标准
2002010602	奶牛良种补贴项目申报工作标准
2002010603	新建（扩建）奶牛舍补贴申报工作标准
2002010604	外购或迁入奶牛补贴申报工作标准
2002010605	畜牧养殖小区项目申报工作标准

续表

编　码	名　称
2002010606	能繁母牛良种补贴资金申报工作标准
2002010607	生猪标准化规模养殖场（小区）建设项目申报工作标准
20020107	渔业项目申请工作
2002010701	渔港及渔用航标维修和养护项目申请工作标准
2002010702	海洋渔业资源调查与探捕项目申报工作标准
2002010703	渔业种质资源保护项目申请工作标准
2002010704	水产三项工程项目申报工作标准
20020108	农业综合开发项目申请工作
2002010801	农业综合开发项目财政贴息申请工作标准
2002010802	水土保持方案申报工作标准
20020109	林业补贴项目申请工作标准
2002010901	林业贷款中央财政贴息资金申请工作标准
20020110	“十一五”国家科技支撑计划项目申报工作
2002011001	农业重大生物灾害防治技术研究项目申报工作标准
2002011002	高效施肥关键技术研究与示范项目申报工作标准
2002011003	耕地质量调控关键技术研究与示范课题申报工作标准
2002011004	旱作农业关键技术研究与示范课题申报工作标准
2002011005	空间环境农业应用关键技术研究项目申报工作标准
2002011006	粮食丰产科技工程课题申报工作标准
2002011007	“牧草育种技术研究及产业化开发”课题申报工作标准
2002011008	农林动植物育种工程项目申报工作标准
2002011009	农田污染综合防控关键技术研究与示范项目申报工作标准
2002011010	农业基因资源发掘与种质创新利用研究项目申报工作标准
2002011011	“高效安全新型饲料研制与产业化开发”课题申报工作标准
2002011012	“食品安全关键技术”课题申报工作标准
2002011013	“沃土工程关键支撑技术研究”课题申报工作标准

续表

编 码	名 称
2002011014	“畜禽健康养殖与新型工业化生产模式研究与示范”课题申报工作标准
2002011015	“畜禽新产品种选育及快繁技术研究”课题申报工作标准
2002011016	“优质高效淡水养殖技术研究与示范”课题申报工作标准
2002011017	“中药现代化技术研究与开发”课题申报工作标准
20020111	新（扩）建高效农业项目申请工作
2002011101	新（扩）建高效设施农业项目申报工作标准
2002011102	新（扩）建高效设施园艺业项目申报工作标准
2002011103	新（扩）建高效设施渔业项目申报工作标准
200202	地方补贴项目申请工作标准
200203	其他补贴项目申请工作标准
2003	电子信息产业部门补贴项目申请工作
200301	中央财政补贴项目申请工作
20030101	研发及产业化资金申请工作
2003010101	软件研发及产业化资金申请工作标准
2003010102	集成电路研发及产业化资金申请工作标准
20030102	信息技术应用专项资金申请工作
2003010201	重点产业领域与信息技术应用专项资金申请工作标准
2003010202	应用本地信息产品示范项目奖励和信息化示范项目补助申报工作标准
2003010203	软件企业合作补助申报工作标准
2003010204	信息化公共服务或技术平台（中心）项目补助申报工作标准
2003010205	软件、信息服务企业素质提升奖励和软件登记补助申报工作标准
2003010206	软件、信息服务企业新型业务开拓奖励工作标准
2003010207	软件、信息服务企业上规模奖励申报工作标准
2003010208	软件、信息服务企业引进和培育补助申报工作标准
200302	地方财政补贴项目申请工作标准
200303	其他财政补贴项目申请工作标准

续表

编　码	名　称
2004	建设部门补贴项目申请工作
200401	中央财政补贴项目申请工作
20040101	房屋建设补贴项目申请工作
2004010101	可再生能源建筑应用示范项目申请工作标准
2004010102	建筑节能试点工程项目申报工作标准
2004010103	墙体材料革新与建筑节能专项资金申报工作标准
2004010104	中西部新建廉租住房项目补贴申请工作标准
2004010105	基建贷款财政贴息申请工作标准
2004010106	对外承包工程专项资金申请工作标准
200402	地方财政补贴项目申请工作标准
20040201	非公有企业本科毕业生租房补贴申报工作标准
200403	其他补贴项目申请工作
20040301	灾后恢复重建资金申请工作标准
20040302	历史文化名城保护专项资金申报工作标准
20040303	文物库房、安全技防建设专项资金申报工作标准
2005	环保部门补贴项目申请工作
200501	中央财政补贴项目申请工作
20050101	资源综合利用补贴项目申请工作标准
2005010102	“海水淡化与综合利用成套技术研究与示范”重大项目申报工作标准
20050102	节能减排补贴项目申请工作
2005010201	重大节能项目补贴申请工作标准
2005010202	节能技术改造财政奖励项目申报工作标准
2005010203	污水处理建设补贴申请工作标准
2005010204	污染防治补助资金申请工作标准
2005010205	大宗用户购买节能灯财政补贴申报工作标准
20050103	太阳能集热系统项目申请工作

续表

编　码	名　称
2005010301	太阳能集热统项目申报工作标准（宾馆）
2005010302	太阳能集热系统财政补贴资金申报工作标准（学校）
200502	地方财政补贴项目申请工作标准
200503	其他补贴项目申请工作标准
2006	工业部门补贴项目申请工作
200601	中央财政补贴项目申请工作
20060101	化工补贴项目申请工作
2006010101	生物能源和化工原料基地补助资金申请工作标准
2006010102	煤气（瓦斯）开发利用补贴资金申报工作标准
20060102	石油补贴项目申请工作标准
2006010201	石油价格改革财政补贴资金申请工作标准
2006010202	捕捞渔船石油价格补贴资金申报工作标准
2006010203	养殖机动船石油补贴申请工作标准
20060103	纺织补贴项目申请工作标准
2006010301	纺织压锭补贴资金申请工作标准
20060104	轻工电子补贴项目申请工作
2006010401	高效照明产品推广补贴资金申请工作标准
200602	地方财政补贴项目申请工作标准
200603	其他补贴项目申请工作
20060301	工业发展专项资金申报工作标准
2007	交通部门补贴项目申请工作
200701	中央财政补贴项目申请工作
20070101	燃油补贴项目申请工作
2007010101	城市公交专项补贴申请工作标准
2007010102	农村道路客运补贴申请工作标准
2007010103	农村渡口项目资金申报工作标准

续表

编　码	名　称
2007010104	农村客运站点项目资金申报工作标准
2007010105	农村公路建设项目补贴申报工作标准
2007010106	旅客运输跨地州营运路线申报工作标准
20070102	中小机场补贴申请工作
2007010201	民航机场建设专项投资补助资金申请工作标准
20070103	运输补贴申请工作标准
2007010301	外商投资铁路货物运输补贴申请工作标准
20070104	运输工具更新补贴申请工作标准
2007010401	老旧汽车报废更新补贴资金申请工作标准
200702	地方财政补贴项目申请
200703	其他补贴项目申请工作标准
2008	民政部门补贴项目申请工作
200801	中央财政补贴项目申请工作
20080101	法律援助规范救助资金申报工作标准
20080102	中小学贫困学生救助资金申报工作标准
20080103	城乡基本生活救助资金申报工作标准
20080104	农村特困户救助资金申报工作标准
20080105	公益性岗位申请财政补贴资金工作标准
20080106	家电下乡试点项目申报工作标准
20080107	改厕项目申报工作标准
20080108	农村饮水安全工程项目申报工作标准
20080109	老龄化补贴申报工作标准
200802	地方财政补贴项目申请工作
20080201	连片建房项目补贴申请工作
2008020101	乡（镇）集中连片建房补贴申报工作标准
2008020102	特区危改办集中连片建房项目申报工作标准

续表

编 码	名 称
20080202	分散建房项目补贴申请工作
2008020201	乡（镇）分散建房补贴申报工作标准
2008020202	特区危改办分散建房补贴申报工作标准
200803	其他补贴项目申请工作标准
2009	商务部门补贴项目申请工作
200901	中央财政补贴项目申请工作
20090101	对外贸易发展基金申请工作
2009010101	机电产品出口发展基金申请工作标准
2009010102	对外经济技术合作专项资金申报工作标准
2009010103	境外投资专项资金申请工作标准
2009010104	对外承包工程专项资金申请工作标准
2009010105	对外劳务合作专项资金申请工作标准
2009010106	对外设计咨询专项资金申请工作标准
2009010107	国别政策性进口财政补贴申报工作标准
20090102	中小企业国际市场开拓资金申请工作
2009010201	境外展览会项目补助申请工作标准
2009010202	产品国际认证项目补助申请工作标准
2009010203	产品国际市场拓展补助申请工作标准
2009010204	境外市场考察资金拨付申报工作标准
20090103	企业财政补贴项目申请工作
2009010301	中小企业发展专项资金申报工作标准
2009010302	中小企业技术创新基金申报工作标准
2009010303	中小企业技术改造基金申报工作标准
2009010304	中小企业服务体系补助资金申报工作标准
2009010305	中小企业信用担保补贴资金申报工作标准
2009010306	中小企业国际市场开拓资金申报工作标准

续表

编　码	名　称
20090104	出口补贴项目申请工作标准
2009010401	出口产品研究开发资金申请工作标准
200902	地方财政补贴项目申请工作标准
20090201	新疆境外投资企业申报工作标准
20090202	新疆境外投资国内申报工作标准
20090203	四川品牌发展专项资金申报工作标准
200903	其他补贴项目申请工作标准
2010	国家部委补贴项目申请工作
201001	中央财政补贴项目申请工作
20100101	国家发改委补贴项目申请工作
2010010101	技术创新项目申请工作标准
2010010102	电力需求测管项目申报工作标准
20100102	中小企业技术改造资金申请工作
2010010201	新产品、新技术产业化和生产服务基金申请工作标准
2010010202	企业信息化专项基金申请工作标准
2010010203	增加就业改为改造资金申请工作标准
20100103	中小企业服务体系补助资金申请工作
2010010301	中小企业信用服务基金申报工作标准
2010010302	担保机构贷款补贴申请工作标准
20100104	技术安全项目资金申请工作
2010010401	创新及技术进步专项引导资金申报工作标准
20100105	国家高技术产业基地资金申请工作标准
2010010501	国家生物产业基地公共服务条件建设专项申请工作标准
2010010502	产学联合开发专项资金补助申报工作标准
20100106	高技术产业化专项资金申请工作标准
2010010601	生物基础材料高技术产业化专项申请工作标准

续表

编　码	名　称
2010010602	装备制造业财政专项资金申报工作标准
2011	旅游部门补贴
201101	中央财政补贴
20110101	旅游产业专项资金申报工作标准
2012	财政拨款确认工作
201201	政府补贴会计处理工作标准
201202	事业收入确认工作标准
201203	上级补助收入确认工作标准
201204	附属单位上缴收入确认工作标准
201205	经营收入确认工作标准
201206	投资收益确认工作标准
201207	利息收入确认工作标准
201208	捐赠收入确认工作标准
2013	财政支出确认工作
201301	基本支出工作标准
201302	项目支出工作
20130201	工资福利支出确认工作标准
20130202	商品和服务支出确认工作标准
20130203	个人和家庭补助支出确认工作标准
20130204	基本建设支出确认工作标准
20130205	其他资本性支出确认工作标准
2014	上缴支出确认工作
201401	对附属单位补助支出确认工作标准
201402	上缴上级支出确认工作标准
201403	收入上缴国库工作标准
201404	收入上缴财政专户工作标准

续表

编　码	名　称
2015	成本核算支出政策
201501	非独立核算经营活动确认工作标准
201502	经营支出与经营收入配比工作标准
201503	企业内部成本核算办法制定工作标准
2016	政府采购工作
201601	单位建立政府采购工作标准
201602	单位执行政府采购工作标准
201603	单位修正政府采购工作标准
2017	单位绩效考评工作
201701	单位绩效考评办法制定工作标准
201702	单位绩效考评办法修订工作标准
201703	单位绩效考评办法执行工作标准
201704	单位绩效日常考评工作标准

4.21　薪酬管理与核算岗位

4.21.1　薪酬管理与核算岗位说明

薪酬管理与核算岗位属于财会部门成本类岗位。企业资源管理体系中最为重要的是人力资源的管理，薪酬管理与核算岗位负责全体职工个人利益，薪酬管理与核算关系复杂，因此，谨慎处理员工薪酬福利及各种社会保障事务，是对薪酬管理与核算岗位非常重要的要求。

4.21.2　薪酬管理与核算岗位工作思路导图

参见图 4 – 23。

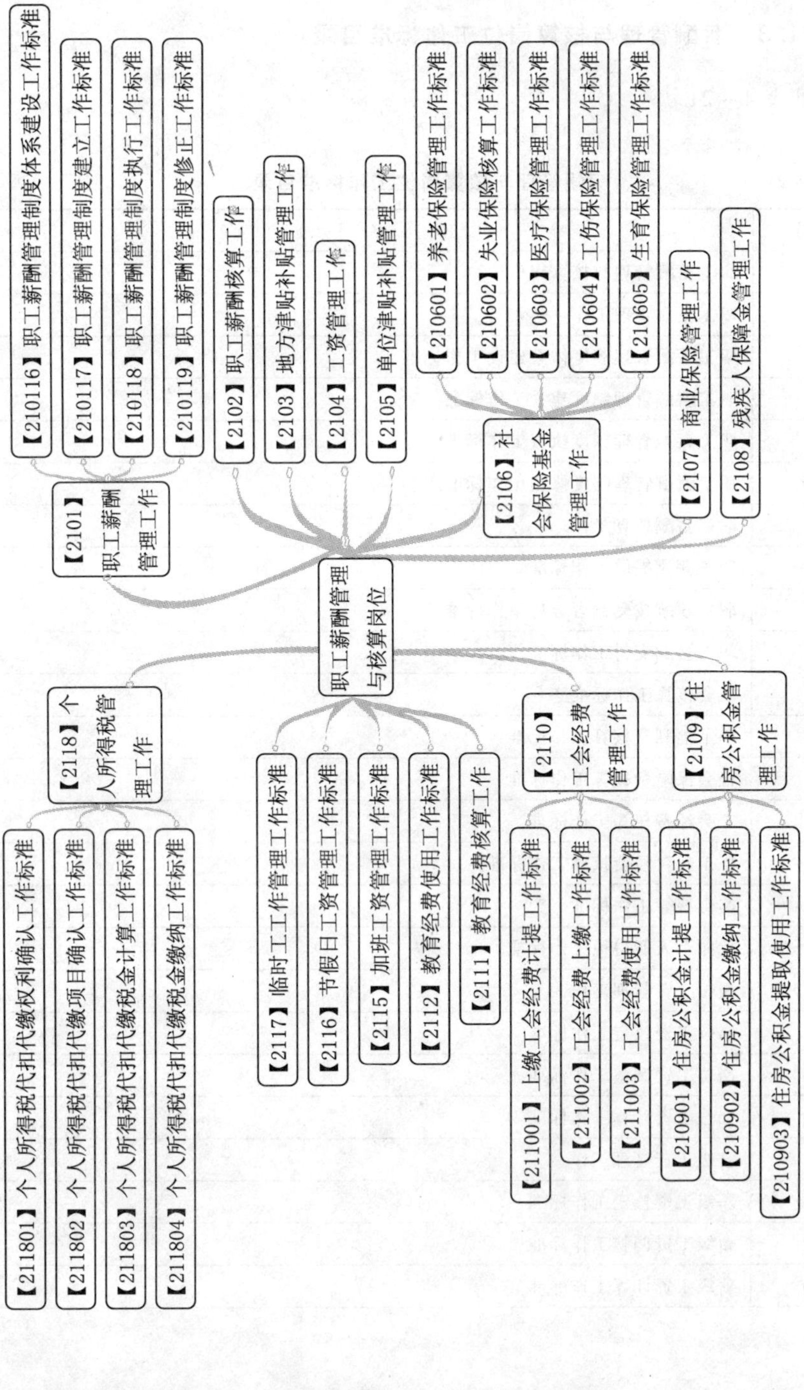

图4-23　薪酬管理与核算岗位工作思路导图

4.21.3 薪酬管理与核算岗位工作标准目录

参见表4-21。

表4-21 薪酬管理与核算岗位工作标准目录

编码	名称
21	职工薪酬管理与核算岗位
2101	职工薪酬管理工作
210116	职工薪酬管理制度体系建设工作标准
210117	职工薪酬管理制度建立工作标准
210118	职工薪酬管理制度执行工作标准
210119	职工薪酬管理制度修正工作标准
2102	职工薪酬核算工作
210201	职工薪酬提取工作标准
210202	职工薪酬按受益者分配工作标准
210203	职工薪酬支付工作标准
210204	工资核算工作标准
210205	职工福利费核算工作标准
210206	社会保险费核算工作标准
210207	工会经费核算工作标准
210208	职工教育经费核算工作标准
210209	奖金核算工作标准
210210	代扣个人所得税工作标准
210211	岗位工资管理工作
21021101	岗位工资核定工作标准
21021102	岗位工资调整工作标准
21021103	岗位工资计算工作标准
210212	薪级工资管理工作
21021201	薪级工资核定工作标准
21021202	薪级工资调整工作标准
21021203	薪级工资计算工作标准

续表

编　码	名　称
210213	绩效工资管理工作
21021301	绩效工资核定工作标准
21021302	绩效工资调整工作标准
21021303	绩效工资计算工作标准
21021304	绩效工资发放工作标准
2103	地方津贴补贴管理工作
210301	高原补贴管理工作标准
210302	边远山区补贴管理工作标准
210303	提租补贴管理工作标准
210304	购房补贴管理工作标准
2104	工资管理工作
210401	岗位工资管理工作
21040101	岗位工资核定工作标准
21040102	岗位工资调整工作标准
21040103	岗位工资计算工作标准
21040104	岗位工资发放工作标准
2105	单位津贴补贴管理工作
210501	午餐费管理工作标准
210502	夜餐费管理工作标准
210503	出差人员伙食补助费管理工作标准
210504	市内交通费管理工作标准
210505	出国人员伙食费管理工作标准
210506	公杂费管理工作标准
210507	个人国外零用费管理工作标准
210508	个人一次性奖励管理工作标准
2106	社会保险基金管理工作
210601	养老保险管理工作标准
210602	失业保险核算工作标准
210603	医疗保险管理工作标准

续表

编　码	名　称
210604	工伤保险管理工作标准
210605	生育保险管理工作标准
2107	商业保险管理工作
210701	财产保险管理工作标准
210702	团体保险管理工作标准
2108	残疾人保障金管理工作
210801	残疾人保障金核算工作标准
210802	残疾人保障金缴纳工作标准
210803	残疾人保障金使用工作标准
2109	住房公积金管理工作
210901	住房公积金计提工作标准
210902	住房公积金缴纳工作标准
210903	住房公积金提取使用工作标准
2110	工会经费管理工作
211001	上缴工会经费计提工作标准
211002	工会经费上缴工作标准
211003	工会经费使用工作标准
2111	教育经费核算工作
2112	教育经费使用工作标准
2115	加班工资管理工作标准
2116	节假日工资管理工作标准
2117	临时工工作管理工作标准
2118	个人所得税管理工作
211801	个人所得税代扣代缴权利确认工作标准
211802	个人所得税代扣代缴项目确认工作标准
211803	个人所得税代扣代缴税金计算工作标准
211804	个人所得税代扣代缴税金缴纳工作标准

4.22 税收管理与核算岗位

4.22.1 税收管理与核算岗位说明

税收管理与核算岗位属于财会部门成本类岗位。税金是构成企业成本非常重要的组成部分，也是企业为国家作贡献的主要渠道。因此，科学合理地遵循国家税收政策，准确筹划企业税务工作，合理控制税务风险，防范税务违法行为，依法履行纳税义务，避免因没有遵循税收法律法规而可能遭受的法律制裁、财务损失或声誉损害，也是企业财务部门直接承担管理的最大成本项目。在遵守国家税法基础上合理降低税负，是税收管理与核算岗位的核心职责。

4.22.2 税收管理与核算岗位工作思路导图

参见图4-24。

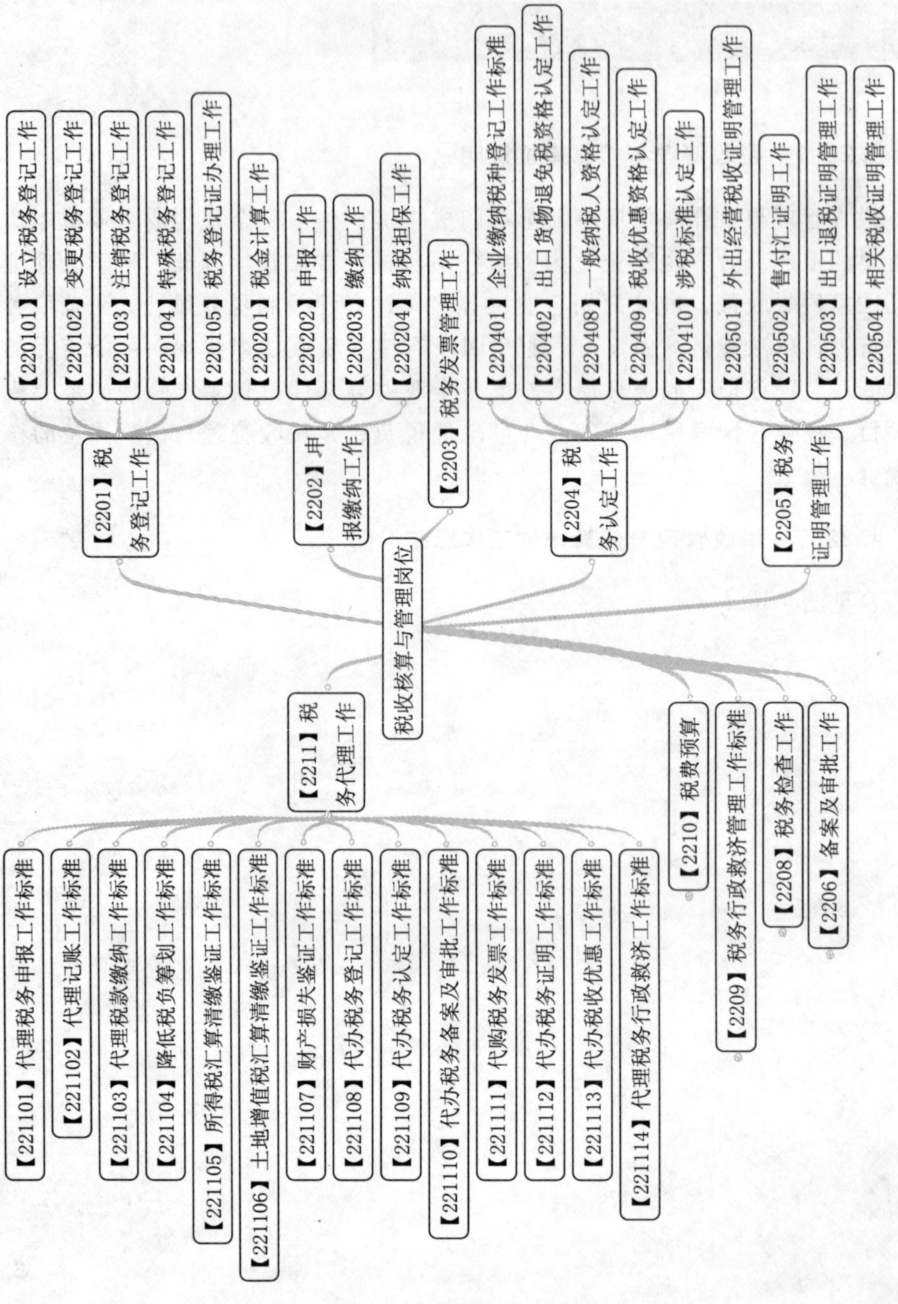

图4-24 税收管理与核算岗位工作思路导图

4.22.3 税收管理与核算岗位工作标准目录

参见表4－22。

表4－22 税收管理与核算岗位工作标准目录

编码	名称
22	税收核算与管理岗位
2201	税务登记工作
220101	设立税务登记工作
22010101	企业税务登记工作标准
22010102	个体经营税务登记工作标准
22010103	临时经营税务登记工作标准
220102	变更税务登记工作
22010201	变更税务登记证工作标准
22010202	其他变更税务登记工作标准
22010203	纳税地点变动工作标准
220103	注销税务登记工作
22010301	注销税务登记工作标准
220104	特殊税务登记工作
22010402	停业税务备案工作标准
22010404	扣缴义务人税务登记工作标准
22010405	外埠经营税务登记工作标准
220105	税务登记证办理工作
22010501	税务登记验证工作标准
22010502	税务登记换证工作标准
22010503	遗失税务证件报告工作标准
22010504	税务登记证遗失补办工作标准
2202	申报缴纳工作
220201	税金计算工作
22020101	纳税计划方案制定工作标准
22020102	计税依据确认工作标准

续表

编　码	名　称
22020103	计税依据审核工作标准
22020104	计税依据变动工作标准
22020105	税目确认工作标准
22020106	税目变动工作标准
22020107	税率确认工作标准
22020108	税率变动工作标准
22020109	纳税地点确定工作标准
22020110	纳税期限确定工作标准
22020111	纳税期限变动工作标准
22020112	财产行为税应税额计算工作
2202011201	房产税纳税额计算工作标准
2202011202	城镇土地使用税应税额计算工作标准
2202011203	契税应税额计算工作标准
2202011204	资源税应税额计算工作标准
2202011205	车船税应税额计算工作标准
2202011206	车辆购置税应税额计算工作标准
2202011207	印花税应税额计算工作标准
22020113	计税收入审核与确认工作
2202011301	计税主营业务收入审核与确认工作标准
2202011302	主营业务收入税目审核工作标准
2202011303	计税其他业务收入确认审核工作标准
2202011304	计税补贴收入确认审核工作标准
2202011305	免税收入确认审核工作标准
2202011306	退税收入确认审核工作标准
2202011307	减税收入确认审核工作标准
2202011308	所得税前扣除项目确认审核工作标准
220202	申报工作
22020201	纳税申报工作
2202020101	流转税纳税申报工作

续表

编 码	名 称
220202010101	一般纳税人纳税申报工作标准
220202010102	小规模纳税人纳税申报工作标准
220202010103	双定户纳税申报工作标准
220202010104	交通运输业营业税纳税申报工作标准
220202010105	消费税纳税申报工作标准
220202010107	金融保险业营业税纳税申报工作标准
2202020102	财产行为税申报工作
220202010201	房产税纳税申报工作标准
220202010202	城镇土地使用税纳税申报工作标准
220202010203	契税纳税申报工作标准
220202010204	资源税纳税申报工作标准
220202010205	车船税纳税申报工作标准
220202010206	车辆购置税纳税申报工作标准
220202010207	印花税纳税申报工作标准
2202020103	企业所得税纳税申报工作
220202010301	企业所得税年度纳税申报工作标准
220202010302	企业所得税月/季度纳税申报（A类）工作标准
220202010303	企业所得税月/季度纳税申报（B类）工作标准
220202010304	企业所得税扣缴报告工作标准
2202020104	财务会计报表报送工作标准
2202020105	补充申报处理工作标准
2202020106	未申报处理工作标准
2202020107	多申报收入处理工作标准
2202020108	少申报收入处理工作标准
22020202	出口货物退税申报工作
2202020201	外贸企业申报工作
220202020101	自营或委托出口货物退税申报工作标准
220202020102	对外承包工程退税申报工作标准
220202020103	对外修理修配退税申报工作标准

续表

编　码	名　称
220202020104	国内企业中标机电产品退税申报工作标准
220202020106	境外带料加工装配退税申报工作标准
220202020107	援外出口货物退税申报工作标准
2202020202	生产企业
220202020201	自营或委托出口货物退税申报工作标准
220202020202	对外修理修配退税申报工作标准
220202020203	国内企业中标机电产品退税申报工作标准
220202020204	对外实物投资（A类）退税申报工作标准
220202020205	对外实物投资（B类）退税申报工作标准
220202020206	境外带料加工退税申报工作标准
220202020207	援外出口货物退税申报工作标准
2202020203	其他企业
220202020301	外轮供应公司退税申报工作标准
220202020302	驻华使馆退税申报工作标准
220202020303	免税品总公司退税申报工作标准
220202020304	外商投资项目退税申报工作标准
22020203	代扣代缴申报工作
2202020301	扣缴义务人申报工作标准
2202020302	扣缴个人所得税申报工作标准
22020204	委托代征申报工作
2202020401	委托代征申报工作标准
2202020402	委托代征多申报处理工作标准
2202020403	委托代征少申报处理工作标准
22020205	延期申报工作
2202020501	申请延期申报工作标准
2202020502	延期届满申报工作标准
22020206	退税申报工作
2202020601	出口加工区内企业申报退免税工作标准
2202020602	申请车辆购置税退税工作标准

续表

编　码	名　称
22020207	其他事项申报工作
2202020701	企业合并分立情况报告工作标准
2202020702	欠税企业处置大额资产报告工作标准
2202020703	车辆购置税纳税申报工作标准
220203	缴纳工作
22020301	流转税缴纳工作
2202030101	消费税缴纳工作标准
2202030102	增值税缴纳工作标准
2202030103	营业税缴纳工作标准
22020302	财产行为税缴纳工作
2202030201	印花税缴纳工作标准
2202030202	资源税缴纳工作标准
2202030203	房产税缴纳工作标准
2202030204	土地使用税缴纳工作标准
2202030205	土地增值税缴纳工作标准
2202030206	车辆购置税缴纳工作标准
2202030207	车辆使用税
22020303	所得税缴纳工作
2202030301	个人所得税缴纳工作标准
2202030302	企业所得税缴纳工作标准
22020304	补充缴纳税款工作标准
22020305	税款滞纳金缴纳工作标准
22020306	罚款缴纳工作标准
22020307	现金缴纳税款工作标准
22020308	税银一体化工作标准
220204	纳税担保工作
22020401	纳税担保申请工作标准
22020402	纳税保证工作
2202040201	纳税保证人审核工作标准

续表

编　码	名　称
2202040202	纳税保证人纳税执行工作标准
2202040203	纳税保证终结工作标准
22020403	纳税抵押工作
2202040301	纳税人抵押工作标准
2202040302	纳税担保人抵押工作标准
2202040303	纳税抵押物登记工作标准
22020404	纳税质押工作
2202040401	动产质押工作
220204040101	现金质押工作标准
220204040102	股票质押工作标准
2202040402	权利质押工作
220204040201	汇票质押工作标准
220204040202	支票质押工作标准
220204040203	本票质押工作标准
220204040204	债券质押工作标准
220204040205	定期存款单质押工作标准
220204040206	活期存款单质押工作标准
2202040403	动产质押物处置工作标准
2202040404	权利质押物处理工作标准
22020405	抵税财物拍卖工作
2202040501	拍卖抵税财物决定书工作标准
2202040502	变卖抵税财物决定书工作标准
2202040503	抵税财物拍卖方案制定工作标准
2202040504	抵税财物委托拍卖机构工作标准
2202040505	抵税财物第一次拍卖工作标准
2202040506	抵税财物第二次拍卖工作标准
2202040507	抵税财物变卖工作标准
2202040508	抵税财物委托销售工作标准
2202040509	抵税财物拍卖资金处理工作标准

续表

编码	名称
2202040510	抵税财物退还工作标准
2202040511	税务企业会计赔偿抵税财物损失工作标准
2202040512	抵税财物拍（变）卖收入账务处理工作标准
2203	税务发票管理工作
220301	发票管理工作
22030101	申请发票领购资格工作标准
22030102	申请增加发票用票量工作标准
22030103	发票购领工作标准
22030104	发票保管工作标准
22030106	发票缴销工作标准
22030107	发票丢失被盗报告工作标准
22030108	申请代开普通发票工作标准
22030109	申请代开专用发票工作标准
22030111	申请使用计算机开票工作标准
22030112	申请携带、运输空白发票工作标准
220302	税控装置管理工作
22030201	申请税控加油机初始化发行工作标准
22030202	申请税控收款机初始化发行工作标准
22030203	丢失防伪税控设备应对工作标准
2204	税务认定工作
220401	企业缴纳税种登记工作标准
220402	出口货物退免税资格认定工作
22040201	出口货物退免税资格认定工作标准
22040202	出口货物退免税资格变更工作标准
22040203	出口货物退免税资格注销工作标准
220408	一般纳税人资格认定工作
22040801	非商贸企业一般纳税人申请工作标准
22040802	新办商贸企业一般纳税人申请工作标准
22040803	一般纳税人转正认定准备工作标准

续表

编　码	名　称
220409	税收优惠资格认定工作
22040901	残疾人就业税收优惠申办工作标准
22040902	技改国产设备投资抵免申办工作标准
22040903	生产性外商投资企业申办工作标准
22040904	办理税务认定资格年审工作标准
220410	涉税标准认定工作
22041001	所得税征收方式鉴定工作标准
22041002	申请核定纳税定额工作标准
22041003	税务信用等级认定工作标准
2205	税务证明管理工作
220501	外出经营税收证明管理工作
22050101	申请外出经营税收管理证明工作标准
22050102	缴销外出经营税收管理证明工作标准
220502	售付汇证明工作
22050201	境外公司申请所得税完税证明工作标准
22050202	特许权使用费免税所得汇出证明工作标准
22050203	外国船运收入免税证明工作标准
22050204	不予征税、免税证明单工作标准
22050205	境外劳务收入免征税证明工作标准
22050206	外企申请所得税纳税证明工作标准
220503	出口退税证明管理工作
22050301	出口退运已办结税务证明工作标准
22050302	补办出口收汇核销单证明工作标准
22050303	来料加工贸易免税证明工作标准
22050304	补办出口货物报关单证明工作标准
22050305	出口货物转内销证明工作标准
22050308	代理出口货物证明工作标准
22050310	代理进口货物证明工作标准
22050311	出口退税延期证明工作标准

续表

编码	名称
220504	相关税收证明管理工作
22050401	申请开具红字增值税专票工作标准
22050402	申请开具增值税已抄报税证明工作标准
22050403	申请领用葡萄酒购货管理证明工作标准
22050404	办理葡萄酒购货管理证明核销工作标准
22050405	申请补发车辆购置税完税证明工作标准
22050406	办理代理出口未退税证明工作标准
22050407	办理出口含金产品免税证明工作标准
22050408	申请出具纳税证明工作标准
22050409	申办中国居民身份证明工作标准
2206	备案及审批工作
220601	备案工作项目管理工作
22060101	财会制度及核算软件备案工作标准
22060102	来料加工贸易登记备案工作标准
22060103	企业所得税备案工作标准
22060104	外资企业所得税备案工作标准
220602	审批工作项目管理工作
22060201	税务申报审批工作
2206020101	纳税申报方式核定审批工作标准
2206020102	一般纳税人申请简易征收工作标准
2206020103	申请所得税汇总申报工作标准
2206020104	外国企业申请核定征收工作标准
2206020105	申请所得税合并申报工作标准
2206020106	外国企业申请改变纳税年度工作标准
22060202	税务发票管理工作
2206020201	申请变更最高开票限额工作标准
2206020202	税控收款机户申请开票限额工作标准
2206020203	企业申请自印发票工作标准
2206020204	申请发票购票特批工作标准

续表

编　码	名　称
2206020205	申请使用经营地发票工作标准
2206020206	申请拆本使用发票工作标准
22060203	流转税优惠申请工作
2206020301	申请增值税减免税工作标准
2206020302	申请营业税减免税工作标准
2206020303	申请消费税减免税工作标准
2206020304	申请关税减免税工作标准
22060204	所得税优惠申请工作
2206020401	不同就业人员企业所得税优惠工作
220602040101	再就业人员申请减免税工作标准
220602040102	劳动就业服务企业申请减免税工作标准
220602040103	退役士兵自谋职业减免税工作标准
220602040104	自主择业的军转干部减免税工作标准
220602040105	主辅分离经济实体申请减免税工作标准
220602040106	安置随军家属就业减免税工作标准
220602040107	安置企业会计分流人员减免税工作标准
2206020402	农业企业所得税优惠审批工作
220602040201	农口企业申请减免税工作标准
2206020403	生产企业所得税优惠申请工作
220602040301	软件及集成电路企业申请减免税工作标准
220602040302	资源综合利用企业申请减免税工作标准
220602040303	伤残人员专用品企业申请减免税工作标准
220602040304	环保设备生产企业申请减免税工作标准
2206020404	新办其他企业申请减免税工作
220602040401	新办服务型企业申请减免税工作标准
220602040402	新办其他企业申请减免税工作标准
2206020405	文教科研机构所得税优惠工作
220602040501	文化企业申请减免税工作标准
220602040502	科研院校申请减免税工作标准

续表

编　码	名　称
220602040503	非营利科研机构申请减免税工作标准
220602040504	教育事业单位申请减免税工作标准
2206020406	服务业所得税优惠工作
220602040601	公益性青少年活动场所申请减免税工作标准
220602040602	老年服务机构申请减免税工作标准
2206020407	其他所得税优惠工作
220602040701	技术转让收益申请减免税工作标准
220602040702	受自然灾害企业申请减免税工作标准
220602040703	西气东输管道企业申请减免税工作标准
220602040704	村村通企业申请减免税工作标准
22060205	其他审批工作
2206020501	申请使用税控装置工作标准
2206020502	申请建立收支粘贴簿工作标准
2206020503	申请多缴税款退付利息工作标准
2206020504	申请延期缴纳税款工作标准
2206020505	申请多缴税款退抵税工作标准
2208	税务检查工作
220801	企业纳税自查工作标准
22080105	按税种纳税自查工作
2208010501	增值税纳税自查工作标准
2208010503	印花税纳税自查工作标准
2208010506	土地增值税纳税自查工作标准
2208010507	个人所得税纳税自查工作标准
2208010508	企业所得税纳税自查工作标准
220806	企业处理税务稽查处罚工作标准
220807	企业处理税务稽查结论工作标准
2209	税务行政救济管理工作标准
220901	申请税务行政处罚听证工作标准
220902	税务行政处罚听证处理工作标准

续表

编　码	名　称
220909	税务行政赔偿工作标准
22090901	税务行政赔偿请求工作标准
2210	税费预算
221001	企业税费成本预算编制工作标准
221002	企业税费成本预算执行工作标准
221003	企业税费成本决算工作标准
221004	企业税收优惠计划编制工作标准
221005	企业税费资金预算工作标准
2211	税务代理工作
221101	代理税务申报工作标准
221102	代理记账工作标准
221103	代理税款缴纳工作标准
221104	降低税负筹划工作标准
221105	所得税汇算清缴鉴证工作标准
221106	土地增值税汇算清缴鉴证工作标准
221107	财产损失鉴证工作标准
221108	代办税务登记工作标准
221109	代办税务认定工作标准
221110	代办税务备案及审批工作标准
221111	代购税务发票工作标准
221112	代办税务证明工作标准
221113	代办税收优惠工作标准
221114	代理税务行政救济工作标准

4.23　成本管理与核算岗位

4.23.1　成本管理与核算岗位说明

成本管理与核算岗位属于财会部门成本类岗位。成本管理是企业为完成其经营目标所从事的经常性活动以及与之相关的活动中形成的、会导致所有者权益减少的、与所有者支出资本无关的经济利益的流出管理与核算工作。应完成包括构成产品成本管理与核算工作和提供劳务支出费用管理与核算工作等活动。成本控制工作是企业管理的核心。

4.23.2　成本管理与核算岗位工作思路导图

参见图4－25。

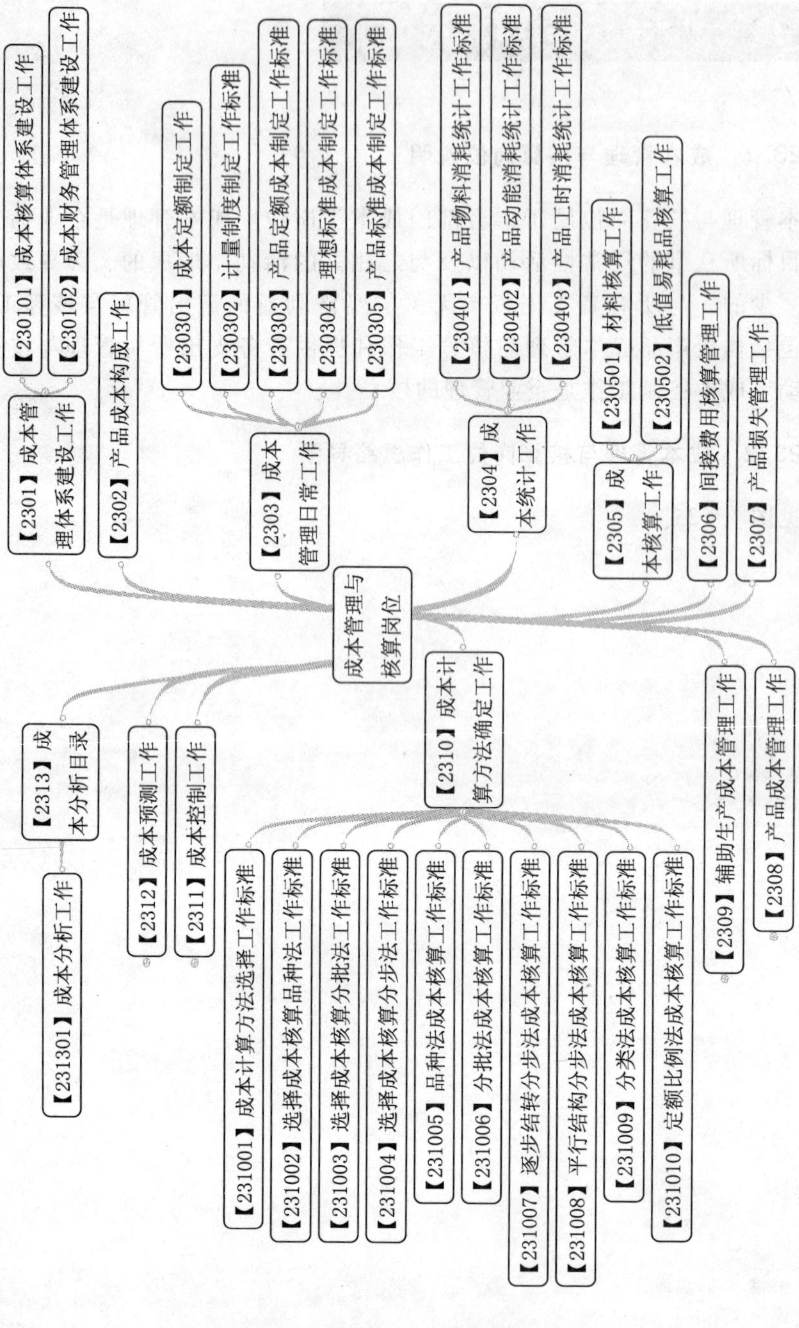

图4-25 成本管理与核算岗位工作思路导图

4.23.3　成本管理与核算岗位工作标准目录

参见表4－23。

表4－23　　成本管理与核算岗位工作标准目录

编　码	名　称
23	成本管理与核算岗位
2301	成本管理体系建设工作
230101	成本核算体系建设工作
23010101	成本核算制度建立工作标准
23010102	成本核算制度执行工作标准
23010103	成本核算制度修订工作标准
23010104	成本核算制度研究工作标准
230102	成本财务管理体系建设工作
23010201	成本财务管理制度建立工作标准
23010202	成本财务管理制度执行工作标准
23010203	成本财务管理制度修订工作标准
23010204	成本财务管理制度研究工作标准
2302	产品成本构成工作
230201	成本构成模型分析工作
23020101	单件产品成本构成模型分析工作标准
23020102	单套产品成本构成模型分析工作标准
23020103	单台产品成本构成模型分析工作标准
23020104	单项产品成本构成模型分析工作标准
23020105	单组产品成本构成模型分析工作标准
230202	产品成本结构分析工作
23020201	单件产品制造成本结构分析工作标准
23020202	单批产品制造成本结构分析工作标准
23020203	单位产品制造成本结构分析工作标准
23020204	单件产品完全成本结构分析工作标准
23020205	单批产品完全成本结构分析工作标准

续表

编　码	名　称
23020206	单位产品完全成本结构分析工作标准
230203	主营业务总成本结构分析工作标准
230204	总经营成本结构分析工作标准
230205	制造费用成本结构分析工作标准
23020501	直接制造费用成本结构分析工作标准
23020502	间接制造费用成本结构分析工作标准
230206	期间费用成本结构分析工作
23020601	管理费用成本结构分析工作标准
23020602	销售费用成本结构分析工作标准
23020603	财务费用成本结构分析工作标准
230207	营业外支出成本结构分析工作标准
2303	成本管理日常工作
230301	成本定额制定工作
23030101	产品直接材料定额制定工作标准
23030102	产品直接动能定额制定工作标准
23030103	材料与动能成本定额制定工作标准
23030104	产品工时消耗定额制定工作标准
23030105	单位工时定额成本制定工作标准
23030106	产品废品损失定额成本制定工作标准
23030107	共用辅助材料定额比例分配工作标准
230302	计量制度制定工作标准
230303	产品定额成本制定工作标准
230304	理想标准成本制定工作标准
230305	产品标准成本制定工作标准
2304	成本统计工作
230401	产品物料消耗统计工作标准
230402	产品动能消耗统计工作标准
230403	产品工时消耗统计工作标准
2305	成本核算工作

续表

编　码	名　称
230501	材料核算工作
23050101	原材料直接分配工作标准
23050102	原材料定额比例分配工作标准
23050103	辅助材料直接分配工作标准
23050104	共用辅助材料定额比例分配工作标准
23050105	动能费用直接分配工作标准
23050106	动能费用定额比例分配工作标准
23050107	动能费用按工时分配工作标准
230502	低值易耗品核算工作
23050201	低值易耗品“五五”摊销工作标准
23050202	低值易耗品分期摊销工作标准
23050203	低值易耗品一次摊销法工作标准
23050204	低值易耗品生产量摊销法工作标准
2306	间接费用核算管理工作
230601	管理费用核算工作标准
230602	电脑记账管理费用贷方数结转工作标准
230603	财务费用核算工作标准
230604	电脑记账财务费用贷方数结转工作标准
230605	销售费用核算工作标准
230606	电脑记账销售费用贷方数结转工作标准
230607	制造费用核算工作标准
230608	制造费用按实际生产工时分配工作标准
230609	制造费用按生产成本比例分配工作标准
230610	制造费用按机器工时分配工作标准
230612	工人工资按产品产量直接分配工作标准
230613	工人工资按产品生产工时分配工作标准
2307	产品损失管理工作
230701	废品损失核算工作标准
230702	废品修复损失核算工作标准

续表

编码	名称
230703	季节性停工损失核算工作标准
230704	大修理停工损失核算工作标准
230705	管理原因停工损失核算工作标准
230706	意外灾害停工损失核算工作标准
230707	包装物领用核算工作标准
2308	产品成本管理工作
230801	在产品不计成本法核算工作标准
230802	在产品按所耗原材料计价法核算工作标准
230803	在产品按约当产量法核算工作标准
230804	在产品按定额成本法核算工作标准
230805	在产品按实际成本法核算工作标准
2309	辅助生产成本管理工作
230901	辅助生产成本核算工作标准
230902	辅助生产成本直接分配法工作标准
230903	辅助生产成本交互分配法工作标准
230904	辅助生产成本计划价分配法工作标准
2310	成本计算方法确定工作
231001	成本计算方法选择工作标准
231002	选择成本核算品种法工作标准
231003	选择成本核算分批法工作标准
231004	选择成本核算分步法工作标准
231005	品种法成本核算工作标准
231006	分批法成本核算工作标准
231007	逐步结转分步法成本核算工作标准
231008	平行结构分步法成本核算工作标准
231009	分类法成本核算工作标准
231010	定额比例法成本核算工作标准
2311	成本控制工作
231101	成本控制工作标准

续表

编 码	名 称
231102	产品设计成本控制工作标准
231103	材料采购成本控制工作标准
231104	直接材料消耗成本控制工作标准
231105	直接动能费用成本控制工作标准
231106	产品质量成本控制工作标准
231107	产品直接工资成本控制工作标准
231108	制造费用控制工作标准
231109	单位工时成本控制工作标准
231110	管理费用控制工作标准
231111	期末在产品按约当产量法核算工作标准盘点工作标准
2312	成本预测工作
231201	产品成本预测工作标准
231202	单位工时成本预测工作标准
231203	单位产品成本预测工作标准
231204	单件产品成本预测工作标准
231205	单批产品成本预测工作标准
231206	制造费用预测工作标准
231207	总产品成本预测工作标准
231208	目标营业总成本预测工作标准
231209	目标利润预测工作标准
231210	目标管理费用预测工作标准
231211	目标财务费用预测工作标准
231212	目标销售费用预测工作标准
231213	目标总制造成本预测工作标准
2313	成本分析目录
231301	成本分析工作
23130101	成本分析方法选定工作
2313010101	成本对比分析法工作标准
2313010102	成本结构分析法工作标准

续表

编码	名称
2313010103	量本利分析法工作标准
23130102	成本分析对象选定工作
2313010201	可比产品成本分析选定工作标准
2313010202	不可比产品成本分析选定工作标准
2313010203	单位制造成本分析选定工作标准
2313010204	单批产品成本分析选定工作标准
2313010205	单件产品成本分析选定工作标准
2313010206	主营业务总成本分析选定工作标准
2313010207	期间费用总成本分析选定工作标准
2313010208	单位工时成本分析选定工作标准
23130103	成本分析依据选定工作
2313010301	单位定额成本分析选定工作标准
2313010302	单位预算成本分析选定工作标准
2313010303	单位标准成本分析选定工作标准
2313010304	单位目标成本分析选定工作标准
2313010305	本企业历史可比产品单位成本分析选定工作标准
2313010306	国内同行业可比产品单位成本分析选定工作标准
2313010307	预算主营业务总成本分析选定工作标准
2313010308	预算期间费用总成本分析选定工作标准
23130104	成本期间选定工作标准
23130105	单位工时成本分析工作
2313010501	单位工时成本升降分析工作标准
2313010502	费用超降对单位工时成本影响分析
2313010503	单位工时成本分析工作标准
23130106	单位制造成本分析工作
2313010601	单位产品原辅成本分析工作标准
2313010602	单位产品包材成本分析工作标准
2313010603	单位产品燃料动能成本分析工作标准
2313010604	单位产品直接工资成本分析工作标准

续表

编 码	名 称
2313010605	单位产品制造费用成本分析工作标准
2313010606	单位产品废品损失成本
231301060601	分析期废品率升降影响分析工作标准
231301060602	分析期消耗费用定额升降影响分析工作标准
23130107	单件—单批产品成本分析
2313010701	单件—单批可比产品成本分析工作标准
2313010702	单件—单批不可比产品成本分析工作标准
23130108	总成本预算分析工作
2313010801	总制造成本预算升降分析工作标准
2313010802	总制造费用预算升降分析工作标准
2313010803	预算销售主营业务成本升降分析工作标准
2313010804	预算期间费用总成本升降分析工作标准
2313010805	预算销售总经营成本升降分析工作标准

4.24 费用管理与核算岗位

4.24.1 费用管理与核算岗位说明

费用管理与核算岗位属于财会部门成本类岗位。费用管理与核算岗位主要管理和核算成本岗位管理之外的各种经营费用和管理费用，应完成包括构成产品经营成本和销售成本的各种费用支出等活动。费用控制工作是企业成本管理的另一重心。

4.24.2 费用管理与核算岗位工作思路导图

参见图4－26。

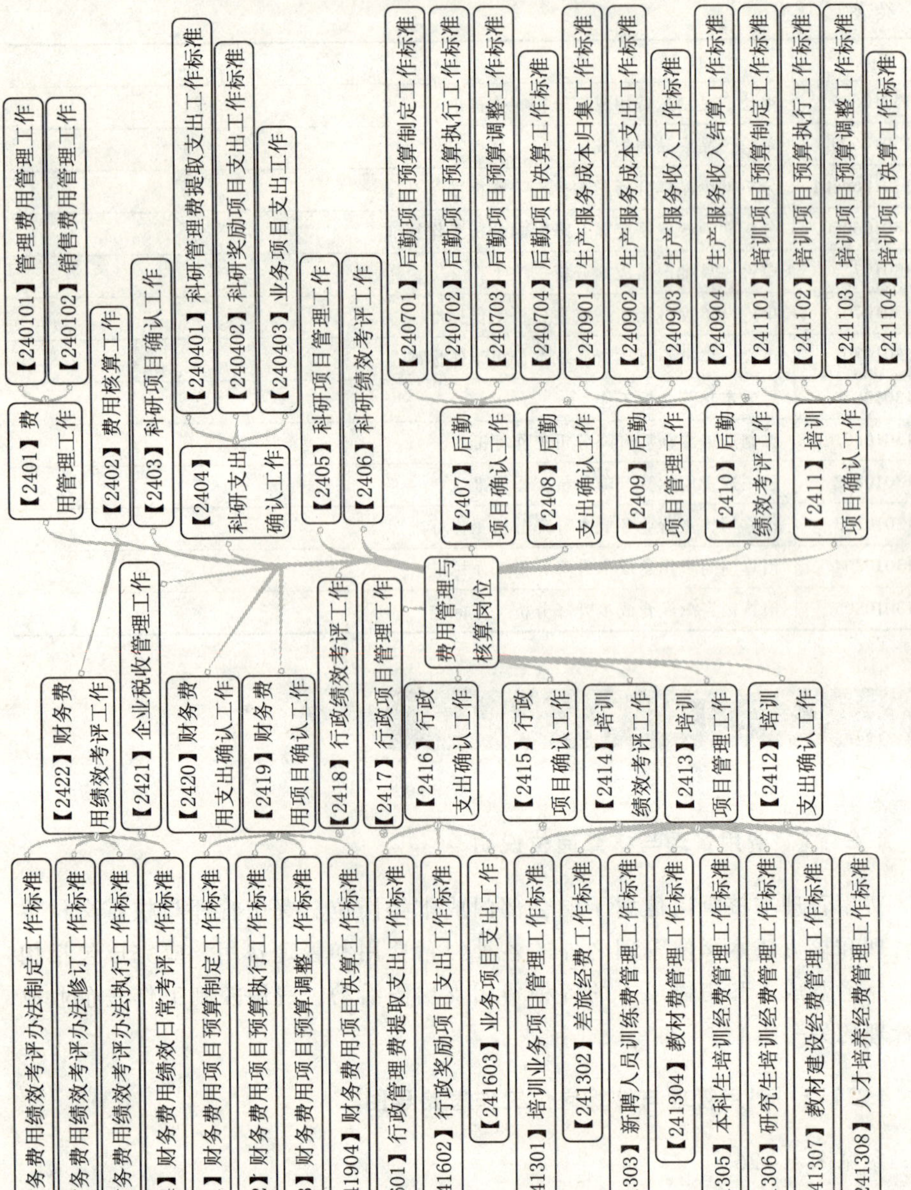

图4-26 费用管理与核算岗位工作思路导图

4.24.3 费用管理与核算岗位工作标准目录

参见表4-24。

表4-24 费用管理与核算岗位工作标准目录

编码	名称
24	费用管理与核算岗位
2401	费用管理工作
240101	管理费用管理工作
24010101	制定管理费用开支内部管理制度工作标准
24010102	管理费用报销流程设置工作标准
24010103	制定管理费用年度计划工作标准
24010104	管理费用实际支出考核工作标准
24010105	原始票据整理工作标准
24010106	报销单据填写工作标准
24010107	管理费用报销审批工作标准
24010108	办公费报销工作标准
24010109	差旅费报销工作标准
24010110	会议费报销工作标准
24010111	会议费借款工作标准
24010112	培训费报销工作标准
24010113	培训费借款工作标准
24010114	其他零星借款工作标准
24010115	人员费用报销工作标准
24010116	生产业务付款合同台账管理工作标准
24010117	现金流执行情况统计工作标准
24010118	业务招待费报销工作标准
24010119	应付账款支付工作标准
24010120	印章管理工作标准
24010121	运输费报销工作标准
24010122	长期借款工作标准

续表

编　码	名　称
24010123	流动资金贷款工作标准
240102	销售费用管理工作
24010201	制定销售费用标准范围工作标准
24010202	编制审定销售费用年度计划工作标准
24010203	销售费用与职工薪酬挂钩工作标准
24010204	销售费用考核工作标准
2402	费用核算工作
240201	管理费用核算工作
24020101	提取企业管理人员薪酬工作标准
24020102	企业管理部门消耗及物料工作标准
24020103	企业管理部门水电消耗工作标准
24020104	差旅费核算工作标准
24020105	业务招待费核算工作标准
24020106	工会经费核算工作标准
24020107	计入管理费用税费核算工作标准
24020108	中介机构审计费用核算工作标准
24020109	社会保险核算工作标准
24020110	管理费用结转本年利润工作标准
240202	销售费用核算工作
24020201	提取销售机构职工薪酬工作标准
24020202	销售机构消耗及物料工作标准
24020203	保险费用核算工作标准
24020204	包装费用核算工作标准
24020205	运输费用核算工作标准
24020206	销售费用结转本年利润工作标准
240203	财务费用核算工作
24020301	利息收支核算工作标准
24020302	银行手续费核算工作标准
24020303	财务费用结转本年利润工作标准

续表

编　码	名　称
2403	科研项目确认工作
240301	科研项目预算制定工作标准
240302	科研项目预算执行工作标准
240303	科研项目预算调整工作标准
240304	科研项目决算工作标准
2404	科研支出确认工作
240401	科研管理费提取支出工作标准
240402	科研奖励项目支出工作标准
240403	业务项目支出工作
24040301	工资福利支出确认工作标准
24040302	商品和服务支出确认工作标准
24040303	个人和家庭补助支出确认工作标准
24040304	基本建设支出确认工作标准
24040305	其他资本性支出确认工作标准
2405	科研项目管理工作
240501	部委科研项目管理工作标准
240502	横向科研课题管理工作标准
240503	自然科学基金项目管理工作标准
240504	省级科研课题项目管理工作标准
2406	科研绩效考评工作
240601	科研绩效考评办法制定工作标准
240602	科研绩效考评办法修订工作标准
240603	科研绩效考评办法执行工作标准
240604	科研绩效日常考评工作标准
2407	后勤项目确认工作
240701	后勤项目预算制定工作标准
240702	后勤项目预算执行工作标准
240703	后勤项目预算调整工作标准
240704	后勤项目决算工作标准

续表

编　码	名　称
2408	后勤支出确认工作
240801	医疗费管理工作
24080101	干部门诊医疗费管理工作标准
24080102	干部住院转诊费管理工作标准
24080103	职工门诊医疗费管理工作标准
24080104	职工住院和转诊费管理工作标准
24080105	职工借款和报销管理工作标准
24080106	离退休门诊费管理工作标准
24080107	离退休住院和转诊费管理工作标准
24080108	离退休借款和报销管理工作标准
240802	水电费管理工作
24080201	水费支出管理工作标准
24080202	水费回收管理工作标准
24080203	水费收费管理工作标准
24080204	电费支出管理工作标准
24080205	电费回收管理工作标准
24080206	电费收费管理工作标准
240803	经营项目支出工作
24080301	工资福利支出确认工作标准
24080302	商品和服务支出确认工作标准
24080303	个人和家庭补助支出确认工作标准
24080304	基本建设支出确认工作标准
24080305	其他资本性支出确认工作标准
2409	后勤项目管理工作
240901	生产服务成本归集工作标准
240902	生产服务成本支出工作标准
240903	生产服务收入工作标准
240904	生产服务收入结算工作标准
2410	后勤绩效考评工作

续表

编 码	名 称
241001	后勤绩效考评办法制定工作标准
241002	后勤绩效考评办法修订工作标准
241003	后勤绩效考评办法执行工作标准
241004	后勤绩效日常考评工作标准
2411	培训项目确认工作
241101	培训项目预算制定工作标准
241102	培训项目预算执行工作标准
241103	培训项目预算调整工作标准
241104	培训项目决算工作标准
2412	培训支出确认工作
241201	培训管理费提取支出工作标准
241202	培训奖励项目支出工作标准
241203	业务项目支出工作
24120301	工资福利支出确认工作标准
24120302	商品和服务支出确认工作标准
24120303	个人和家庭补助支出确认工作标准
24120304	基本建设支出确认工作标准
24120305	其他资本性支出确认工作标准
2413	培训项目管理工作
241301	培训业务项目管理工作标准
241302	差旅费工作标准
241303	新聘人员训练费管理工作标准
241304	教材费管理工作标准
241305	本科生培训经费管理工作标准
241306	研究生培训经费管理工作标准
241307	教材建设经费管理工作标准
241308	人才培养经费管理工作标准
2414	培训绩效考评工作
241401	培训绩效考评办法制定工作标准

续表

编　码	名　称
241402	培训绩效考评办法修订工作标准
241403	培训绩效考评办法执行工作标准
241404	培训绩效日常考评工作标准
2415	行政项目确认工作
241501	行政项目预算制定工作标准
241502	行政项目预算执行工作标准
241503	行政项目预算调整工作标准
241504	行政项目决算工作标准
2416	行政支出确认工作
241601	行政管理费提取支出工作标准
241602	行政奖励项目支出工作标准
241603	业务项目支出工作
24160301	工资福利支出确认工作标准
24160302	商品和服务支出确认工作标准
24160303	商品和服务支出确认工作标准
24160304	基本建设支出确认工作标准
24160305	其他资本性支出确认工作标准
2417	行政项目管理工作
241701	行政项目管理工作标准
241702	差旅经费工作标准
241703	会议费管理工作标准
241704	接待费工作标准
2418	行政绩效考评工作
241801	行政绩效考评办法制定工作标准
241802	行政绩效考评办法修订工作标准
241803	行政绩效考评办法执行工作标准
241804	行政绩效日常考评工作标准
2419	财务费用项目确认工作
241901	财务费用项目预算制定工作标准

续表

编 码	名 称
241902	财务费用项目预算执行工作标准
241903	财务费用项目预算调整工作标准
241904	财务费用项目决算工作标准
2420	财务费用支出确认工作
242001	财务费用支出工作标准
242002	财务费用结算支付工作标准
242003	重大业务项目财务费用支出工作
24200301	重大业务项目财务费用利息支出确认工作标准
24200302	重大业务项目财务费用利息收入确认工作标准
24200303	重大业务项目财务费用罚息确认工作标准
24200304	重大业务项目财务费用罚息支付工作标准
24200305	重大业务项目财务费用结算工作标准
2421	企业税收管理工作
242101	税务登记管理工作标准
242102	税种税金计算工作标准
242103	税务申报工作标准
242104	税种税金缴纳工作标准
2422	财务费用绩效考评工作
242201	财务费用绩效考评办法制定工作标准
242202	财务费用绩效考评办法修订工作标准
242203	财务费用绩效考评办法执行工作标准
242204	财务费用绩效日常考评工作标准

4.25 企业风险控制与保险岗位

4.25.1 企业风险控制与保险岗位说明

企业风险控制与保险岗位属于财会部门所有者权益类岗位。风险控制与保险岗位承担企业内部经营风险控制和办理各种资产保险的工作，其工作目标是合理保证单位经营管理合法合规、资产安全、财务报告及相关信息真实完整，提高经营效率和效果，促进企业实现发展战略，核心是从财务角度保障企业资产安全。

4.25.2 企业风险控制与保险岗位工作思路导图

参见图4-27。

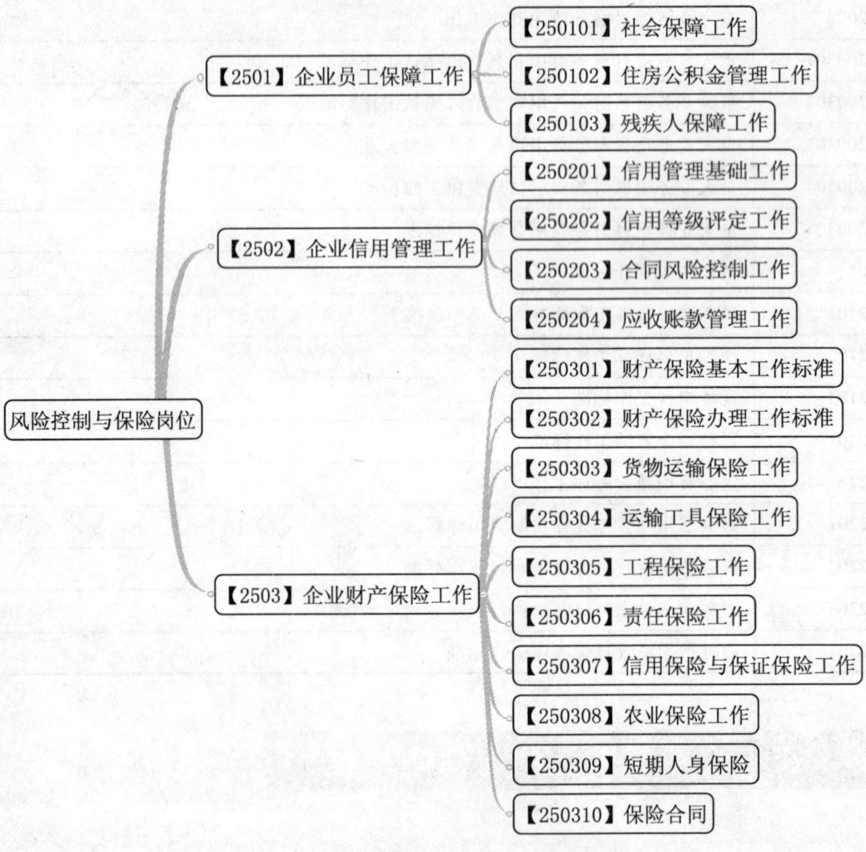

图4-27 企业风险控制与保险岗位工作思路导图

4.25.3 企业风险控制与保险岗位工作标准目录

参见表4－25。

表4－25　　企业风险控制与保险岗位工作标准目录

编　码	名　称
25	风险控制与保险岗位
2501	企业员工保障工作
250101	社会保障工作
25010101	社会保险工作
2501010101	社保申报工作标准
2501010102	社保征缴监督工作标准
2501010103	社保缴纳工作标准
2501010104	社保登记工作标准
25010102	养老保险工作
2501010201	企业年金移交工作标准
2501010202	企业职工养老保险缴纳工作标准
2501010204	企业职工养老保险账户管理工作标准
2501010205	企业职工养老保险账户变更工作标准
25010103	医疗保险工作
2501010301	基本医疗保险医疗服务管理工作标准
2501010302	医疗服务范围界定工作标准
2501010303	医疗服务结算工作标准
2501010304	医疗服务儿童用药范围工作标准
2501010305	国家企业会计公务员医疗补助工作标准
2501010306	医疗保险定点销售工作标准
2501010307	退役军人医疗保险工作标准
25010104	失业保险工作
2501010401	军队企业会计事业单位失业保险申办工作标准
2501010402	破产企业职工失业保险申办工作标准
2501010403	外派出境处理工作标准

续表

编　码	名　称
2501010404	刑满及解除劳教人员失业保险申办工作标准
2501010405	金融行业职工失业保险申办工作标准
25010105	工伤保险工作
2501010501	职工非因工伤残或因病丧失劳动能力程度鉴定工作标准
2501010502	劳动能力鉴定工作标准
2501010503	新旧劳动能力鉴定工作标准
2501010504	工伤认定申办工作标准
2501010505	非法用工单位伤亡人员赔偿工作标准
2501010506	农民工工伤保险申办工作标准
2501010507	工伤保险赔偿工作标准
25010106	生育保险工作
2501010601	生育保险范围工作标准
2501010602	企业职工生育保险缴纳工作标准
250102	住房公积金管理工作
25010201	住房公积金申报工作标准
25010202	住房公积金征缴监督工作标准
25010203	住房公积金缴存工作标准
25010204	住房公积金支取工作标准
25010205	住房公积金违规处罚工作标准
250103	残疾人保障工作
25010301	残疾人就业保障金缴纳工作标准
25010302	残疾人就业保障违规处罚工作标准
2502	企业信用管理工作
250201	信用管理基础工作
25020101	信用管理制度建立工作标准
25020102	信用审核流程建立工作标准
25020103	客户资信管理工作标准
25020104	客户档案建立工作标准
25020105	收集客户信息工作标准

续表

编　码	名　称
25020106	识别客户风险工作标准
250202	信用等级评定工作
25020201	客户信用等级评定工作标准
25020202	建立信用评估模型工作标准
25020203	申请信用额度工作标准
25020204	客户信用等级审核工作标准
25020205	税务信用等级申评工作标准
25020206	财务会计信用等级申评工作标准
250203	合同风险控制工作
25020301	合同财务管理工作标准
25020302	合同约定条款审核工作标准
25020303	定金处理工作标准
25020304	订单管理工作标准
25020305	停发货及恢复发货工作标准
25020306	债权保障工作标准
25020307	违约金处理工作标准
250204	应收账款管理工作
25020401	应收账款管理工作标准
25020403	识别客户拖欠行为工作标准
2503	企业财产保险工作
250301	财产保险基本工作标准
25030101	投保工作标准
2503010101	财产保险投保方案制定工作标准
2503010102	财产保险投保办理工作标准
2503010103	财产保险附加险投保办理工作标准
2503010104	财产保险特约险投保办理工作标准
25030102	索赔工作标准
2503010201	财产保险索赔方案制定工作标准
2503010202	财产保险索赔办理工作标准

续表

编 码	名 称
2503010203	财产保险附加险索赔办理工作标准
2503010204	财产保险特约险索赔办理工作标准
25030103	续保工作标准
2503010301	财产保险续保办理工作标准
25030104	退保工作标准
2503010401	财产保险退保办理工作标准
25030105	变更工作标准
2503010501	财产保险变更办理工作标准
250302	财产保险办理工作标准
25030201	企业财产保险基本险投保办理工作标准
25030202	企业财产保险基本险索赔办理工作标准
25030203	企业财产保险综合险投保办理工作标准
25030204	企业财产保险综合险索赔办理工作标准
25030205	企业财产保险（涉外）投保办理工作标准
25030206	企业财产保险（涉外）索赔办理工作标准
25030207	企业财产一切险投保办理工作标准
25030208	企业财产一切险索赔办理工作标准
25030209	机器损坏保险投保办理工作标准
25030210	机器损坏保险索赔办理工作标准
25030211	计算机保险投保办理工作标准
25030212	计算机保险索赔办理工作标准
25030213	现金保险投保办理工作标准
25030214	现金保险索赔办理工作标准
25030215	锅炉压力容器综合保险投保办理工作标准
25030216	锅炉压力容器综合保险索赔办理工作标准
25030217	电梯综合保险投保办理工作标准
25030218	电梯综合保险索赔办理工作标准
25030219	石油与天然气钻井一切险投保办理工作标准
25030220	石油与天然气钻井一切险索赔办理工作标准

续表

编 码	名 称
25030221	石油设备一切险投保办理工作标准
25030222	石油设备一切险索赔办理工作标准
25030223	钻井船一切险投保办理工作标准
25030224	钻井船一切险索赔办理工作标准
25030225	个体工商户财产保险投保办理工作标准
25030226	个体工商户财产保险索赔办理工作标准
25030227	汽车经销商综合保险投保办理工作标准
25030228	汽车经销商综合保险索赔办理工作标准
25030229	汽车修理厂综合保险投保办理工作标准
25030230	汽车修理厂综合保险索赔办理工作标准
25030231	小型企业综合保险投保办理工作标准
25030232	小型企业综合保险索赔办理工作标准
25030233	餐饮、娱乐场所综合保险投保办理工作标准
25030234	餐饮、娱乐场所综合保险索赔办理工作标准
25030235	煤矿财产保险投保办理工作标准
25030236	煤矿财产保险索赔办理工作标准
250303	货物运输保险工作
25030301	国内货物运输保险工作
2503030101	公路货物运输保险投保办理工作标准
2503030102	公路货物运输保险索赔办理工作标准
2503030103	铁路货物运输保险投保办理工作标准
2503030104	铁路货物运输保险索赔办理工作标准
2503030105	水路货物运输保险投保办理工作标准
2503030106	水路货物运输保险索赔办理工作标准
2503030107	航空货物运输保险投保办理工作标准
2503030108	航空货物运输保险索赔办理工作标准
2503030109	公路货物运输单程定额保险投保办理工作标准
2503030110	公路货物运输单程定额保险索赔办理工作标准
2503030111	公路货物运输定期定额保险投保办理工作标准

续表

编　码	名　称
2503030112	公路货物运输定期定额保险索赔办理工作标准
2503030113	国内航空旅客行李保险投保办理工作标准
2503030114	国内航空旅客行李保险索赔办理工作标准
2503030115	货物运输预约保险投保办理工作标准
2503030116	货物运输预约保险索赔办理工作标准
2503030117	货物运输协议保险投保办理工作标准
2503030118	货物运输协议保险索赔办理工作标准
2503030119	货物联运保险投保办理工作标准
2503030120	货物联运保险索赔办理工作标准
25030302	进出口货物运输保险工作
2503030201	进口货物运输保险投保办理工作标准
2503030202	进口货物运输保险索赔办理工作标准
2503030203	出口货物运输保险投保办理工作标准
2503030204	出口货物运输保险索赔办理工作标准
250304	运输工具保险工作
25030401	机动车辆保险工作标准
2503040102	机动车交通事故责任强制保险投保办理工作标准
2503040103	机动车交通事故责任强制保险索赔办理工作标准
2503040104	车辆损失保险投保办理工作标准
2503040105	车辆损失工作标准
2503040106	第三者责任保险投保办理工作标准
2503040107	第三者责任保险索赔办理工作标准
2503040108	车上人员责任保险投保办理工作标准
2503040109	车上人员责任保险索赔办理工作标准
2503040110	机动车辆保险附加险投保办理工作标准
2503040111	机动车辆保险附加险索赔办理工作标准
25030402	船舶保险工作
2503040201	远洋船舶一切保险投保办理工作标准
2503040202	远洋船舶一切保险索赔办理工作标准

续表

编 码	名 称
2503040203	远洋船舶全损险投保办理工作标准
2503040204	远洋船舶全损险索赔办理工作标准
2503040205	远洋船东保赔险投保办理工作标准
2503040206	远洋船东保赔险索赔办理工作标准
2503040207	沿海内河船舶一切险投保办理工作标准
2503040208	沿海内河船舶一切险索赔办理工作标准
2503040209	沿海内河船舶全损险投保办理工作标准
2503040210	沿海内河船舶全损险索赔办理工作标准
2503040211	沿海内河船舶建造险投保办理工作标准
2503040212	沿海内河船舶建造险索赔办理工作标准
2503040213	渔船险投保办理工作标准
2503040214	渔船险索赔办理工作标准
2503040215	沿海内河船舶一切险（定额）投保办理工作标准
2503040216	沿海内河船舶一切险（定额）索赔办理工作标准
25030403	飞机保险工作
2503040301	小型飞机险投保办理工作标准
2503040302	小型飞机险索赔办理工作标准
2503040303	机身一切险和发动机配件免赔额险投保办理工作标准
2503040304	机身一切险和发动机配件免赔额险索赔办理工作标准
2503040305	飞机机身政治风险保险投保办理工作标准
2503040306	飞机机身政治风险保险索赔办理工作标准
25030404	火箭卫星保险工作
2503040401	卫星发射前保险投保办理工作标准
2503040402	卫星发射前保险索赔办理工作标准
2503040403	运载火箭及意向点火到起飞险投保办理工作标准
2503040404	运载火箭及意向点火到起飞险索赔办理工作标准
2503040405	卫星发射及在轨测试险投保办理工作标准
2503040406	卫星发射及在轨测试险索赔办理工作标准
2503040407	卫星在轨运行险投保办理工作标准

续表

编　码	名　称
2503040408	卫星在轨运行险索赔办理工作标准
250305	工程保险工作
25030501	建筑、安装工程险投保办理工作标准
25030502	建筑、安装工程险索赔办理工作标准
25030503	建筑工程一切险投保办理工作标准
25030504	建筑工程一切险索赔办理工作标准
25030505	海上石油建造险投保办理工作标准
25030506	海上石油建造险索赔办理工作标准
250306	责任保险工作
25030601	公众责任保险工作标准
2503060103	公共营业场所火灾责任险投保办理工作标准
2503060104	公共营业场所火灾责任险索赔办理工作标准
2503060105	公众责任保险投保办理工作标准
2503060106	公众责任保险索赔办理工作标准
25030602	雇主责任保险工作
2503060205	建设施工企业职工意外伤害（责任）保险投保办理工作标准
2503060206	建设施工企业职工意外伤害（责任）保险索赔办理工作标准
25030603	职业责任保险工作标准
25030604	产品责任保险工作
2503060401	产品责任险投保办理工作标准
2503060402	产品责任险索赔办理工作标准
2503060405	信用卡险投保办理工作标准
2503060406	信用卡险索赔办理工作标准
250307	信用保险与保证保险工作
25030701	通用贷款类保证险投保办理工作标准
25030702	通用贷款类保证险索赔办理工作标准
25030703	雇员忠诚保证险投保办理工作标准
25030704	雇员忠诚保证险索赔办理工作标准
25030705	产品质量保证险投保办理工作标准

续表

编　码	名　称
25030706	产品质量保证险索赔办理工作标准
25030707	住宅质量保证险投保办理工作标准
25030708	住宅质量保证险索赔办理工作标准
25030709	外派劳务人员履约保证险投保办理工作标准
25030710	外派劳务人员履约保证险索赔办理工作标准
25030711	个人耐用消费品贷款信用保证险投保办理工作标准
25030712	个人耐用消费品贷款信用保证险索赔办理工作标准
25030713	医疗设备还款保证险投保办理工作标准
25030714	医疗设备还款保证险索赔办理工作标准
25030715	银行信贷资产转让履约保证险投保办理工作标准
25030716	银行信贷资产转让履约保证险索赔办理工作标准
25030717	农村信贷意外伤害还贷保证险投保办理工作标准
25030718	农村信贷意外伤害还贷保证险索赔办理工作标准
25030719	中小企业抵押贷款保证险投保办理工作标准
25030720	中小企业抵押贷款保证险索赔办理工作标准
25030721	建筑质量保证险投保办理工作标准
25030722	建筑质量保证险索赔办理工作标准
25030723	个人住房贷款抵押保证险投保办理工作标准
25030724	个人住房贷款抵押保证险索赔办理工作标准
250308	农业保险工作
25030801	种植业、养殖业保险工作标准
2503080101	种植业、养殖业保险投保办理工作标准
2503080102	种植业、养殖业保险索赔办理工作标准
25030802	种植业保险
25030803	养殖业保险
250309	短期人身保险
25030901	人身意外伤害保险
25030902	医疗保险
250310	保险合同

续表

编　码	名　称
25031001	原保险合同
2503100101	原保险合同确定工作标准
2503100102	原保险合同保费收入确认工作标准
2503100103	原保险合同保费收入计量工作标准
2503100104	提前解除原保险合同会计处理工作标准
2503100105	提取未到期责任准备金工作标准
2503100106	提取未决赔款准备金工作标准
2503100107	提取寿险、长期健康险责任准备金工作标准
2503100108	准备金充足性测试工作标准
2503100109	手续费或佣金支出会计处理工作标准
2503100110	赔付支出会计处理工作标准
2503100111	保护红利支出会计处理工作标准
2503100112	损余物资会计处理工作标准
2503100113	代位追赔款会计处理工作标准
2503100114	原保险合同列包工作标准
25031002	再保险合同
2503100201	分出业务会计处理工作标准
2503100202	分出保费会计处理工作标准
2503100203	应受分保准备金会计处理工作标准
2503100204	摊回分保费用会计处理工作标准
2503100205	摊回分保赔付成本会计处理工作标准
2503100206	分出业务调整事项会计处理工作标准
2503100207	分保费收入确认工作标准

4.26 股东权益管理与核算岗位

4.26.1 股东权益管理与核算岗位说明

股东权益管理与核算岗位属于财会部门所有者权益类岗位。股东权益管理与核算岗位是基于企业投资来源的多渠道与上市企业中小股东的利益要求，准确核算企业投资者资产安全和正确制定收益分配政策，监督财务报告及相关信息真实完整，实现股东投资效率和效果。

4.26.2 股东权益管理与核算岗位工作思路导图

参见图4-28。

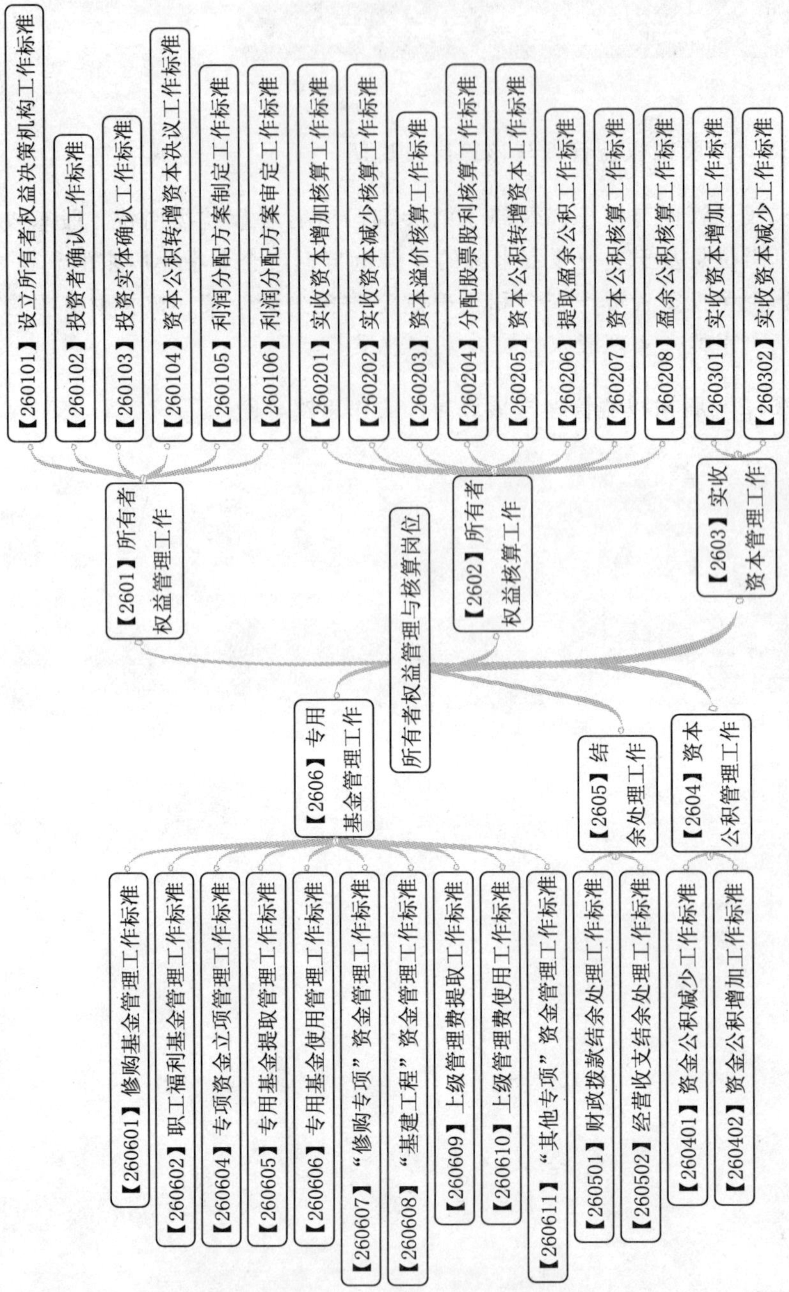

图4-28 股东权益管理与核算岗位工作思路导图

4.26.3　股东权益管理与核算岗位工作标准目录

参见表4－26。

表4－26　　股东权益管理与核算岗位工作标准目录

编　码	名　称
26	所有者权益管理与核算岗位
2601	所有者权益管理工作
260101	设立所有者权益决策机构工作标准
260102	投资者确认工作标准
260103	投资实体确认工作标准
260104	资本公积转增资本决议工作标准
260105	利润分配方案制定工作标准
260106	利润分配方案审定工作标准
2602	所有者权益核算工作
260201	实收资本增加核算工作标准
260202	实收资本减少核算工作标准
260203	资本溢价核算工作标准
260204	分配股票股利核算工作标准
260205	资本公积转增资本工作标准
260206	提取盈余公积工作标准
260207	资本公积核算工作标准
260208	盈余公积核算工作标准
2603	实收资本管理工作
260301	实收资本增加工作标准
260302	实收资本减少工作标准
2604	资本公积管理工作
260401	资本公积减少工作标准
260402	资本公积增加工作标准
2605	结余处理工作
260501	财政拨款结余处理工作标准

续表

编　码	名　称
260502	经营收支结余处理工作标准
2606	专用基金管理工作
260601	修购基金管理工作标准
260602	职工福利基金管理工作标准
260604	专项资金立项管理工作标准
260605	专用基金提取管理工作标准
260606	专用基金使用管理工作标准
260607	“修购专项”资金管理工作标准
260608	“基建工程”资金管理工作标准
260609	上级管理费提取工作标准
260610	上级管理费使用工作标准
260611	“其他专项”资金管理工作标准

第5章　企业财会工作标准样板分析

5.1 财务审批工作标准样板

标准编码：2406

标准名称：财务审批工作标准

5.1.1 工作标准名称释义

财务审批工作标准是指企业负有财务审批权限的管理部门或职能管理部门负责人在业务经济事项办理书面材料中完成财务审批的工作规范。

5.1.2 工作标准基本内容

工作核心目标	完成办理业务事项的财务审批工作	
工作开始时间	整理、准备需审批的有关经济业务事项时	
工作结束时间	经济事项经各级审批完成时	
相关工作地点	业务部门办公地 财务部门办公地	各职能管理部门所在地 董事会办公地
相关工作单位	财务部门 各职能管理部门	业务经办单位 董事会
相关工作人员	会计机构负责人 相关会计工作岗位 业务经办人	经理层审批人 法人代表 业务单位负责人
备　注		

5.1.3 工作标准所需资料

资料类型	编码	资料名称	单位	原件数	复印数
事前准备资料	01	财务审批格式要求填报资料	份	1	0
	02	财务审批要求原始文件资料	份	1	0
	03	财务审批业务事项说明资料	份	1	0
事中产生资料	04	财务审批过程要求补充的资料	份	1	0
		财务审批过程要求补充的文件	份	1	0
事后结果资料	05	经签字或用印完成的审批资料	份	1	0
	06	下达审批文件	份	1	0
技术要求资料	07	公司董事会议事规则	份	1	0
	08	公司总经理工作条例	册	1	0
	09	企业筹资活动管理制度	份	1	0
	10	企业投资活动管理制度	份	1	0
	11	公司营运资金活动管理制度	份	1	0
	12	授权审批制度	份	1	0

5.1.4 相关工作标准

标准编码	标准名称
2403	财务审批流程设置工作标准

5.1.5 工作标准流程图

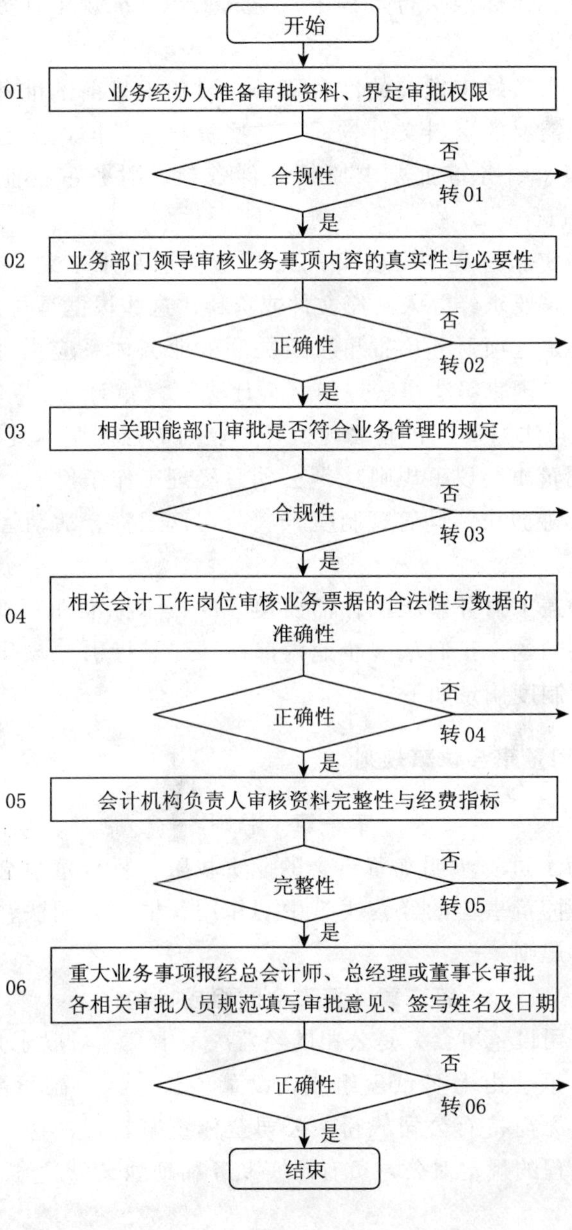
开始
01
业务经办人准备审批资料、界定审批权限
合规性
否
转 01
是
02
业务部门领导审核业务事项内容的真实性与必要性
正确性
否
转 02
是
03
相关职能部门审批是否符合业务管理的规定
合规性
否
转 03
是
04
相关会计工作岗位审核业务票据的合法性与数据的准确性
正确性
否
转 04
是
05
会计机构负责人审核资料完整性与经费指标
完整性
否
转 05
是
06
重大业务事项报经总会计师、总经理或董事长审批
各相关审批人员规范填写审批意见、签写姓名及日期
正确性
否
转 06
是
结束

5.2 财务审批工作标准所需资料内容

在财务审批工作标准执行过程中，完成工作标准规定任务，核心都体现在文档资料形式上。

工作标准要求做好审批前的准备工作，财务审批前的准备工作更多体现在做好财务审批需要的资料文件方面，这些资料文件的内容包括财务审批格式要求填报资料、财务审批要求原始文件资料、财务审批业务事项说明资料等。

在工作标准实施过程中，各审批人要求经办人补充文件或资料，那么，审批人根据什么来要求经办人补充文件或资料，这些根据是什么？

这些根据就是这项财务审批事项所关联的业务体系应当遵守的规章制度即技术要求资料。国家级法律法规如《会计法》、《审计法》、《招标采购法》、《预算法》、《公司法》等，行业法规如《企业内部控制基本规范》，企业级制度规章如《公司董事会议事规则》、《公司总经理工作条例》、《企业筹资活动管理制度》、《企业投资活动管理制度》、《公司营运资金活动管理制度》、《授权审批制度》等。

这些制度涵盖了财务审批工作需要遵守的技术标准和管理标准。为了更明晰地表述这些问题，我们从《企业内部控制配套指引》操作指南中选择有代表性企业管理制度摘录如下。

5.2.1 公司董事会议事规则

第一章 总则

第一条 为了进一步明确董事会的职责权限，规范董事会内部机构及运作程序，充分发挥董事会的经营决策中心作用，根据公司法、公司章程及有关规定，制定本规则。

第二章 董事会的组成机构

第二条 公司设董事会，是公司的经营决策中心，对股东大会负责。

第三条 董事会由七名董事组成，设董事长一人，副董事长一至二人。董事为自然人，无需持有公司股份。公司全体董事根据法律、行政法规、部门规章和公司章程的规定对公司负有忠实义务和勤勉义务。

第四条 公司董事会成员中应当有1/3以上独立董事，其中至少一名会计专业人士。

第五条 董事由股东大会选举或更换，每届任期三年，任期从股东大会通过之日起计算，至本届董事会任期届满时为止。董事任期届满，可连选连任。董事在任期届满前，股东大会不得无故解除其职务。

非独立董事候选人名单由上届董事会或连续180个交易日单独或合计持有公司发行在外有表决权股份总数3%以上的股东提出。独立董事的选举根据有关法规执行。

第六条 董事因故离职，补选董事任期从股东大会通过之日起计算，至本届董事会任期届满时为止。董事任期届满未及时改选，在改选出的董事就任前，原董事仍应当依照法律、行政法规、部门规章和公司章程的规定，履行董事职务。

第七条 董事会按照股东大会决议可以设立审计委员会、投资与决策委员会、薪酬与提名委员会等专门委员会。专门委员会成员全部由董事组成，其中审计委员会、薪酬与提名委员会中独立董事应占多数并担任召集人，审计委员会中至少有一名独立董事是会计专业人士。

各专门委员会下设工作小组，负责日常工作联络和会议组织等工作。

董事会专门委员会的职责、议事程序等工作实施细则由董事会另行制定。

第八条 董事会设董事会秘书，负责公司股东大会和董事会会议的筹备，管理公司股权、证券和有关法律文件档案及公司董事会的有关资料，办理信息披露等事务。董事会秘书由董事长提名，经董事会聘任或解聘。

董事会秘书应遵守法律、行政法规、部门规章及公司章程的有关规定。

第九条 董事会秘书可组织人员承办董事会日常工作。

第三章 董事会及董事长的职权

第十条 公司董事会应当在公司法、证券法、公司章程和本规则规定的范围内行使职权。

董事会应当严格按照股东大会和本公司章程的授权行事，不得越权形成决议。

第十一条 董事会的决策程序为：

1. 投资决策程序：董事会委托总经理组织有关人员拟订公司中长期发展规划、年度投资计划和重大项目的投资方案，提交董事会审议，形成董事会决议；对于需提交股东大会的重大经营事项，按程序提交股东大会审议通过，由总经理组织实施。

2. 财务预决算工作程序：董事会委托总经理组织有关人员拟订公司年度财务预决算、利润分配和亏损弥补等方案，提交董事会；董事会制订方案，提请股东大会审议通过后，由总经理组织实施。

3. 人事任免程序：根据董事会、总经理在各自的职权范围内提出的人事任免提名，由公司组织人事部门考核，向董事会提出任免意见，报董事会审批。

4. 重大事项工作程序：董事长在审核签署由董事会决定的重大事项的文件前，应对有关事项进行研究，判断其可行性，经董事会通过并形成决议后再签署意见，以减少决策失误。

第十二条　董事长根据法律、行政法规、公司章程的规定及股东大会、董事会决议行使其职权和承担相应义务。

第十三条　董事会授权董事长在董事会闭会期间行使董事会部分职权的，原则上应针对具体事件或有具体金额限制，授权内容应当明确、具体。凡涉及公司重大利益的事项应由董事会集体决策。

第十四条　公司副董事长协助董事长工作，董事长不能履行职务或者不履行职务的，由副董事长履行职务；副董事长不能履行职务或者不履行职务的，由半数以上董事共同推举一名董事履行职务。

（略）

5.2.2　公司总经理工作条例

第一章　总则

第一条　为进一步完善公司治理结构，依照中华人民共和国公司法、中汇会计集团有限公司章程和相关规定，特制定本条例。

第二条　本条例适用于中汇会计集团有限公司（简称本公司）。

第三条　本公司设置总经理一名，由董事长提名，董事会聘任或解聘。总经理主持公司日常生产经营和管理工作，组织实施本公司董事会决议，对董事会负责。

（略）

第二章　总经理的权限

第十条　总经理行使下列职权：

1. 组织实施董事会的决议，全面主持公司的日常生产经营与管理等工作，并向董事会报告工作；

2. 拟订公司中长期发展规划、重大投资项目及年度生产经营计划；

3. 拟订公司年度财务预决算方案、公司税后利润分配方案、弥补亏损方案和公司资产用于抵押融资的方案；

4. 拟订公司增加或减少注册资本和发行公司债券的建议方案；

5. 拟订公司内部经营管理机构设置方案；

6. 拟订公司员工工资方案和奖惩方案；

7. 拟订公司基本管理制度，制订公司具体规章；

8. 提请董事会聘任或解聘副总经理及财务负责人；

9. 决定公司应由董事会聘任或者解聘以外的管理人员的任免；

10. 决定公司员工的聘用、升级、加薪、奖惩与辞退；

11. 审批公司日常经营管理中的各项费用支出；

12. 非董事总经理列席董事会，有提议召开董事会临时会议的权利，但在董事会上没有表决权；

13. 公司章程和董事会授予的其他职权。

第十一条　副总经理主要职权：

1. 副总经理作为总经理的助手，受总经理委托分管部门的工作，对总经理负责并在职责范围内签发有关的业务文件；

2. 总经理不在时，副总经理受总经理委托代行总经理职权。

（略）

第三章　企业组织架构

第十四条　日常经营管理工作程序：

1. 投资项目工作程序：总经理主持实施企业的投资计划。在确定投资项目时，应建立可行性研究制度，公司负责项目或投资的相关部门应将项目可行性报告等有关资料，提交公司项目听证会或集团办公会审议并提出意见，经董事会批准后实施；投资项目实施后，应确定项目执行和项目监督人，执行和跟踪检查项目实施情况；项目完成后，按照有关规定进行项目审计。

2. 人事任免工作程序：总经理在提名公司副总经理、财务负责人时，应事先征求有关方面的意见，由董事会决定任免。

3. 财务管理工作程序：大额款项支出，应由总经理和财务部经理联签；重要财务支出，应由使用部门提出报告，财务部门审核，总经理批准；日常的费用支出，应本着降低费用、严格管理的原则，由使用部门审核，并根据相关授权规定由部门总经理或集团主管副总批准。

4. 贷款担保工作程序：总经理可在董事会给董事长的授权额度内根据董事长授权决定对资信良好的属下企业和关联企业的贷款给予担保。担保前应由财务部门就被担保方的申请进行充分评估，提出意见，报总经理批准；同意给予担保后，总经理应与被担保方签订担保协议书，并责成财务部门在担保期内随时了解贷款人贷款的使用和经营财务状况，发现问题及时采取补救措施；贷款到期，总经理和财务部门应及时督促贷款人按时归还贷款，同时解除担保并将其相关文件存档备查。

5. 公司对于其他重要工作，应根据具体情况，参照上述有关程序的内容，制定其工作程序。

（略）

5.2.3　企业筹资活动管理制度

第一章　总则

第一条　为了引导企业加强对筹资业务的内部控制，控制筹资风险，降低筹资成本，防止筹资过程中的差错与舞弊，根据国家有关法律法规和企业内部控制基本规范以及《企业内部控制应用指引第6号——资金活动》制定本制度。

第二条　本制度所称筹资，是指企业为了满足生产经营发展需要，通过银行借款或者发行股票、债券等形式筹集资金的活动。

第三条　企业在建立与实施筹资活动内部控制中，至少应当强化对下列关键方面或者关键环节的控制：

1. 职责分工、权限范围和审批程序应当明确规范，机构设置和人员配备应当科学、合理。

2. 筹资决策、执行与偿付等环节的控制流程应当清晰合理，筹资方案的拟订与审批、筹资合同协议的审核和签订、筹集资金的收取与使用、还本付息的审批与办理等应当有明确规定。

3. 筹资活动的确认、计量和报告应当符合国家统一的会计制度的规定。

第二章　岗位分工与授权批准

第四条　企业应当建立筹资业务的岗位责任制，明确有关部门和岗位的职责、权限，确保办理筹资业务的不相容岗位相互分离、制约和监督。同一部门或个人不得办理筹资业务的全过程。

筹资业务的不相容岗位至少包括：

1. 筹资方案的拟订与决策。
2. 筹资合同或协议的审批与订立。
3. 与筹资有关的各种款项偿付的审批与执行。
4. 筹资业务的执行与相关会计记录。

第五条　企业应当配备合格的人员办理筹资业务。办理筹资业务的人员应具备必要的筹资业务专业知识和良好的职业道德，熟悉国家有关法律法规、相关国际惯例及金融业务。

第六条　企业应当对筹资业务建立严格的授权批准制度，明确授权批准方式、程序和相关控制措施，规定审批人的权限、责任以及经办人的职责范围和工作要求。

第七条　企业应当制定筹资业务流程，明确筹资决策、执行、偿付等环节的内部控制要求，并设置相应的记录或凭证，如实记载各环节业务的开展情况，确保筹资全过程得到有效控制。

第八条　企业应当建立筹资决策、审批过程的书面记录制度以及有关合同或协议、收款凭证、支付凭证等资料的存档、保管和调用制度，加强对与筹资业务有关的各种文件和凭据的管理，明确相关人员的职责权限。

第三章　筹资决策

第九条　企业应当建立筹资业务决策环节的控制制度，对筹资方案的拟订设计、筹资决策程序等做出明确规定，确保筹资方式符合成本效益原则，筹资决策科学、合理。

第十条　企业拟订的筹资方案应当符合国家有关法律法规、政策和企业筹资预算要求，明确筹资规模、筹资用途、筹资结构、筹资方式和筹资对象，并对筹资时机选择、预计筹资成本、潜在筹资风险和具体应对措施以及偿债计划等做出安排和说明。

企业拟订筹资方案，应当考虑企业经营范围、投资项目的未来效益、目标债务结构、可接受的资金成本水平和偿付能力。

在境外筹集资金的，还应当考虑筹资所在地的政治、法律、汇率、利率、环保、信息安全等风险以及财务风险等因素。

第十一条　企业对重大筹资方案应当进行风险评估，形成评估报告，报董事会或股东大会审批。评估报告应当全面反映评估人员的意见，并由所有评估人员签章。未经风险评估的方案不能进行筹资。

企业应当拟定多于一个的筹资方案，综合考虑筹资成本和风险评估等因素，对方案进行比较分析后，履行相应的审批程序后，确定最终的筹资方案。

第十二条　企业对于重大筹资方案，应当实行集体决策审批或者联签制度。决策过程应有完整的书面记录。企业筹资方案需经国家有关管理部门或上级主管单位批准的，应及时报请批准。

第十三条　企业应当建立筹资决策责任追究制度，明确相关部门及人员的责任，定期或不定期地进行检查。

第四章　筹资执行

第十四条　企业应当建立筹资决策执行环节的控制制度，对筹资合同协议的订立与审核、资产的收取等做出明确规定。

第十五条　企业应当根据经批准的筹资方案，按照规定程序与筹资对象，与中介机构订立筹资合同或协议。企业相关部门或人员应当对筹资合同或协议的合法性、合理性、完整性进行审核，审核情况和意见应有完整的书面记录。

筹资合同或协议的订立应当符合《中华人民共和国合同法》及其他相关法律法规的规定，并经企业有关授权人员批准。重大筹资合同或协议的订立，应当征询法律顾问或专家的意见。

企业筹资通过证券经营机构承销或包销企业债券或股票的，应当选择具备规定资质和资信良好的证券经营机构，并与该机构签订正式的承销或包销合同或协议。

企业变更筹资合同或协议，应当按照原审批程序进行。

第十六条　企业应当按照筹资合同或协议的约定及时足额取得相关资产。

企业取得货币性资产，应当按实有数额及时入账。

企业取得非货币性资产，应当根据合理确定的价值及时进行会计记录，并办理有关财产转移手续。对需要进行评估的资产，应当聘请有资质的中介机构及时进行评估。

第十七条 企业应当加强对筹资费用的计算、核对工作，确保筹资费用符合筹资合同或协议的规定。

企业应当结合偿债能力、资金结构等，保持合理的现金流量，确保及时、足额偿还到期本金、利息或已宣告发放的现金股利等。

第十八条 企业应当按照筹资方案所规定的用途使用对外筹集的资金。由于市场环境变化等特殊情况导致确需改变资金用途的，应当履行审批手续，并对审批过程进行完整的书面记录。严禁擅自改变资金用途。

企业应建立持续符合筹资合同协议条款的控制制度，其中应包括预算不符合条款要求的预警和调整制度。

国家法律、行政法规或者监管协议规定应当披露的筹资业务，企业应及时予以公告和披露。

第五章 筹资偿付

第十九条 企业应当建立筹资业务偿付环节的控制制度，对支付偿还本金、利息、租金、股利（利润）等步骤、偿付形式等做出计划和预算安排，并正确计算、核对，确保各项款项偿付符合筹资合同或协议的规定。

第二十条 企业应当指定财会部门严格按照筹资合同或协议规定的本金、利率、期限及币种计算利息和租金，经有关人员审核确认后，与债权人进行核对。本金与应付利息必须和债权人定期对账。如有不符，应查明原因，按规定及时处理。

第二十一条 企业支付筹资利息、股息、租金等，应当履行审批手续，经授权人员批准后方可支付。

企业通过向银行等金融机构举借债务筹资，其利息的支付方式也可按照双方在合同、协议中约定的方式办理。

第二十二条 企业委托代理机构对外支付债券利息，应清点、核对代理机构的利息支付清单，并及时取得有关凭据。

第二十三条 企业应当按照股利（利润）分配方案发放股利（利润），股利（利润）分配方案应当按照企业章程或有关规定，按权限审批。

企业委托代理机构支付股利（利润），应清点、核对代理机构的股利（利润）支付清单，并及时取得有关凭据。

第二十四条　企业以非货币资产偿付本金、利息、租金或支付股利（利润）时，应当由相关机构或人员合理确定其价值，并报授权批准部门批准，必要时可委托具有相应资质的中介机构进行评估。

第二十五条　企业财会部门在办理筹资业务款项偿付过程中，发现已审批拟偿付的各种款项的支付方式、金额或币种等与有关合同或协议不符的，应当拒绝支付并及时向有关部门报告，有关部门应当及时查明原因，做出处理。

第二十六条　企业以抵押、质押方式筹资，应当对抵押物资进行登记。业务终结后，应当对抵押或质押资产进行清理、结算、收缴，及时注销有关担保内容。

第二十七条　企业以融资租赁形式筹资，其内部控制应当参照本规范执行。

第二十八条　企业筹资业务的会计处理，应当符合国家统一的会计制度的规定。

第六章　附则

第二十九条　本制度由公司董事会审议批准后生效。

5.2.4　企业投资活动管理制度

第一章　总则

第一条　为了加强企业投资活动资金管理的内部控制，防范投资风险，保证投资安全，提高投资效益，依据企业内部控制基本规范和《企业内部控制应用指引第6号——资金活动》，特制定本制度。

第二条　企业投资包括对子公司投资、对联营企业投资和对合营企业投资及投资企业持有的对被投资单位不具有共同控制或重大影响，并且在活跃市场中没有报价、公允价值不能可靠计量的权益性投资。

第二章　职责分工与授权批准

第三条　企业应当建立投资业务的岗位责任制，明确相关部门和岗位的职责权限，确保办理投资业务的不相容岗位相互分离、制约和监督。

投资业务不相容岗位至少应当包括：

1. 投资项目的可行性研究与评估；

2. 投资的决策与执行；

3. 投资处置的审批与执行；

4. 投资绩效评估与执行。

第四条　企业应当配备合格的人员办理对外投资业务。办理对外投资业务的人员应当具备良好的职业道德，掌握金融、投资、财会、法律等方面的专业知识。

第五条　企业应当建立投资授权制度和审核批准制度，并按照规定的权限和程序办理投资业务。

第六条　企业应当根据投资类型制定相应的业务流程，明确投资中主要业务环节的责任人员、风险点和控制措施等。

企业应当设置相应的记录或凭证，如实记载投资业务各环节的开展情况。

企业应当明确各种与投资业务相关文件资料的取得、归档、保管、调阅等各个环节的管理规定及相关人员的职责权限。

第三章　投资可行性研究、评估与决策

第七条　企业应当根据企业发展战略的需要做出相应的对外投资。由于对外投资金额大，投资回收期长，面临的风险也较大，因此，企业应当严格履行科学的投资程序，确保投资决策合法、科学、合理。

第八条　企业应当编制投资项目建议书，由相关部门或人员对投资项目进行分析与论证，对被投资企业资信情况进行尽职调查或实地考察，并关注被投资企业管理层或实际控制人的能力、资信等情况。投资项目如有其他投资者，应当根据情况对其他投资者的资信情况进行了解或调查。

第九条　企业应当由相关部门或人员或委托具有相应资质的专业机构对投资项目进行可行性研究，编制可行性研究报告，重点对投资项目的目标、规模、投资方式、投资的风险与收益等进行评价。

第十条　企业应当由相关部门或人员或委托具有相应资质的专业机构对可行性研究报告进行独立评估，形成评估报告。对重大投资项目，必须委托具有相应资质的专业机构对可行性研究报告进行独立评估。

第十一条　企业应当根据经股东大会（或者企业章程规定的类似权力机构）批准的年度投资计划，按照职责分工和审批权限，对投资项目进行决策审批。重大的投资项目，应当根据公司章程及相应权限报经股东大会或董事会（或者企业章程规定的类似决策机构）批准。

企业可以设立投资审查委员会或者类似机构，对达到一定标准的投资项目进行初审。在初审过程中，应当审查下列内容：

1. 拟投资项目是否符合国家有关法律法规和相关调控政策，是否符合企业主业发展方向和投资的总体要求，是否有利于企业的长远发展。

2. 拟订的投资方案是否可行，主要的风险是否可控，是否采取了相应的防范措施。

3. 企业是否具有相应的资金能力和项目监管能力。

4. 拟投资项目的预计经营目标、收益目标等是否能够实现，企业的投资利益能否确保，所投入的资金能否按时收回。

只有初审通过的投资项目，才能提交上一级管理机构和人员进行审批。

第十二条　企业集团根据企业章程和有关规定对所属企业投资项目进行审批时，应当采取总额控制等措施，防止所属企业分拆投资项目、逃避更为严格的授权审批的行为。

（略）

5.2.5　公司营运资金活动管理制度

第一章　总则

第一条　为有效执行企业营运资金管理内部控制制度，规范资金支付审批程序，明确审批权限，提高资金使用效率，控制营运资金管理风险，促进公司经营业务可持续、健康和快速发展，根据国家有关法律、法规和政策，结合公司的具体情况，特制定本制度。本制度依据企业内部控制基本规范和《企业内部控制应用指引第 6 号——资金活动》制定。

第二条　本制度所称资金，指公司及其全资子公司所拥有或可支配的现金、银行存款、金融票据、有价证券和其他货币资产。

第三条　公司财务部在公司总经理、财务总监的领导下，根据公司总体经营目标和要求，负责公司资金的统筹安排，组织并实施资金筹集、运用和管理，是专门负责系统内资金工作的职能管理部门。

第四条　公司及其全资子公司的一切资金活动均为本办法管理的对象。

第二章　企业货币资金管理的基本原则与依据

第五条　为加强企业对货币资金的管理，本公司实施全面预算制度，资金预算的编制和审批严格遵循资金预算流程的规定。财务部统筹灵活运用资金，应按年编制年度资金预算，并逐月编列资金预算表，汇总并编制总体资金筹集和运用计划。

1. 企业依据企业发展战略制定企业预算管理制度，企业按照预算管理的要求，制定年度资金预算，对企业的资金管理工作起指导性作用。

2. 企业根据年度资金预算和月度工作计划，编制月度资金预算，作为企业月度资金管理的控制标准。

第六条 各业务部门以批准的月度资金预算作为次月资金使用的标准。预算外资金的使用由业务部门按照法定程序进行申请，并经相关部门审核、批准，由相关领导签字后，财务部方可办理。

第三章 企业现金和银行存款的控制

第七条 企业应当根据现金管理暂行条例的规定，结合本企业的实际情况，确定本企业的现金开支范围和现金支付限额，并制定企业现金管理控制细则。

第八条 企业应当严格按照支付结算办法等有关规定，加强对银行账户的管理，严格按照规定开立账户，办理存款、取款和结算。银行账户的开立应当符合企业经营管理实际需要，不得随意开立多个账户，禁止企业内设管理部门自行开立银行账户。企业应根据企业银行存款管理的要求，制定企业银行存款管理控制细则，并遵照执行。

第九条 企业应当严格遵守银行结算纪律，不得签发没有资金保证的票据或远期支票，套取银行信用；不得签发、取得和转让没有真实交易和债权债务的票据；不得无理拒绝付款，任意占用他人资金；不得违反规定开立和使用银行账户。

第十条 实行网上交易、电子支付等方式办理资金支付业务的企业，应当与承办银行签订网上银行操作协议，明确双方在资金安全方面的责任与义务、交易范围等。操作人员应当根据操作授权和密码进行规范操作。

使用网上交易、电子支付方式的企业办理资金支付业务，不应因支付方式的改变而随意简化、变更支付货币资金所必需的授权批准程序。企业在严格实行网上交易、电子支付操作人员不相容岗位相互分离控制的同时，应当配备专人加强对交易和支付行为的审核。

第十一条 企业应当加强与资金相关的票据的管理，明确各种票据的购买、保管、领用、背书转让、注销等环节的职责权限和处理程序，并专设登记簿进行记录，防止空白票据的遗失和被盗用。并根据企业的实际情况，制定企业票据管理实施细则。

第十二条　企业应当按照国家统一的会计制度的规定对现金、银行存款和其他货币资金进行核算和报告。

第十三条　企业各业务部门（或职能部门）应按照规定的程序办理货币资金支付业务，参见图5－1。

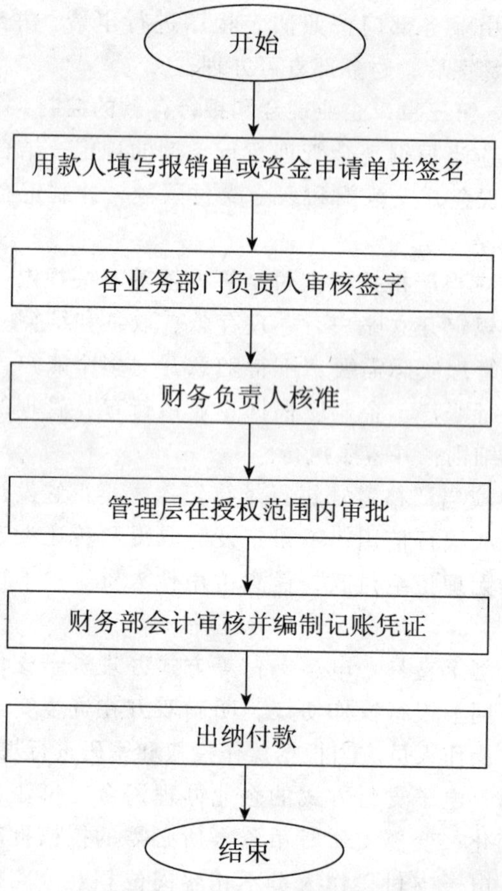

图5－1　货币资金支付程序

1. 支付申请。各职能部门或个人用款时，应提前向审批人提交货币资金支付申请，注明款项的用途、金额、预算、支付方式等内容，并应随附有效经济合同或相关证明。需经股东大会、董事会批准的事项，必须附有股东大会决议、董事会决议。

2. 支付审批。审批人（部门负责人）应当对该项开支的合理性和根据货币资金授权批准权限的规定，在授权范围内进行审批，不得超越审批权限。对不符合规定的货币资金支付申请，审批人应当拒绝批准。

3. 支付复核。财务部复核人应当对批准后的货币资金支付申请进行复核，复核货币资金支付申请的批准程序是否正确、手续及相关单证是否齐备、金额计算是否准确、支付方式是否妥当等。复核无误后，交由出纳人员办理支付手续。

4. 办理支付。出纳人员应当根据复核无误的支付申请，按规定办理货币资金支付手续，及时登记现金和银行存款日记账。

第四章　货币资金支付申请的授权审批规定

第十四条　企业预算内资金审批权限规定。

各职能部门资金支出申请按规定经领导审批后须由财务部门核准。具体各类用款的审批权限如表5－1所示。

表5－1　　企业预算内资金审批权限说明表

工作事项		使用部门	部门经理	财务总监	总裁	董事会
固定资产购置	万元以内	提出①	审核②			
	一万元	提出①	审核②	审批③		
	一万元	提出①	审核②	审核③	审批④	
	一万元	提出①	审核②	审核③	审核④	审批⑤
办公费		提出①	审批②			
招待费		提出①	审批②			
差旅费		提出①	审批②			
培训费		提出①	审批②			
通讯费		提出①	审批②			
利息支出		提出①	审核②	审批③		
对外捐款赞助		提出①	审核②	审核③	审核④	审批⑤
对外单位借款		提出①	审核②	审核③	审核④	审批⑤

第十五条　企业货币资金支出必须逐级审批，各级经手人必须签署审批意见并签字，严禁越级审批。

第十六条　超过1 000万元的资金使用，必须经过股东大会的审议、批准后，财务部方可办理。

第十七条　对于大额经营性资金（规定限额）的使用，公司必须提前向财务部提出大额付款专项申请，由公司相关部门对业务的风险和收益、资金周转效率等项目评审通过后，报财务部经理和总经理审批，由财务部办理资金划拨。

第十八条　公司应于每月月底由财务部进行资金往来核对，保证账实、账账相符。

第五章　资金活动的监督和检查

第十九条　财务总监安排专人定期对公司的资金活动开展以下监督和检查工作。

1. 定期检查公司的现金库存状况和结算情况。
2. 定期检查公司银行存款的对账工作。
3. 对公司汇出的100万元以上大额款项进行跟踪检查或抽查。

第二十条　公司有下列情形违规行为，视其情节轻重，给予警告：

1. 不按期归还借款未说明情况的；
2. 拒绝对使用资金项目的监督、检查或对相关部门的监督和检查不予配合的；
3. 擅自将公司资产用于抵押、担保、资金拆借或者贷款；
4. 擅自从事资金拆借业务；
5. 未按计划或规定用途使用资金、挪用或截留资金的。

第二十一条　对于违反上述管理规定的公司，公司除立即回收资金并停止继续借款外，还要追究当事人和分管人员的责任。构成犯罪的，应移交司法机关处理。

第二十二条　对到期不能归还资金本金和利息的公司除收取逾期的本金和利息外，从逾期之日起按每日0.5‰的利率征收罚息。

第六章　附则

第二十三条　本办法由公司董事会审议批准后生效。

5.2.6 授权审批制度

第一条 为规范企业工程项目实施中的授权批准行为，明确授权范围、责任和权限，强化工程项目授权的管理，维护项目实施的工作秩序，根据国家相关法律、法规规定和企业实际情况，特制定本制度。

第二条 企业的工程项目事宜由工程部主要负责，其他部门应该根据需要给予积极配合。

第三条 凡企业有工程项目立项，工程部经理需根据工程规模大小组织成立不同人数的工程项目小组。

第四条 工程项目组第一负责人为项目经理，由工程部经理推荐，人力资源部审核后由总裁任命。

第五条 工程项目组根据需要配置技术、会计、文员等具体岗位，人员由项目经理推荐，工程部经理和人力资源部经理审核后交由总裁批准。

第六条 工程项目组所有参与人员必须具备以下四个方面的条件：

1. 必须是企业全职工作人员。
2. 必须具有相关的专业知识和技能。
3. 必须熟悉相关法规、政策。
4. 能够切实维护企业的利益。

第七条 企业工程项目组织和实施过程中，必须按照规定的批准流程进行，关键环节的控制如下。

1. 项目决策批准流程：

（1）工程部经理上报项目建议书。

（2）总裁审批后，工程部经理进行可行性研究。

（3）工程部经理上报可行性报告。

（4）总裁组织专项会议审议。

（5）审议通过后工程立项。

2. 工程概预算批准流程：

（1）项目经理上报工程预概算报告。

（2）工程部经理审核。

（3）财务部经理审核。

（4）总裁审批通过后执行。

3. 进度款支付批准流程：

（1）工程承包单位提出进度款支付申请。

（2）项目经理对照合同检查后上报。

（3）工程部经理审核。

（4）财务部经理审核。

（5）总裁审批通过后财务部办理支付手续。

4. 竣工决算批准流程：

（1）项目经理提交决算报告书。

（2）工程部经理审核。

（3）财务部经理审核。

（4）总裁审批通过后执行。

第八条　对于审批人超越授权范围审批的工程项目业务，经办人有权拒绝办理，并及时向审批人的上级授权部门报告。

第九条　授权、批准均应有文件记录，以书面授权为主，方便以后查考。

第十条　本制度自颁布之日起实施，解释权归总裁办公室。

5.3 财务审批工作标准内容简析

财务审批工作标准根据工作标准律内容解释，这项工作标准通常是相对独立的事件。一个单位或者一位工作者在完成这项工作时，都要遵守这项工作所需遵守的制度和原则。

财务审批工作标准是哪个岗位的工作？这个问题简单而又需要明确。这项工作中所涉及的单位和人员，都需遵守和执行这项工作标准，换言之，这项工作标准是这项工作标准中涉及的单位和人员的工作标准。既然没有明确地指向某个具体人，那么，任何单位和个人需要进行财务审批工作时，都需要按照这项工作标准执行。

财务审批工作标准是指需要取得财务审批的工作者，对需要完成的财务审批事项包括财务收入、财务支出或者财务事项，按照本工作内容要求，请求企业相关领导、职能管理部门、职能管理人员在财务审批资料中签署其处理意见的工作规范。

财务审批工作标准覆盖企业经费审批，如成本费用经费、资产物品购置经费、预算经费等等，经费项目涵盖如重大投资项目、重大融资项目、重大保险项目、重大担保项目、重大建设项目等，并不表现为简单的经费审批事项，而其中涉及的资金量又非常重要，因此，审批人要系统考虑不同审批内容并需要正确遵循本工作标准的内容要点。

另外，财务审批工作标准覆盖企业非经费审批项目，如营销部门价格、合同等会签文件，生产部门产品成本费用构成审批以及科研报告、分析报告报送时需要财会部门履行审批的工作内容等等。本工作标准的主要内容有：

5.3.1　工作目标

完成财务审批事项的审批。财务审批工作的核心目标就是经过一系列审批环节之后获得的结果，也就是这项审批工作最终需要产生的结果、结论或要达到的目的。现实生活中，经常发生财务审批工作过程中会带来多个辅助工作成果，如要审批A条件成立就需要另外一项B条件成立，这时就要完成B条件的工作，B条件完成实现时，其实也是一项工作成果，但它不是最终要求的结果，因此，这项工作核心目标需要准确、清楚。

5.3.2　工作时间

1. 开始工作时间：财务审批事项规定时间。

2. 工作结束时间：审批完成时，也包括规定时间。

既然要完成财务审批工作，就要有一个时间区间，不能没有时间限制，这是表现工作效率最典型的要素。

审批开始工作的时间，一般单位都有规定，比如出差回来后3日内办理报销，销售合同、采购合同等业务合同规定的时间等。没有开始工作的时间，就没有结束工作的时间。因此，明确审批工作开始时间，是非常重要的。一经启动审批程序，相关工作者都要积极支持和配合，不管是领导还是员工，在工作标准中都需要履行自己的工作环节要求的工作内容，不能相互掣肘。常见的财务审批时间可以采取法定时间、制度规定时间，也可以采用社会公认时间或上级安排的时间等等。有些政府部门为了治理工作拖拉，规定请示人在多长时间内不能获得审批意见，即视同同意，这是约束结束时间的一种办法。一项重大工作，开始时间安排如同战役开始，影响全局，有了开始时间，工作过程细分就能统筹安排，效率与效果就会得到保证。如果开始时间不当，时机不成熟，完成任务的困难就会很大。如果审批工作迟迟没有实施，工作拖拉，也可能贻误商机。

同样，工作结束时间也是非常重要的，在工作中，开始时间约定是为了明确结束工作时间。一项财务事件需要多少时间进行财务审批，是效率的表现。如果审批手续不完备，需要完善手续，这是请求审批单位或工作者的问题。如果审批手续完备，审批人应当按照规定及时审批，不能超越规定时限。

5.3.3 工作地点

工作地点指完成财务审批工作，都需要经过哪些单位或人员审批，即完成财务审批工作时的工作场所或涉及的工作环境，包括业务部门领导办公地、财务部门领导办公地和审批人办公地。

不同单位审批流程不同，审批部门不同，工作地点可能就不同。网络办公时使用网络等模式改变了传统当面纸质签字审批方式，总之，工作审批地点完全因为审批事项涉及的工作控制要点内容的不同而不同。

政府机关为了体恤民意，减少百姓办事时少跑几个地方，提高工作效率，普遍采用将审批单位集中起来办公的方式，大大提升了办事的效率。有些大型单位也学习政府机关，集中办公，就是为了解决审批过程中当事人的时间问题。

5.3.4 相关工作单位及相关人员

1. 相关工作单位：指完成财务审批工作涉及的主要单位和部门，如业务部门、财务部门、管理部门、董事会、税务局、财政局等等，可以是法人机构，也可以是自然人。

2. 工作相关人员：指完成财务审批工作涉及主要单位的具体工作人员，是具体完成审批流程环节中需要签字的相关工作岗位负责人，负责人可能是业务负责人、业务部门负责人、会计机构经办人、会计机构负责人、总经理、董事长等等。

完成财务审批工作，必须明确审批工作过程应当提交的资料清单。审批流程中每一位审批者都需要了解审批事项是否符合或遵守相关技术标准及管理标准，才是合格的审批人。

一位财务事项审批经办者，隶属于一个单位，承担完成本单位的一项工作任务时，就是这个工作的代表，这个单位的代表。承担财务审批工作者如果能够准确清晰了解完成这项工作相关的工作部门或工作单位，理解各自工作的范围和职责，就会准确进行定位，定位的依据是法律法规。

实际财务审批工作中如何准确界定审批权力，经验欠缺的人会界定不准确，不知与哪些机构有关，与哪些部门无关，相关部门应当承担什么样的工作内容。因此，经办者清晰了解相关工作单位是完成审批工作非常重要的一环。

熟悉了解了完成这项工作与哪些单位相关，就可以同样界定这些单位的代表者即个人，他们就成为完成这项工作的相关人员。相关工作人员工作在不同的工作地点，可能基于安全或管理的原因，完成这项工作时的工作场所或涉及的工作环境会对工作造成很大的影响。

所有相关人员在完成这项工作中均代表各自的部门利益，因此，工作就会像接力棒一样在接力者手中传递。这些接力者不仅涉及单位的具体工作人员、经办人，还包括相关单位的负责人，因此，通过财务审批过程，明确部门交接、部门协调、部门审批与部门监督等等。财务审批最终都要落实到人，落实到人有两层意思，首先审批任务要分解到人，其次审批责任要明确到人。

财务审批工作过程要实现企业内部控制的思想，就要科学设定财务审批的工作单位和工作者，将工作控制要求目标认真分解，相关机构再量化到下级机构、到部门、到科室、到个人，做到人人肩上有明确的权力和责任，都是建立在共同完成这一核心工作目标的基础之上。

5.3.5 工作所需资料

完成财务审批工作需要的资料。富有经验的工作者在接受工作任务后，大多对完成工作需要的条件心中有数，在脑力劳动者看来，这些条件大多是工作过程需要的资料清单、资料数量，需要遵守的技术标准资料及管理标准资料。主要包括：

1. 事前准备资料：财务审批在开始着手办理审批之前，经办人接受工作任务后，需认真完成财务审批工作需要准备的资料或物品，这些资料包括申请事项的技术资料文件清单中提出或要求的资料，也包括完成财务审批工作时需要提前完成的调研资料、参考资料或档案资料。具体如财务审批格式要求填报资料、财务申批要求原始文件资料、财务审批业务事项说明资料。

2. 事中产生资料：经办人在完成审批工作过程中，相关审批人签发的意见书，以及经办过程中审批单位产生的文件，如质检单、入库单等重要资料，就是审批事中产生的资料，事中资料审批经办人需要按照因果关系进行整理，按照完成财务审批工作的时间顺序排列中间文件。具体如财务审批过程要求补充的资料和文件。

3. 事后结果资料：经办人财务审批工作任务完成后或本项工作结束时或终止时获得的标志资料或结果文件，如下达审批批准文件或经签字或用印完成的审批资料。

4. 技术要求资料：经办人完成财务审批工作需要遵守的国家法规和行业制度、单位制度等相关技术标准及管理标准。相关技术标准包括内容很多，主要是业务本身相关的工作规定及制度。

管理标准资料的详细内容是财务审批工作需要遵守这项文件规定的具体条款和具体章节内容的意思反映。主要包括《会计法》、《企业内部控制制度》、《企业报销规定》、《企业财务审批规定》等；财务审批工作时应当参照的技术标准和管理标准主要包括《公司董事会议事规则》、《公司总经理工作条例》、《企业筹资活动管理制度》、《企业投资活动管理制度》、《公司营运资金活动管理制度》、《授权审批制度》等。

5.3.6 财务审批工作流程

了解财务审批工作处理流程是完成财务审批工作事项必须的内容。

财务审批流程因为财务审批事项或者单位规模、管理要求的不同而流程就有所不同。

1. 工作开始的标志：根据财务审批这项工作标准，需要进行财务审批的工作人员，将自己置换入本工作标准中，将自己的身份与经办人关联，开始办理审批业务，标志财务审批工作“开始”。

2. 工作核心环节排序：业务经办人准备审批资料、界定审批权限，业务部门领导审核业务事项内容的真实与必要，相关职能部门审批是否符合业务管理的规定，相关会计工作岗位审核业务票据的合法性与数据的准确性，会计机构负责人审核资料完整性与经费指标，重大业务事项报经总会计师、总经理或董事长审批，总会计师、总经理或董事长审批可能只是一个审批代表，甚或专门组织了财务会议、总经理办公会议、董事会会议、股东会会议等专门决策审批意见。

每个环节相关审批人员在填写审批结论时都要规范填写审批意见、签写姓名及日期。

单位财务审批流程的核心在于单位对于审批流程的制定。根据企业内部控制制度要求，进行分解是事件处理的必然要求，财务审批工作标准的建立，需要综合考虑这项工作完成的过程并进行程序性环节分解，分解后对每一个环节按照处理时间先后进行排序，一个环节一个环节去调整解决，环节之间时间需要多少是不同的，最后形成该项工作业务处理和控制流程。

财务审批工作过程分解的环节不能太少，太少分不清楚，也不能分的太多，太多影响工作效率，重大财务审批工作流程也不应当超过六个核心步骤。

财务审批工作过程中，需综合了解掌握审批过程完成的内部控制环节、内部控制点，即财务审批工作业务处理控制流程。审批时遵循这些环节和执行制度，就是企业内部控制措施的落实。而完成财务审批的人员、资料、地点，就表现为内部控制环节、内部控制点、内部控制工具等，财务审批工作标准本身又构成单位的工作制度，财务审批可能是另一个工作执行过程中的一个环节，因此，工作标准就最简洁地实现了企业内部控制的要求。

3. 不同环节结果判断：总体来讲，审批人根据“技术要求资料”，对处理环节的处理结果进行判断，每一环节都有“真实性、及时性、完整性、可行性、合规性、正确性、合法性”或“不真实、不及时、不完整、不可行、不合规、不正确、不合法”等判断选择，这些判断的前提是熟悉技术要求资料，即各种文件要求内容，根据文件要求作出这些判断用语，这也是审批人填写审批意见，申请审批人决定下一步工作的关键。

4. 不利结果修正：审批人根据“技术要求资料”中明确的财经法律法规等制度，选择“是或否”来做出判断，被审批人根据审批人意见明确下一步处理的路径方向，确定是改进、终止还是继续下一步审批工作。如果某一环节审批人提出修改意见或终止审批，被审批人都需要根据审批人的意见进行修正、完善或放弃，这是体现内部控制思想、保证工作质量的重要标志。

5. 审批工作结束：完成财务审批工作标准规定的工作环节后，经办人可以进入下一个工作标准，如报销工作标准。如果在任一环节被审批人决定终止，经办人放弃继续这一工作，该项工作相关资料经办人则应当“归档”，这也标志审批工作结束。

总结评价既是工作结束的标志，也表明任务结束所处的位置。完成了这项工作规定的工作环节，可以选择结束，也可以选择使用另外一个工作标准名称，明确下一项工作标准开始继续执行。

5.3.7 相关工作标准

相关工作标准是财务审批工作标准执行过程中，经办人还需要了解哪些工作标准，还需要参考哪些工作标准，它是指完成本项工作时对相关工作的综合处理能力，主要反映工作分解排序过程中某一个或多个环节的独立处理工作标准。在特定情况下，如采购费用报销入库财务审批流程中“入库验收单”就是一个独立工作标准，因此，财务审批工作标准的每位审批人完成的中间环节也是一个一个既相关联又各自独立的工作标准。

财务审批流程设置工作标准，是财务审批工作制度设计的关键，也是一项具体财务审批事项经历哪些单位，哪些人员，具备什么条件的确定过程。财务审批工作标准是否需要改进或调整，需要遵守财务审批流程设置工作标准来执行。

第6章　企业财会工作标准化之工作标准

为了便于读者学习和对比应用具体工作标准，我们从企业财会工作标准数据库4800多项工作标准中选择七大类27个岗位的80多项工作标准，按照企业财会机构内部六个部门模式进行介绍，这些工作标准尚未进行深入细致的研究与审核，是初步的内容，供读者参考研究，岗位如图6-1所示。

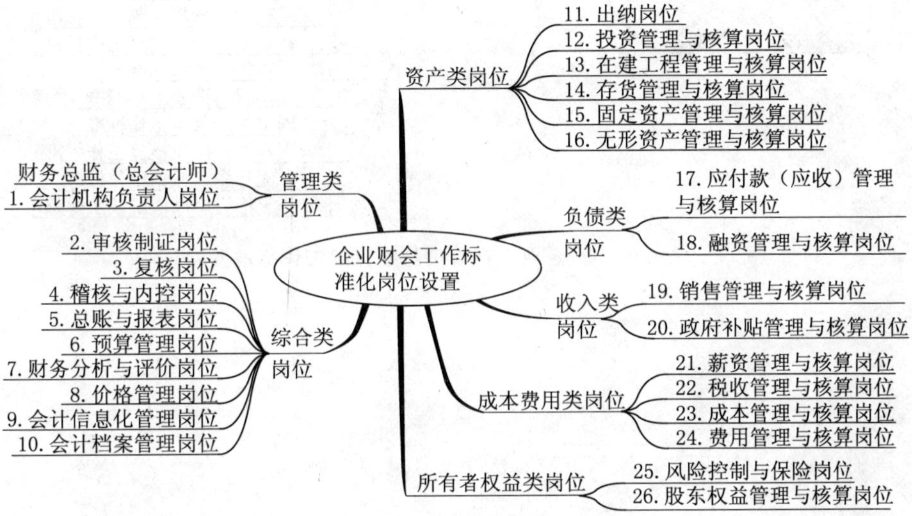

图6-1 企业财会工作标准化岗位设置

根据上述岗位所选工作标准样稿，按部门用思路导图方式分析排列图6-2至图6-8如下：

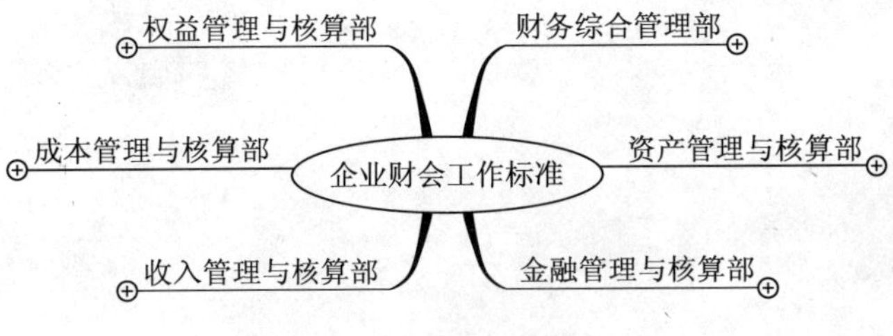

图6-2 企业财会工作部门

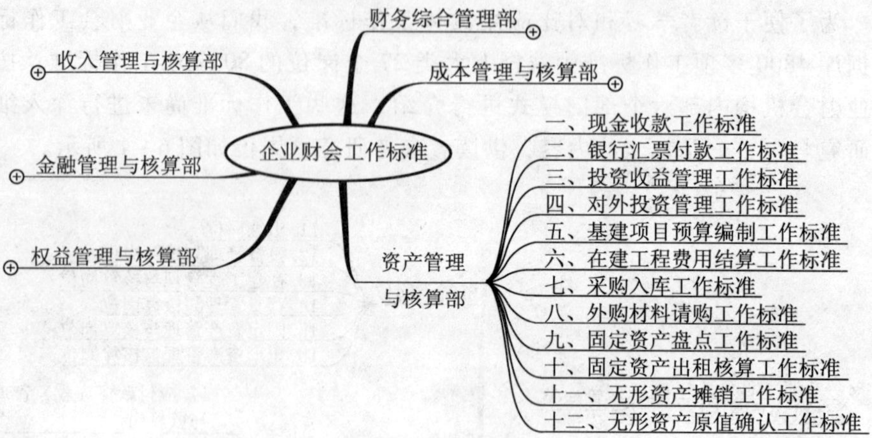

图 6－3　企业资产管理与核算部工作标准

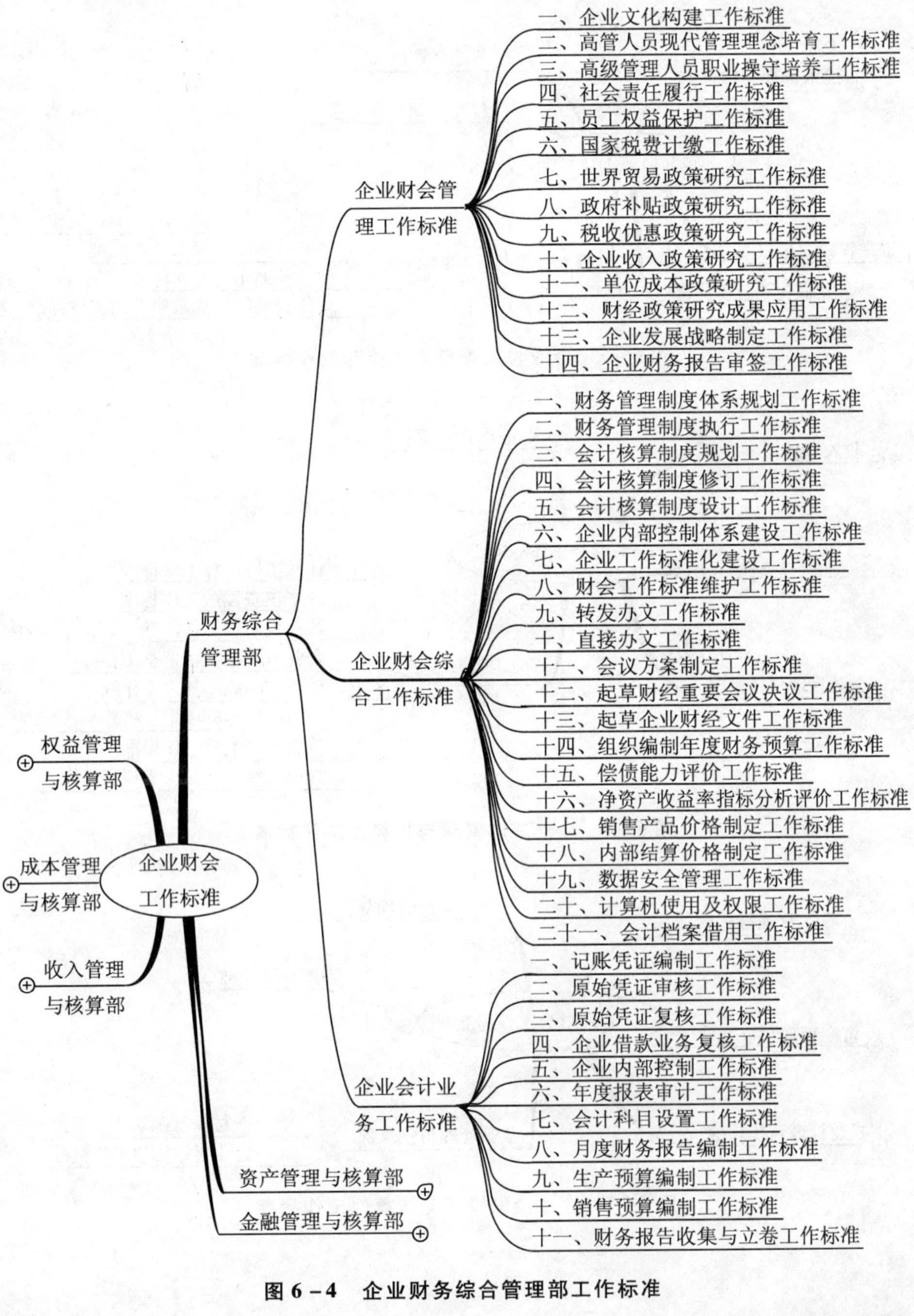

图 6－4　企业财务综合管理部工作标准

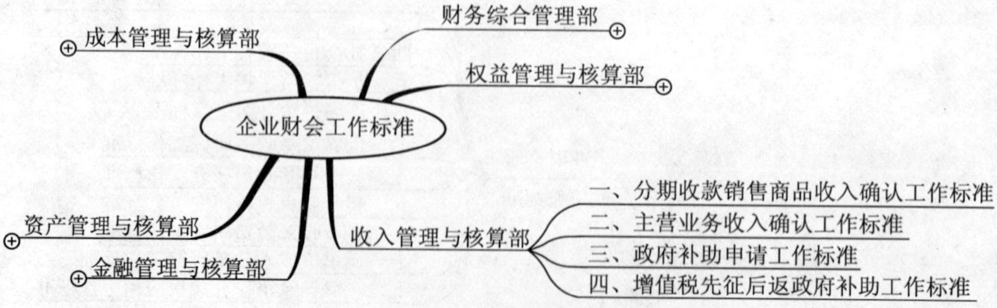

图 6－5　企业收入管理与核算部工作标准

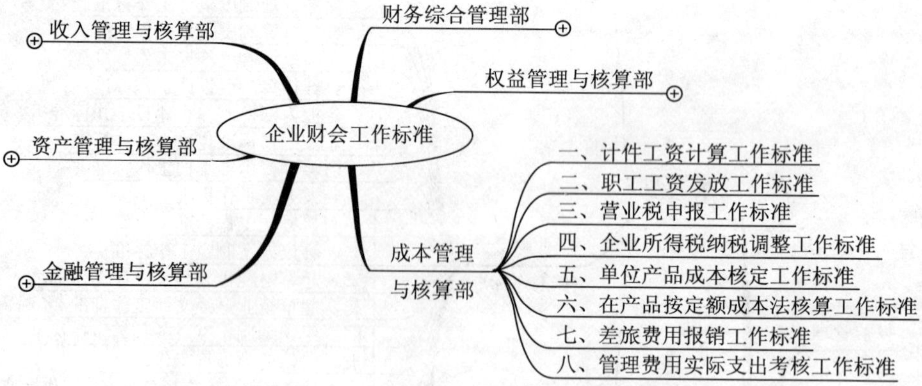

图 6－6　企业成本管理与核算部工作标准

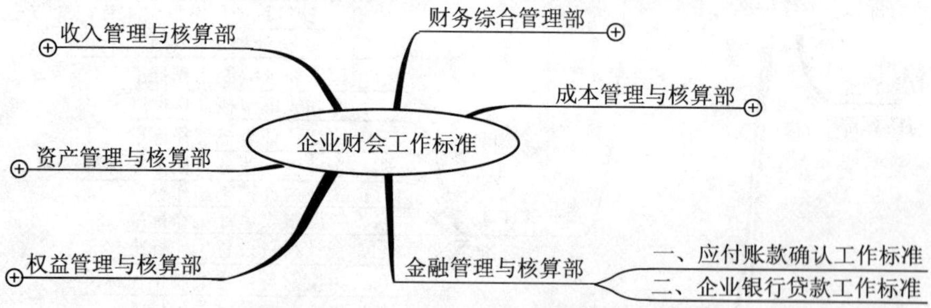

图 6－7　企业金融管理与核算部工作标准

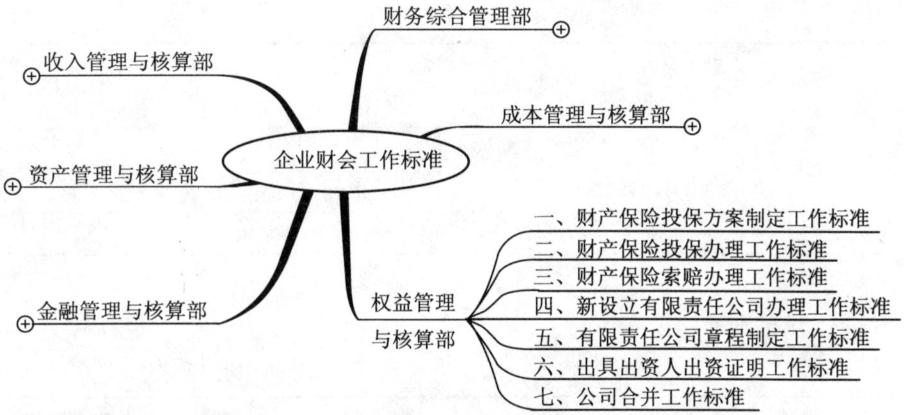

图6－8 企业权益管理与核算部工作标准

6.1 财务综合管理部

6.1.1 企业财会管理工作

6.1.1.1 企业文化构建工作标准

标准编码：22010102

标准名称：企业文化构建工作标准

1. 工作标准名称释义

企业文化构建工作标准是指企业通过一系列活动培育自身特色企业文化，引导和规范员工行为，打造以主业为核心的企业品牌，形成整体团队向心力，促进企业长远发展的工作规范。

2. 工作标准基本内容

工作核心目标	形成企业文化
工作开始时间	企业设立时
工作结束时间	企业终止后
相关工作地点	活动现场　　办公室 会议室

续表

相关工作单位	董事会 企业工会	监事会 企业党委
相关工作人员	文秘人员 档案管理员	信息人员
备　注	保障企业文化建设所需经费，积极创建企业财经文化	

3. 工作标准所需资料

资料类型	编码	资料名称	单位	原件数	复印数
事前准备资料	01	企业文化建设战略规划	份	1	1
	02	企业文化培训体系设计	份	1	0
	03	企业文化诊断与评估	份	1	0
	04	企业文化理念体系提炼与提升	份	1	1
	05	企业与企业人行为规范体系设计	份	1	0
	06	企业视觉识别体系设计	份	1	0
事中产生资料	07	各种企业文化建设活动方案	份	1	1
	08	企业家个人品牌建设	份	1	1
事后结果资料	09	形成企业文化体系	份	1	1
技术要求资料	10	企业内部控制应用指引第5号——企业文化	份	1	1

4. 相关工作标准

标准编码	标准名称
04	文字综合工作标准
0805	干部职工日常管理工作标准
09	内刊编辑工作标准

5. 工作标准流程图

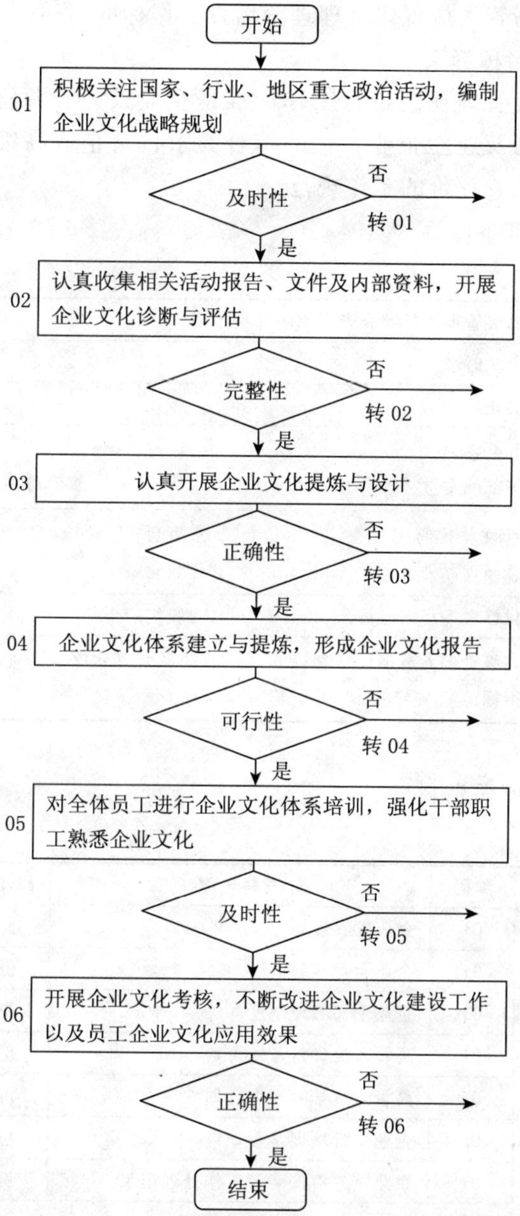
开始
01
积极关注国家、行业、地区重大政治活动，编制企业文化战略规划
及时性
否
转 01
是
02
认真收集相关活动报告、文件及内部资料，开展企业文化诊断与评估
完整性
否
转 02
是
03
认真开展企业文化提炼与设计
正确性
否
转 03
是
04
企业文化体系建立与提炼，形成企业文化报告
可行性
否
转 04
是
05
对全体员工进行企业文化体系培训，强化干部职工熟悉企业文化
及时性
否
转 05
是
06
开展企业文化考核，不断改进企业文化建设工作以及员工企业文化应用效果
正确性
否
转 06
是
结束

6.1.1.2 高管人员现代管理理念培育工作标准

标准编码：22010105

标准名称：高管人员现代管理理念培育工作标准

1. 工作标准名称释义

高管人员现代管理理念培育工作标准是企业人力资源管理、实现企业战略、承担社会责任及建立企业文化的综合要求，是企业高级管理人员综合管理水平培养、考核、评价的工作规范。

2. 工作标准基本内容

工作核心目标	高级管理人员综合管理水平评价报告	
工作开始时间	入职时	
工作结束时间	终止后	
相关工作地点	办公室 干部档案室	会议室
相关工作单位	行政人事部 总经理办公会	董事会 企业党委
相关工作人员	目标考评小组成员	上级组织干部
备　　注	高级管理人员现代管理理念是企业团队管理水平、企业发展前景的重要评价指标	

3. 工作标准所需资料

资料类型	编码	资料名称	单位	原件数	复印数
事前准备资料	01	企业发展规划	份	1	1
	02	企业经营计划	份	1	0
	03	企业干部考评制度	份	1	0
	04	高管人员日常考评资料	份	1	0
	05	高管人员学习培训计划	份	1	0
事中产生资料	06	企业高管培训学习记录	份	1	0
	07	企业重大事件高管工作处理记录	份	1	0

续表

资料类型	编码	资料名称	单位	原件数	复印数
事后结果资料	08	企业高管现代经营管理水平评价报告	份	1	0
技术要求资料	09	企业人事管理制度	份	1	0
	10	企业内部控制配套指引	份	1	0

4. 相关工作标准

标准编码	标准名称
22010101	国家目标学习工作标准
22010104	高级管理人员职业操守培养工作标准

5. 工作标准流程图

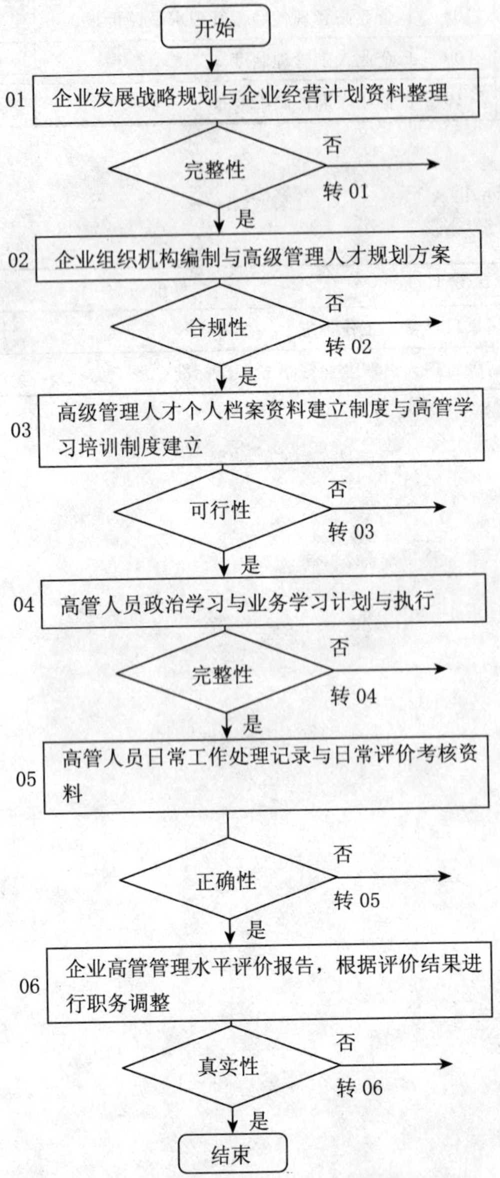
开始
01
企业发展战略规划与企业经营计划资料整理
完整性
否
转 01
是
02
企业组织机构编制与高级管理人才规划方案
合规性
否
转 02
是
03
高级管理人才个人档案资料建立制度与高管学习培训制度建立
可行性
否
转 03
是
04
高管人员政治学习与业务学习计划与执行
完整性
否
转 04
是
05
高管人员日常工作处理记录与日常评价考核资料
正确性
否
转 05
是
06
企业高管管理水平评价报告，根据评价结果进行职务调整
真实性
否
转 06
是
结束

6.1.1.3　高级管理人员职业操守培养工作标准

标准编码：22010104

标准名称：高级管理人员职业操守培养工作标准

1. 工作标准名称释义

高级管理人员职业操守培养工作标准是企业人力资源管理、实现企业战略、承担社会责任及建立企业文化的综合要求，是企业高级管理人员职业操守培养、考核、评价的工作规范。

2. 工作标准基本内容

工作核心目标	高级管理人员职业操守评价报告	
工作开始时间	入职时	
工作结束时间	终止后	
相关工作地点	办公室 干部档案室	会议室
相关工作单位	董事会 股东会 企业工会	监事会 总经理办公会 企业党委
相关工作人员	财务人员 目标考评小组成员	纪委书记
备　　注	高级管理职业操守水平是企业团队管理水平、企业发展前景的重要评价指标	

3. 工作标准所需资料

资料类型	编码	资料名称	单位	原件数	复印数
事前准备资料	01	企业发展规划	份	1	1
	02	企业文化建设方案	份	1	0
	03	企业人力资源管理制度	份	1	0
	04	干部廉政建设制度	份	1	1

续表

资料类型	编码	资料名称	单位	原件数	复印数
事中产生资料	05	日常工作考评记录	份	1	1
	06	专业组织学习班活动	份	1	1
	07	重大事件处理工作记录	份	1	0
事后结果资料	08	高级管理人员职业操守评价报告	份	1	1
技术要求资料	09	企业内部控制基本规范	份	1	0
	10	干部绩效考评制度	份	1	0

4. 相关工作标准

标准编码	标准名称
22010101	国家目标学习工作标准
22010102	企业文化构建工作标准

5. 工作标准流程图

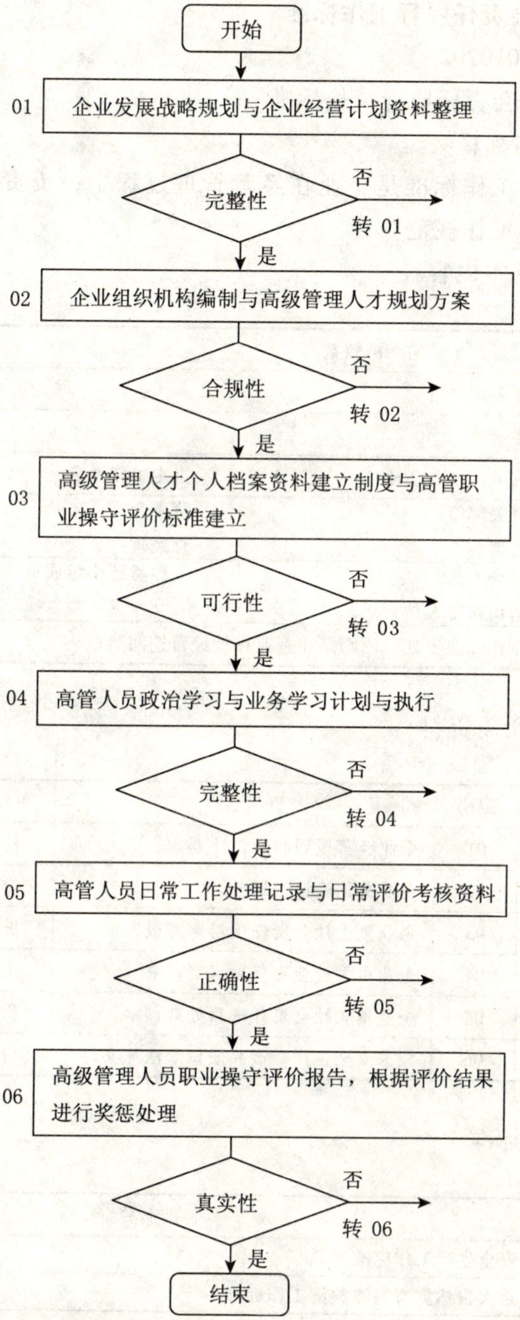
开始
01
企业发展战略规划与企业经营计划资料整理
完整性
否
转 01
是
02
企业组织机构编制与高级管理人才规划方案
合规性
否
转 02
是
03
高级管理人才个人档案资料建立制度与高管职业操守评价标准建立
可行性
否
转 03
是
04
高管人员政治学习与业务学习计划与执行
完整性
否
转 04
是
05
高管人员日常工作处理记录与日常评价考核资料
正确性
否
转 05
是
06
高级管理人员职业操守评价报告，根据评价结果进行奖惩处理
真实性
否
转 06
是
结束

6.1.1.4 社会责任履行工作标准

标准编码：22010202

标准名称：社会责任履行工作标准

1. 工作标准名称释义

社会责任履行工作标准是企业在经营管理过程中，负责或支持企业履行社会职责和义务的工作规范。

2. 工作标准基本内容

工作核心目标	提高企业长期经济效益	
工作开始时间	注册成立后	
工作结束时间	注销后	
相关工作地点	有关单位办公地	指定工作地点
相关工作单位	有关部门 监事会	董事会 总经理办公会
相关工作人员	督查人员 信访接待人员	目标考评小组成员
备　注	企业社会责任，原则是在企业存续经营期间履行	

3. 工作标准所需资料

资料类型	编码	资料名称	单位	原件数	复印数
事前准备资料	01	企业经营规划和经营计划	份	1	1
	02	企业文化建设规划	份	1	0
事中产生资料	03	企业重大社会责任项目调查报告	份	1	1
	04	企业重大社会责任项目责任书	份	1	1
事后结果资料	05	企业重大社会责任项目处理预案	份	1	1
技术要求资料	06	国家安全生产、产品质量等法律文件	份	1	0

4. 相关工作标准

标准编码	标准名称
22010203	安全生产工作标准
22010207	重大自然灾害捐赠救济工作标准

5. 工作标准流程图

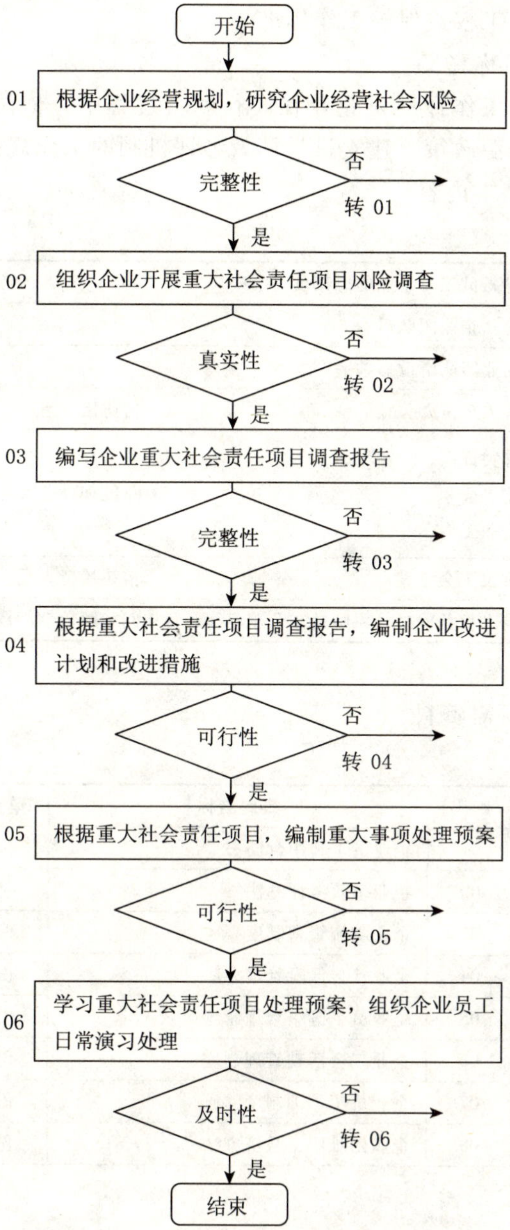
开始
01
根据企业经营规划，研究企业经营社会风险
完整性
否
转 01
是
02
组织企业开展重大社会责任项目风险调查
真实性
否
转 02
是
03
编写企业重大社会责任项目调查报告
完整性
否
转 03
是
04
根据重大社会责任项目调查报告，编制企业改进计划和改进措施
可行性
否
转 04
是
05
根据重大社会责任项目，编制重大事项处理预案
可行性
否
转 05
是
06
学习重大社会责任项目处理预案，组织企业员工日常演习处理
及时性
否
转 06
是
结束

6.1.1.5 员工权益保护工作标准

标准编码：22010206

标准名称：员工权益保护工作标准

1. 工作标准名称释义

员工权益保护工作标准是企业在履行职责过程中，依法保护员工的合法权益，贯彻人力资源政策，建立科学绩效考评机制的工作规范。

2. 工作标准基本内容

工作核心目标	提高员工对企业的忠诚度	
工作开始时间	建立企业团队后	
工作结束时间	企业团队解散后	
相关工作地点	有关单位办公地	信访接待室
相关工作单位	有关部门 监事会 企业工会	董事会 总经理办公会
相关工作人员	机关工会主席	信访接待人员
备　　注	员工权益保护，原则是在企业存续经营期间和解散期间履行	

3. 工作标准所需资料

资料类型	编码	资料名称	单位	原件数	复印数
事前准备资料	01	企业员工聘用合同书	份	1	1
	02	企业绩效考评办法	份	1	0
	03	企业薪酬管理制度	份	1	0
	04	企业社会保险管理办法	份	1	0
	05	企业员工健康管理制度	份	1	0
	06	企业工会活动管理制度	份	1	0
	07	企业员工培训制度	份	0	0
	08	企业困难职工救济办法	份	1	0

续表

资料类型	编码	资料名称	单位	原件数	复印数
事中产生资料	09	企业员工权益投诉书	份	1	0
	10	企业员工权益保护活动方案	份	1	1
事后结果资料	11	企业员工忠诚度评价报告	份	1	1
技术要求资料	12	劳动合同法	份	1	0
	13	社会保险法	份	1	0
	14	劳动法	份	1	0

4. 相关工作标准

标准编码	标准名称
22010104	高级管理人员职业操守培养工作标准
22010207	重大自然灾害捐赠救济工作标准

5. 工作标准流程图

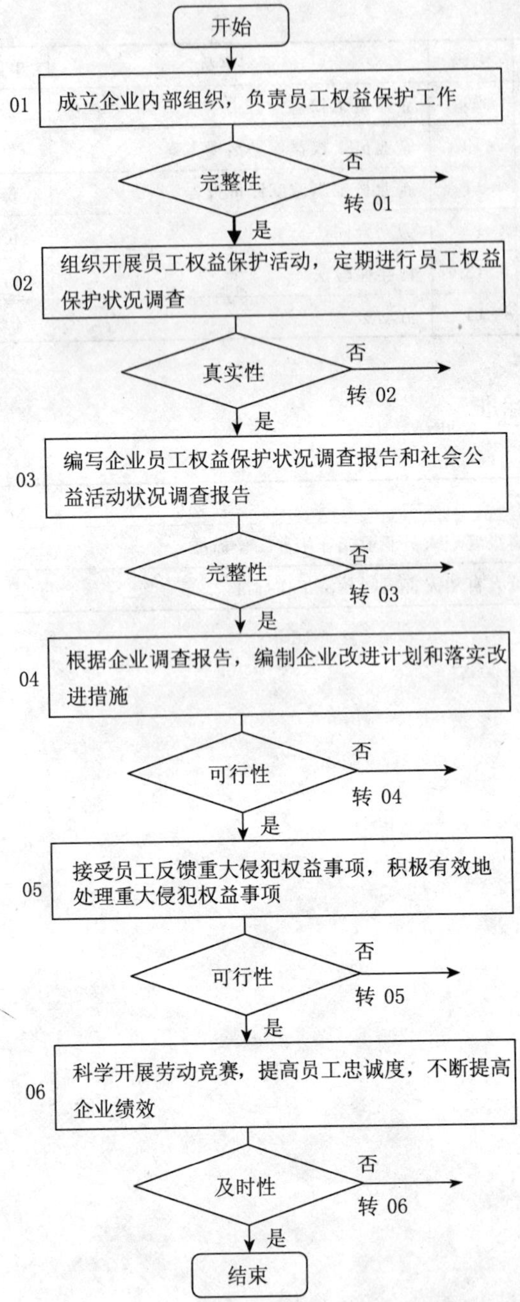
开始
01 成立企业内部组织，负责员工权益保护工作
完整性
否
转 01
是
02 组织开展员工权益保护活动，定期进行员工权益保护状况调查
真实性
否
转 02
是
03 编写企业员工权益保护状况调查报告和社会公益活动状况调查报告
完整性
否
转 03
是
04 根据企业调查报告，编制企业改进计划和落实改进措施
可行性
否
转 04
是
05 接受员工反馈重大侵犯权益事项，积极有效地处理重大侵犯权益事项
可行性
否
转 05
是
06 科学开展劳动竞赛，提高员工忠诚度，不断提高企业绩效
及时性
否
转 06
是
结束

6.1.1.6 国家税费计缴工作标准

标准编码：22010201

标准名称：国家税费计缴工作标准

1. 工作标准名称释义

国家税费计缴工作标准是企业严格执行国家财税政策，履行纳税义务，实现企业和社会协调发展，践行企业社会责任的最基本工作规范。

2. 工作标准基本内容

工作核心目标	依法纳税	
工作开始时间	办理税务登记时	
工作结束时间	税务登记证注销后	
相关工作地点	有关单位办公地	单位有关部门办公地
相关工作单位	财务科 地税局	国税局 税务稽查局
相关工作人员	总会计师 税费核算与管理岗位	会计机构负责人
备　注	依法计税纳税，既关系企业利益，又关系国家利益，因此，企业依法纳税是社会责任最重要的部分	

3. 工作标准所需资料

资料类型	编码	资料名称	单位	原件数	复印数
事前准备资料	01	应缴税金计算表	份	1	1
	02	应缴费用计算表	份	1	1
	03	税收优惠减免表	份	1	1
事中产生资料	04	纳税申报表	份	18	1
事后结果资料	05	税金缴款书	份	1	0
技术要求资料	06	税收征管法	份	1	0
	07	相关财税政策文件	份	1	1

4. 相关工作标准

标准编码	标准名称
120101	纳税计划方案制定工作标准
22020203	行业税收优惠政策应用工作标准

5. 工作标准流程图

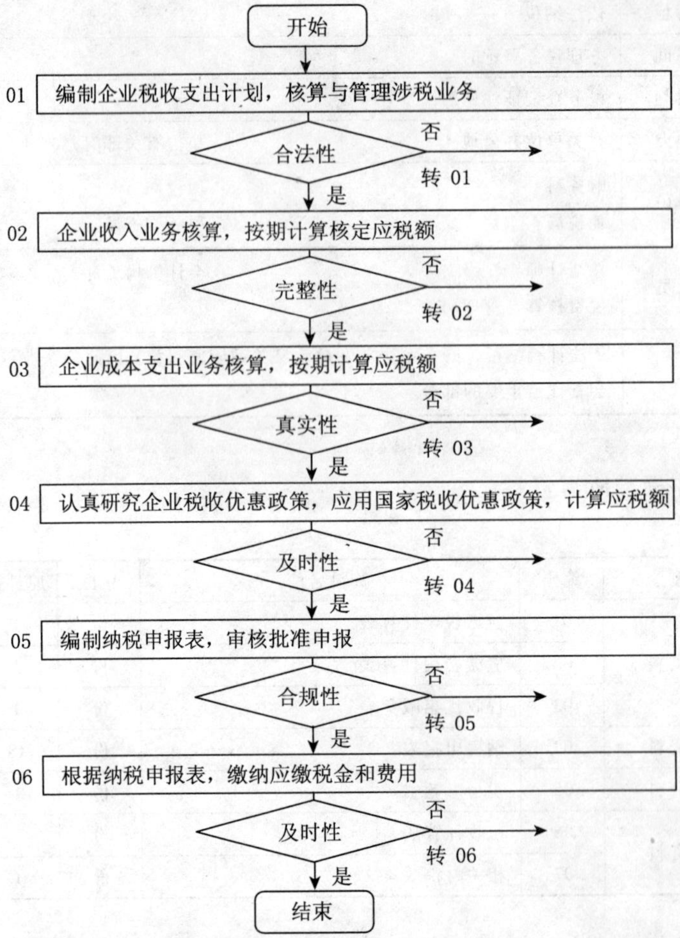

6.1.1.7 世界贸易政策研究工作标准

标准编码：22020101

标准名称：世界贸易政策研究工作标准

1. 工作标准名称释义

世界贸易政策研究工作标准是指企业为了实现短期或长期对外贸易经营目标，研究国际贸易政策、财经政策、财经理论和各种财经工具适用性、可行性、合法性的工作规范。

2. 工作标准基本内容

工作核心目标	企业对外贸易政策研究报告	
工作开始时间	规定时间	
工作结束时间	规定时间	
相关工作地点	调研点现场	办公室
相关工作单位	政策法规处 财税部门	信息中心
相关工作人员	总会计师 研究人员 政策法规处处长	会计机构负责人 信息处处长
备　注		

3. 工作标准所需资料

资料类型	编码	资料名称	单位	原件数	复印数
事前准备资料	01	企业对外经营战略规划	份	1	1
	02	企业产品出口手册	份	1	0
	03	企业进口产品手册	份	1	0
事中产生资料	04	企业产品进出口问题调查报告	份	1	0
	05	宏观经济发展预测及分析报告	份	1	1
	06	行业发展变化分析报告	份	1	0

续表

资料类型	编码	资料名称	单位	原件数	复印数
事后结果资料	07	企业产品进出口问题解决方案	份	1	0
技术要求资料	08	国家行业外贸政策汇编	份	1	1
	09	贸易国相关政策汇编	份	1	1

4. 相关工作标准

标准编码	标准名称
22020103	行业税收优惠政策研究工作标准

5. 工作标准流程图

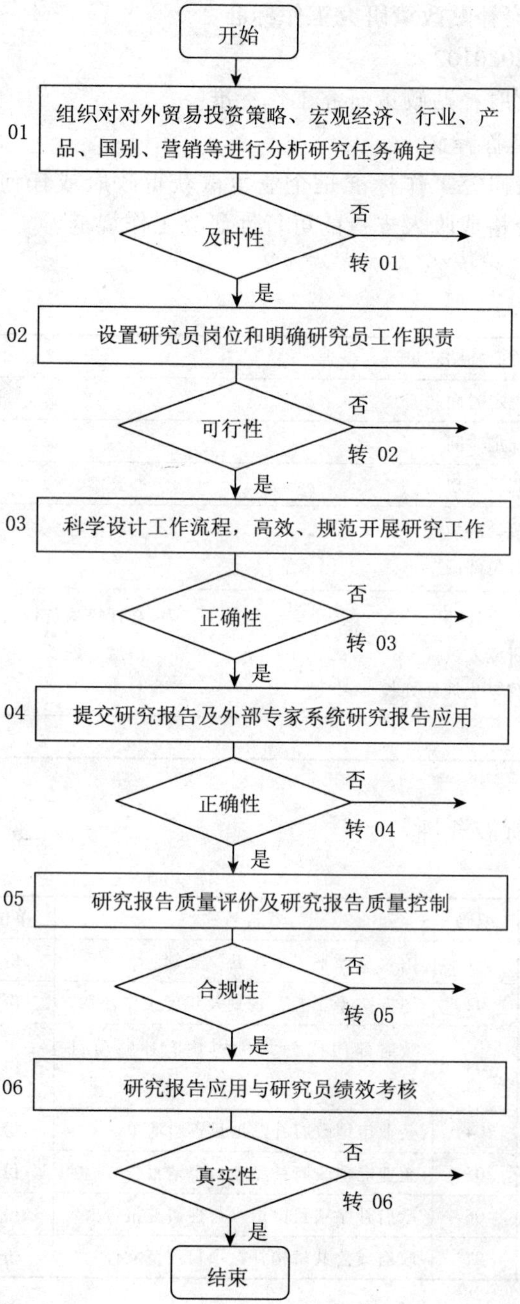
开始
01
组织对对外贸易投资策略、宏观经济、行业、产品、国别、营销等进行分析研究任务确定
及时性
否
转 01
是
02
设置研究员岗位和明确研究员工作职责
可行性
否
转 02
是
03
科学设计工作流程，高效、规范开展研究工作
正确性
否
转 03
是
04
提交研究报告及外部专家系统研究报告应用
正确性
否
转 04
是
05
研究报告质量评价及研究报告质量控制
合规性
否
转 05
是
06
研究报告应用与研究员绩效考核
真实性
否
转 06
是
结束

6.1.1.8 政府补贴政策研究工作标准

标准编码：22020102

标准名称：政府补贴政策研究工作标准

1. 工作标准名称释义

政府补贴政策研究工作标准是企业争取获得政府或任何公共机构提供的财政捐助以及对价格或收入支持的可行性研究工作规范。

2. 工作标准基本内容

工作核心目标	政府补贴政策研究报告	
工作开始时间	规定时间	
工作结束时间	规定时间	
相关工作地点	调研点现场	办公室
相关工作单位	政策法规处 财税部门	信息中心
相关工作人员	总会计师 研究人员 政策法规处处长	会计机构负责人 信息处处长
备　注		

3. 工作标准所需资料

资料类型	编码	资料名称	单位	原件数	复印数
事前准备资料	01	国家及行业“十二五”规划	份	1	1
	02	地方“十二五”规划及年度工作计划	份	1	0
	03	政府部门或公共机构政府补贴项目目录	份	1	1
	04	企业申请政府补贴项目资料清单	份	1	0
事中产生资料	05	企业专项政府补贴项目申请报告	份	1	1
事后结果资料	06	政府补贴项目申请可行性研究报告	份	1	0
技术要求资料	07	政府或公共机构补贴项目规范文件	份	1	0

4. 相关工作标准

标准编码	标准名称
22020103	行业税收优惠政策研究工作标准

5. 工作标准流程图

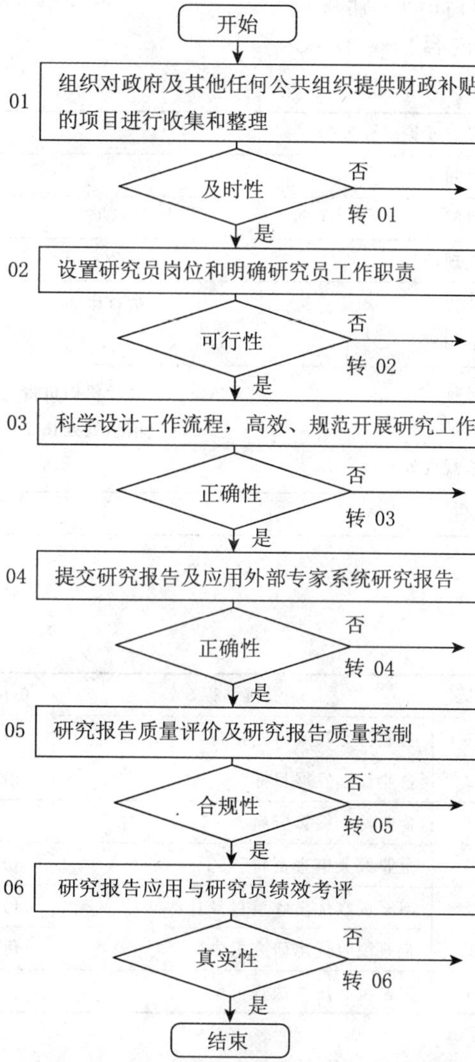

6.1.1.9 税收优惠政策研究工作标准

标准编码：22020103

标准名称：税收优惠政策研究工作标准

1. 工作标准名称释义

税收优惠政策研究工作标准是指企业根据发展战略和长期发展目标，研究国家或地区税收优惠政策，指导企业调整发展战略以及研究争取短期税收优惠、税收减免等可行性的工作规范。

2. 工作标准基本内容

工作核心目标	税收优惠政策研究报告	
工作开始时间	规定时间	
工作结束时间	规定时间	
相关工作地点	调研点现场	办公室
相关工作单位	政策法规处 财税部门	信息中心
相关工作人员	总会计师 研究人员 政策法规处处长	会计机构负责人 信息处处长
备　　注		

3. 工作标准所需资料

资料类型	编码	资料名称	单位	原件数	复印数
事前准备资料	01	企业行业政策研究报告	份	1	1
	02	企业长远发展目标	份	1	0
	03	企业财会核算资料	份	1	0
	04	企业税务申报资料	份	1	0
事中产生资料	05	国家税收优惠政策目录	份	1	0
事后结果资料	06	企业税收优惠研究报告	份	1	0
技术要求资料	07	国家税收法律法规汇编	份	1	0

4. 相关工作标准

标准编码	标准名称
220202	财经政策研究成果应用工作标准

5. 工作标准流程图

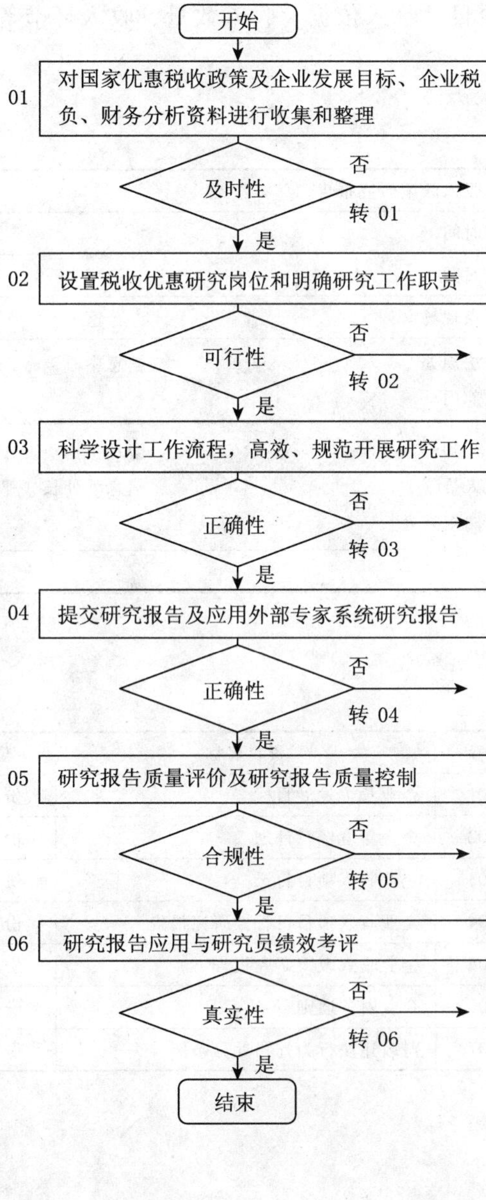

6.1.1.10 企业收入政策研究工作标准

标准编码：22020109

标准名称：企业收入政策研究工作标准

1. 工作标准名称释义

企业收入政策研究工作标准是指企业根据长远发展目标及年度经营计划，研究确定企业收入项目、收入依据、收入数量、收入环节等相关收入政策的工作规范。

2. 工作标准基本内容

工作核心目标	企业收入政策研究报告	
工作开始时间	规定时间	
工作结束时间	规定时间	
相关工作地点	调研点现场	办公室
相关工作单位	政策法规处 财税部门	信息中心
相关工作人员	总会计师 研究人员 政策法规处处长	会计机构负责人 信息处处长
备　　注		

3. 工作标准所需资料

资料类型	编码	资料名称	单位	原件数	复印数
事前准备资料	01	企业长远发展目标	份	1	1
	02	企业年度经营计划	份	1	0
	03	企业收入项目目录	份	1	0
事中产生资料	04	企业收入项目可行性研究报告	份	1	0
事后结果资料	05	企业收入政策研究报告	份	1	0
技术要求资料	06	企业财务通则	份	1	0
	07	财政违法行为处罚处分条例	份	1	0

4. 相关工作标准

标准编码	标准名称
22020110	单位成本政策研究工作标准
220202	财经政策研究成果应用工作标准

5. 工作标准流程图

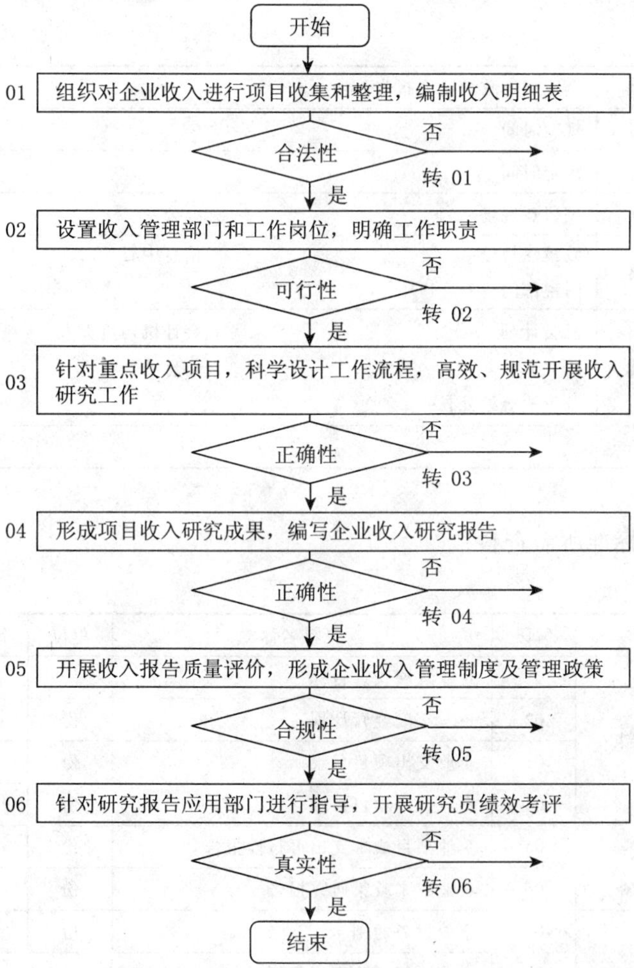

6.1.1.11 企业成本政策研究工作标准

标准编码：22020110

标准名称：企业成本政策研究工作标准

1. 工作标准名称释义

企业成本政策研究工作标准是指企业根据长远发展目标及年度经营计划，研究确定企业支出项目、支出依据、支出数量、支出环节等相关控制政策的工作规范。

2. 工作标准基本内容

工作核心目标	企业成本政策研究报告	
工作开始时间	规定时间	
工作结束时间	规定时间	
相关工作地点	调研点现场	办公室
相关工作单位	政策法规处 财税部门	信息中心
相关工作人员	总会计师 研究人员 政策法规处处长	会计机构负责人 信息处处长
备　　注		

3. 工作标准所需资料

资料类型	编码	资料名称	单位	原件数	复印数
事前准备资料	01	企业发展长远目标	份	1	1
	02	企业年度经营计划	份	1	0
	03	企业支出项目目录	份	1	0
	04	企业成本项目目录	份	1	0
事中产生资料	05	企业项目成本支出可行性报告	份	1	0
事后结果资料	06	企业成本政策研究报告	份	1	0
技术要求资料	07	企业财务通则	份	1	0
	08	企业所得税法实施条例	份	1	0

4. 相关工作标准

标准编码	标准名称
22020109	企业收入政策研究工作标准
220202	财经政策研究成果应用工作标准

5. 工作标准流程图

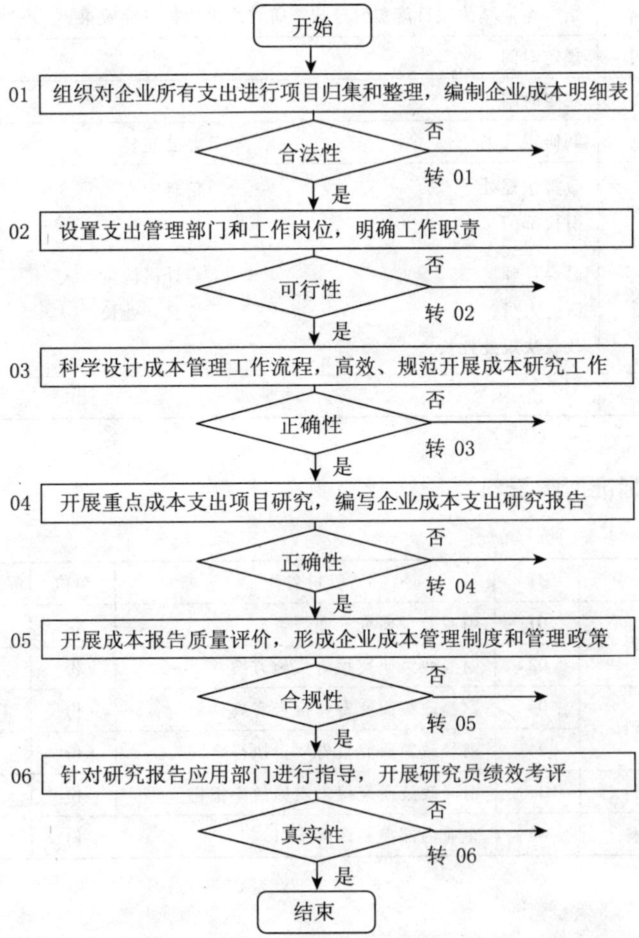

6.1.1.12 财经政策研究成果应用工作标准

标准编码：220202

标准名称：财经政策研究成果应用工作标准

1. 工作标准名称释义

财经政策研究成果应用工作标准是指企事业单位为了实现特定财经目标，研究选择使用国家或政府颁布的财经政策的工作规范。

2. 工作标准基本内容

工作核心目标	结合企业具体项目落实财经政策研究成果取得具体效果	
工作开始时间	规定时间	
工作结束时间	规定时间	
相关工作地点	调研点现场	办公室
相关工作单位	政策法规处 财税部门	信息中心
相关工作人员	总会计师 研究人员 政策法规处处长	会计机构负责人 信息处处长
备　　注		

3. 工作标准所需资料

资料类型	编码	资料名称	单位	原件数	复印数
事前准备资料	01	财政政策研究专业报告	份	1	1
	02	财经政策研究报告实施方案	份	1	0
事中产生资料	03	财经政策研究专业报告实施计划	份	1	0
	04	财经政策研究报告项目执行合同	份	1	1
事后结果资料	05	财经政策研究报告实施效果报告	份	1	0
技术要求资料	06	企业内部控制评价指引	份	1	0

4. 相关工作标准

标准编码	标准名称
22020101	世界贸易政策研究工作标准
22020102	政府补贴政策研究工作标准
22020103	税收优惠政策研究工作标准
22020104	金融政策研究工作标准
22020105	保险政策研究工作标准
22020109	企业收入政策研究工作标准
22020110	企业成本政策研究工作标准

5. 工作标准流程图

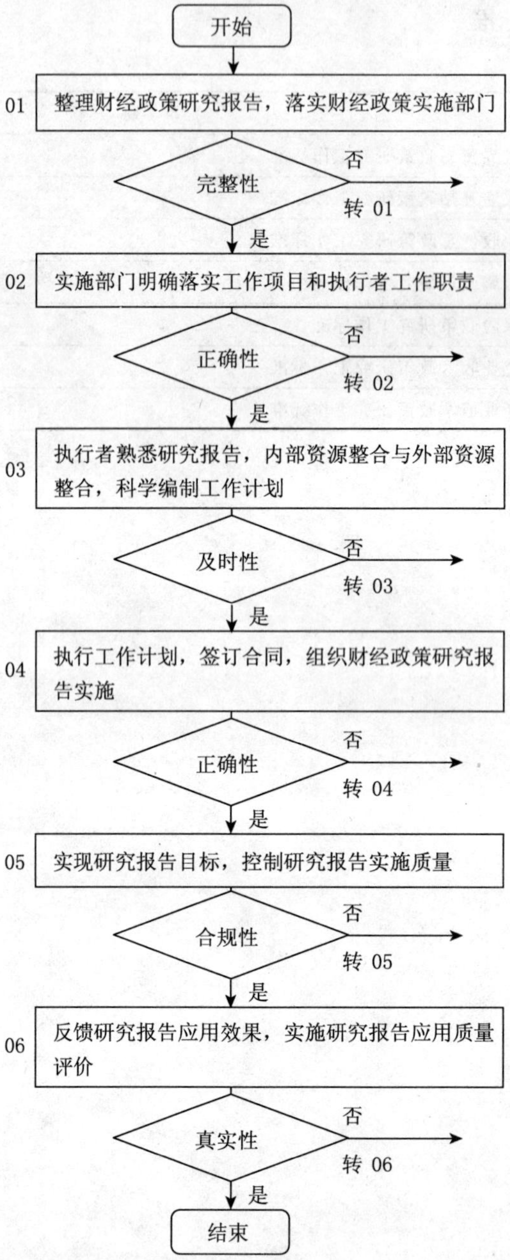
开始
01
整理财经政策研究报告，落实财经政策实施部门
完整性
否
转 01
是
02
实施部门明确落实工作项目和执行者工作职责
正确性
否
转 02
是
03
执行者熟悉研究报告，内部资源整合与外部资源整合，科学编制工作计划
及时性
否
转 03
是
04
执行工作计划，签订合同，组织财经政策研究报告实施
正确性
否
转 04
是
05
实现研究报告目标，控制研究报告实施质量
合规性
否
转 05
是
06
反馈研究报告应用效果，实施研究报告应用质量评价
真实性
否
转 06
是
结束

6.1.1.13 企业发展战略制定工作标准

标准编码：220203

标准名称：企业发展战略制定工作标准

1. 工作标准名称释义

企业发展战略制定工作标准是指企业围绕经营主业，在对现实状况和未来形势进行综合分析和科学预测的基础上，制定并实施具有长期性和根本性的发展目标与战略规划的工作规范。

2. 工作标准基本内容

工作核心目标	形成企业长远发展目标	
工作开始时间	企业设立前	
工作结束时间	企业终止后	
相关工作地点	办公室	会议室
相关工作单位	董事会 监事会	企业战略委员会 股东会
相关工作人员	董事长 独立董事	董事
备　　注		

3. 工作标准所需资料

资料类型	编码	资料名称	单位	原件数	复印数
事前准备资料	01	企业财经政策研究报告	份	1	1
	02	市场调查报告	份	1	0
	03	企业技术发展分析报告	份	1	0
	04	行业发展白皮书	份	1	0
	05	企业竞争对手调查报告	份	1	0
	06	企业资源分析报告	份	1	0
事中产生资料	07	企业发展战略方案草案	份	1	1

续表

资料类型	编码	资料名称	单位	原件数	复印数
事后结果资料	08	企业发展战略方案	份	1	1
技术要求资料	09	企业内部控制应用指引	份	1	0

4. 相关工作标准

标准编码	标准名称
22020109	企业收入政策研究工作标准
22020110	单位成本政策研究工作标准
220202	财经政策研究成果应用工作标准
220204	企业长远发展目标实施工作标准

5. 工作标准流程图

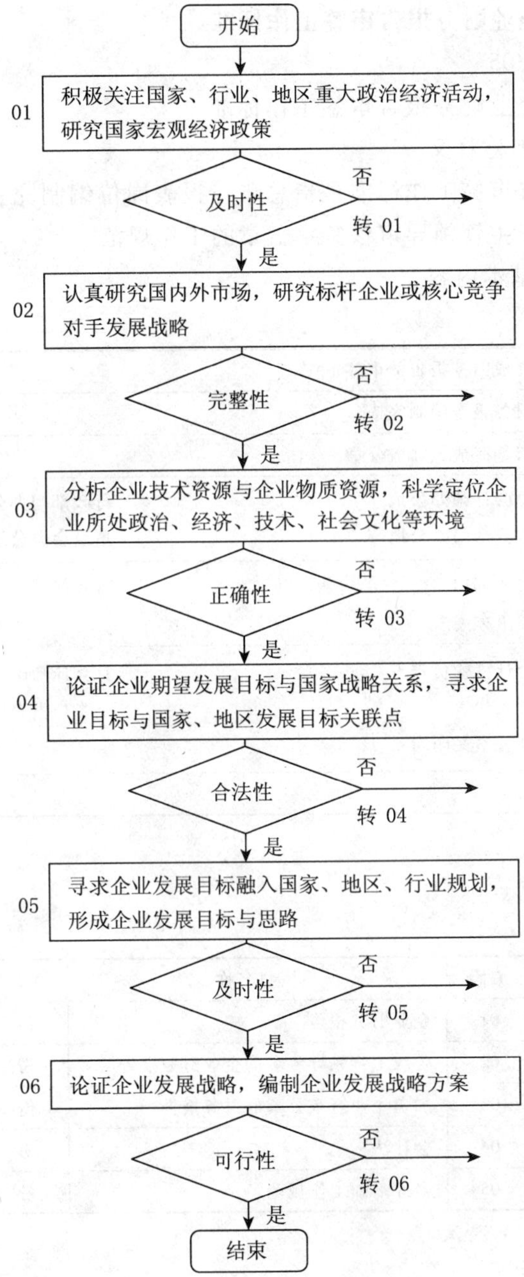
开始
01
积极关注国家、行业、地区重大政治经济活动，研究国家宏观经济政策
及时性
否
转 01
是
02
认真研究国内外市场，研究标杆企业或核心竞争对手发展战略
完整性
否
转 02
是
03
分析企业技术资源与企业物质资源，科学定位企业所处政治、经济、技术、社会文化等环境
正确性
否
转 03
是
04
论证企业期望发展目标与国家战略关系，寻求企业目标与国家、地区发展目标关联点
合法性
否
转 04
是
05
寻求企业发展目标融入国家、地区、行业规划，形成企业发展目标与思路
及时性
否
转 05
是
06
论证企业发展战略，编制企业发展战略方案
可行性
否
转 06
是
结束

6.1.1.14 企业财务报告审签工作标准

标准编码：2305

标准名称：企业财务报告审签工作标准

1. 工作标准名称释义

企业财务报告审签工作标准是指总账与报表岗位编制完企业财务报告后，在上报前履行各级主管领导审核签字盖章的工作规范。

2. 工作标准基本内容

工作核心目标	完成财务报告的审签工作	
工作开始时间	财务报告编制完毕	
工作结束时间	审签完成、加盖公章	
相关工作地点	总会计师办公地 财务部门办公地	行政部门办公地 董事会办公地
相关工作单位	财务部门 董事会	行政部门
相关工作人员	会计机构负责人 法人代表 办公室文印岗	总会计师岗位 总账与报表岗位
备　　注		

3. 工作标准所需资料

资料类型	编码	资料名称	单位	原件数	复印数
事前准备资料	01	企业财务报告	份	5	0
事中产生资料	02	各级主管领导签名的企业财务报告	份	5	0
事后结果资料	03	加盖企业行政公章的财务报告	份	5	0
技术要求资料	04	会计法	份	1	1
	05	会计基础工作规范	份	1	0

4. 相关工作标准

标准编码	标准名称
01	完善会计核算体系工作标准

5. 工作标准流程图

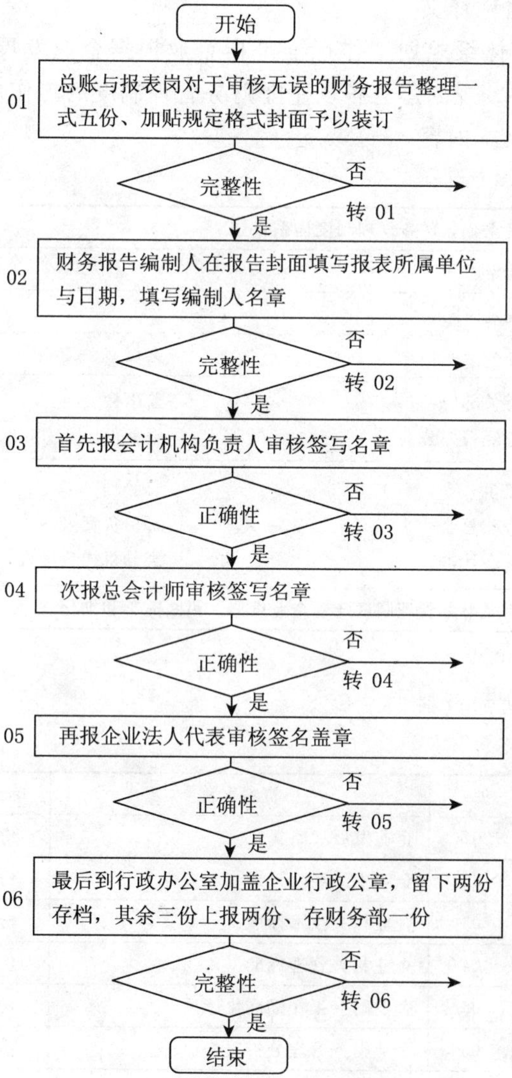

6.1.2 企业财会综合工作

6.1.2.1 财务管理制度体系规划工作标准

标准编码：22030101

标准名称：财务管理制度体系规划工作标准

1. 工作标准名称释义

财务管理制度体系规划工作标准是指企业根据企业发展战略规划与实际经营管理工作需要，规划建立各项企业财务管理制度的工作规范。

2. 工作标准基本内容

工作核心目标	建立企业财务管理制度体系目录	
工作开始时间	规定时间	
工作结束时间	规定时间	
相关工作地点	办公室	会议室
相关工作单位	有关部门 总经理办公会	监事会 财务部
相关工作人员	监事 行政总监 总会计师	总经理 部门负责人 会计机构负责人
备　注	企业财务管理制度随着企业发展，不断完善和细化	

3. 工作标准所需资料

资料类型	编码	资料名称	单位	原件数	复印数
事前准备资料	01	企业发展战略报告	份	1	1
	02	企业生产经营计划	份	1	0
	03	企业相关技术标准	份	1	0
	04	企业相关管理标准	份	1	0
事中产生资料	05	企业财会工作标准化体系	份	1	1
	06	企业财务管理分析报告	份	0	0

续表

资料类型	编码	资料名称	单位	原件数	复印数
事后结果资料	07	企业财务管理制度规划目录	份	1	1
技术要求资料	08	企业内部控制配套指引	份	1	1

4. 相关工作标准

标准编码	标准名称
22030301	会计核算制度规划工作标准

5. 工作标准流程图

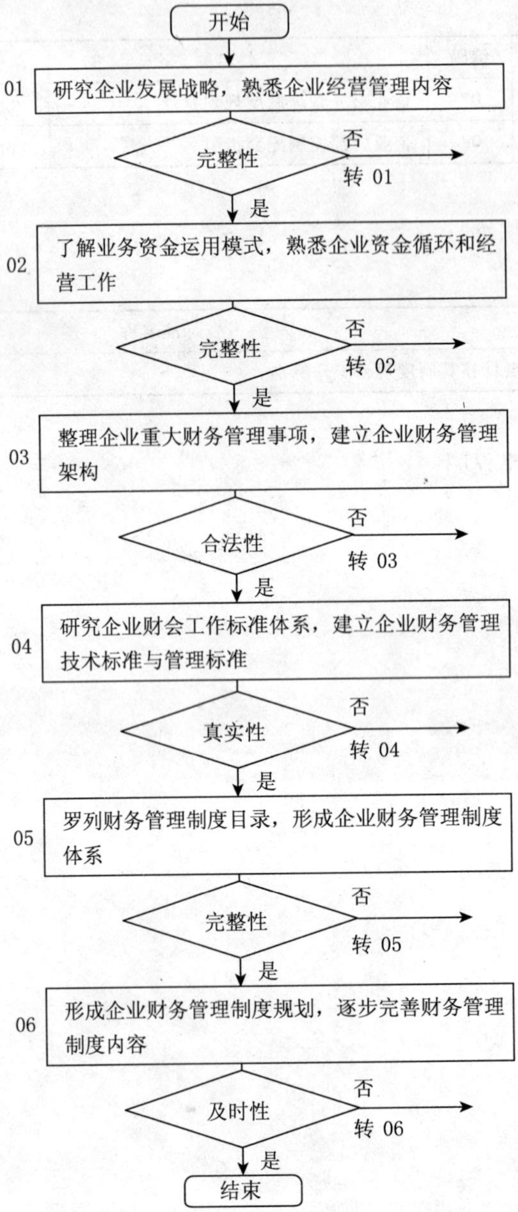
开始
01 研究企业发展战略，熟悉企业经营管理内容
完整性
否
转 01
是
02 了解业务资金运用模式，熟悉企业资金循环和经营工作
完整性
否
转 02
是
03 整理企业重大财务管理事项，建立企业财务管理架构
合法性
否
转 03
是
04 研究企业财会工作标准体系，建立企业财务管理技术标准与管理标准
真实性
否
转 04
是
05 罗列财务管理制度目录，形成企业财务管理制度体系
完整性
否
转 05
是
06 形成企业财务管理制度规划，逐步完善财务管理制度内容
及时性
否
转 06
是
结束

6.1.2.2 财务管理制度执行工作标准

标准编码：22030103

标准名称：财务管理制度执行工作标准

1. 工作标准名称释义

财务管理制度执行工作标准是根据企业内部控制要求，基于业务管理和财务目标实现过程，执行应用具体财务管理制度，约束规范相关工作者工作行为的工作规范。

2. 工作标准基本内容

工作核心目标	财务管理制度贯彻执行	
工作开始时间	具体事件发生时	
工作结束时间	规定时间	
相关工作地点	办公室	会议室
相关工作单位	总经理办公会	有关处室
相关工作人员	业务经理 全体员工	业务人员
备　　注	将制度不停留在书面上、口头上，而是在行动中贯彻落实	

3. 工作标准所需资料

资料类型	编码	资料名称	单位	原件数	复印数
事前准备资料	01	企业财务管理制度	份	1	1
	02	企业单项工作标准	份	1	0
事中产生资料	03	企业财务管理制度要求落实	份	1	0
事后结果资料	04	业务目标与财务管理目标达成	份	1	1
技术要求资料	05	企业内部控制基本规范	份	1	0

4. 相关工作标准

标准编码	标准名称
22030102	财务管理制度起草工作标准
220302	财务管理制度设计工作标准

5. 工作标准流程图

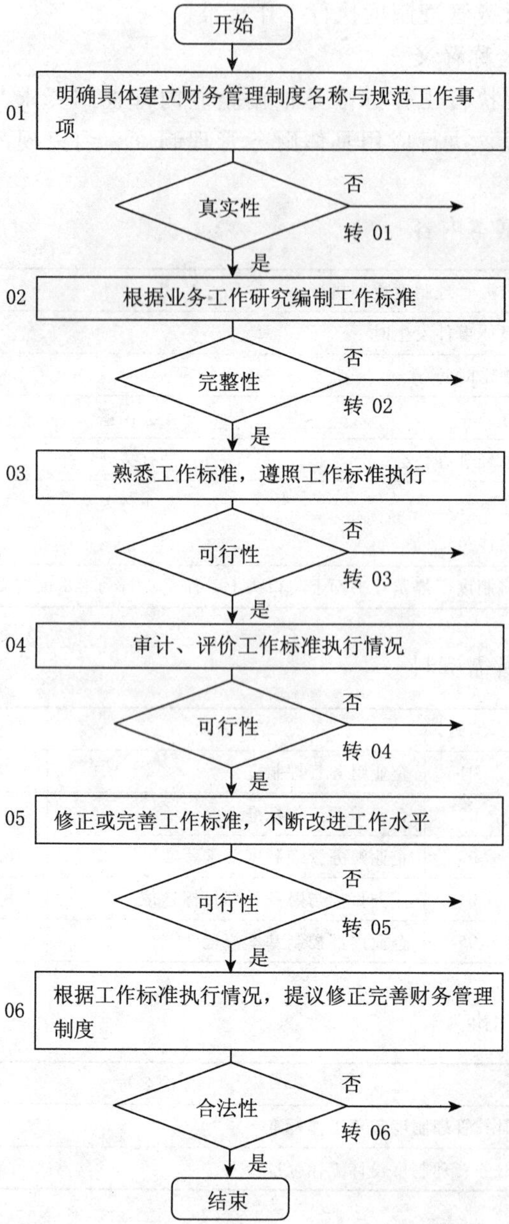
开始
01
明确具体建立财务管理制度名称与规范工作事项
真实性
否
转 01
是
02
根据业务工作研究编制工作标准
完整性
否
转 02
是
03
熟悉工作标准，遵照工作标准执行
可行性
否
转 03
是
04
审计、评价工作标准执行情况
可行性
否
转 04
是
05
修正或完善工作标准，不断改进工作水平
可行性
否
转 05
是
06
根据工作标准执行情况，提议修正完善财务管理制度
合法性
否
转 06
是
结束

6.1.2.3　会计核算制度规划工作标准

标准编码：22030301

标准名称：会计核算制度规划工作标准

1. 工作标准名称释义

会计核算制度体系规划工作标准是指企业根据企业财务管理制度规划工作标准研究工作成果，结合企业实际经营会计核算需要，规划建立各项会计核算制度的工作规范。

2. 工作标准基本内容

工作核心目标	建立企业会计核算制度体系目录	
工作开始时间	规定时间	
工作结束时间	规定时间	
相关工作地点	办公室	会议室
相关工作单位	有关部门 总经理办公会	监事会 财务部
相关工作人员	监事 行政总监 总会计师	总经理 部门负责人 会计机构负责人
备　　注	企业会计核算制度随着企业发展，不断完善和细化	

3. 工作标准所需资料

资料类型	编码	资料名称	单位	原件数	复印数
事前准备资料	01	企业经营计划	份	1	1
	02	企业财务管理制度体系	份	1	1
	03	企业财会工作标准体系	份	1	1
事中产生资料	04	企业会计核算分析报告	份	1	0
事后结果资料	05	企业会计核算制度规划目录	份	1	0
技术要求资料	06	会计法	份	0	0
	07	企业会计准则	份	1	0
	08	企业内部控制有关制度	份	1	1

4. 相关工作标准

标准编码	标准名称
22030101	财务管理制度体系规划工作标准

5. 工作标准流程图

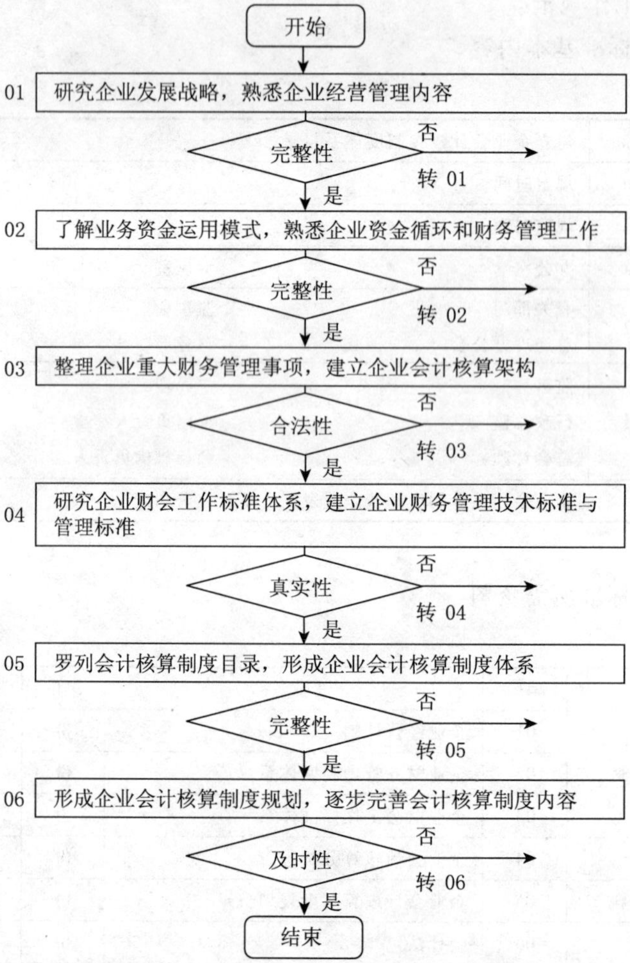

6.1.2.4　会计核算制度修订工作标准

标准编码：22030304

标准名称：会计核算制度修订工作标准

1. 工作标准名称释义

会计核算制度修订工作标准是基于业务管理和财务目标实现过程，执行应用具体会计核算制度和办法，在实现企业内部控制要求及会计报告情况下，发现制度漏洞或对企业工作人员提高工作效率与质量的制约影响因素，进行制度改进的工作规范。

2. 工作标准基本内容

工作核心目标	会计核算制度漏洞修补	
工作开始时间	规定时间	
工作结束时间	规定时间	
相关工作地点	办公室	会议室
相关工作单位	总经理办公会	有关处室
相关工作人员	监督者 执行者 业务经理	监事 财务总监 业务人员
备　　注	将制度不停留在书面上、口头上，而是在行动中贯彻落实	

3. 工作标准所需资料

资料类型	编码	资料名称	单位	原件数	复印数
事前准备资料	01	会计制度具体条文	份	1	1
	02	会计核算制度在工作标准执行中问题汇总	份	1	0
事中产生资料	03	会计核算制度修订稿	份	1	0
事后结果资料	04	会计核算制度修订稿	份	1	0
技术要求资料	05	财会工作标准体系	份	1	0

4. 相关工作标准

标准编码	标准名称
220304	会计核算制度设计工作标准

5. 工作标准流程图

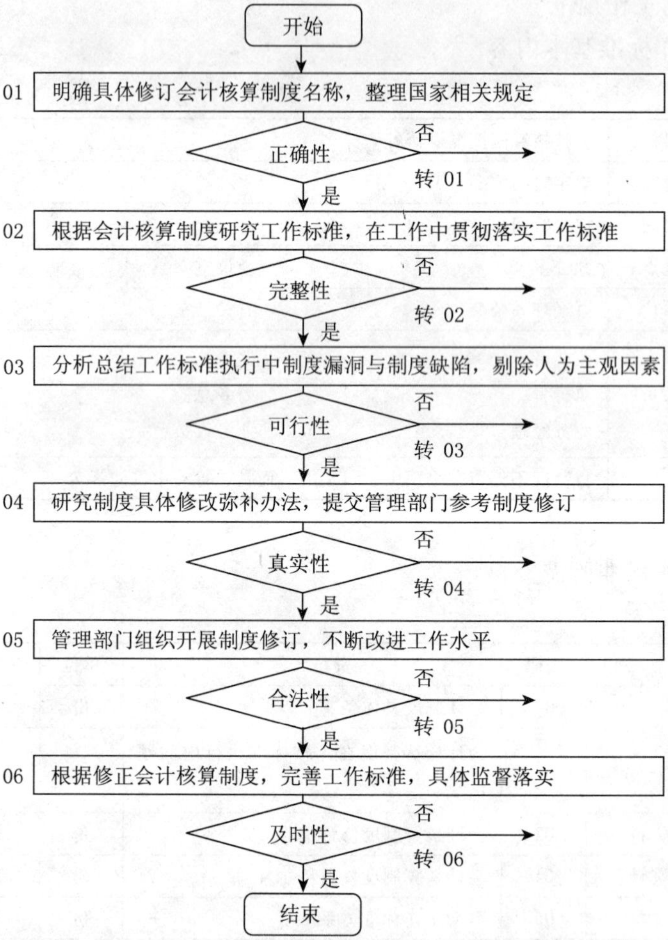

6.1.2.5　会计核算制度设计工作标准

标准编码：220304

标准名称：会计核算制度设计工作标准

1. 工作标准名称释义

会计核算制度设计工作标准是企业根据实际业务管理需要，基于会计核算而建立具体会计核算要求的工作规范。

2. 工作标准基本内容

工作核心目标	编制会计核算制度文本	
工作开始时间	规定时间	
工作结束时间	规定时间	
相关工作地点	办公室	会议室
相关工作单位	政策法规处	财务部
相关工作人员	业务经理 会计机构负责人	总会计师 政策法规处处长
备　　注		

3. 工作标准所需资料

资料类型	编码	资料名称	单位	原件数	复印数
事前准备资料	01	业务技术资料	份	1	1
	02	业务管理资料	份	1	0
	03	业务数据流调查资料	份	1	0
	04	会计核算工作流调查资料	份	1	0
	05	会计核算审批流调查资料	份	1	0
事中产生资料	06	会计核算制度草案	份	1	0
事后结果资料	07	会计核算制度	份	1	0
技术要求资料	08	会计法	份	1	0
	09	企业会计准则	份	1	0

4. 相关工作标准

标准编码	标准名称
220302	财务管理制度设计工作标准

5. 工作标准流程图

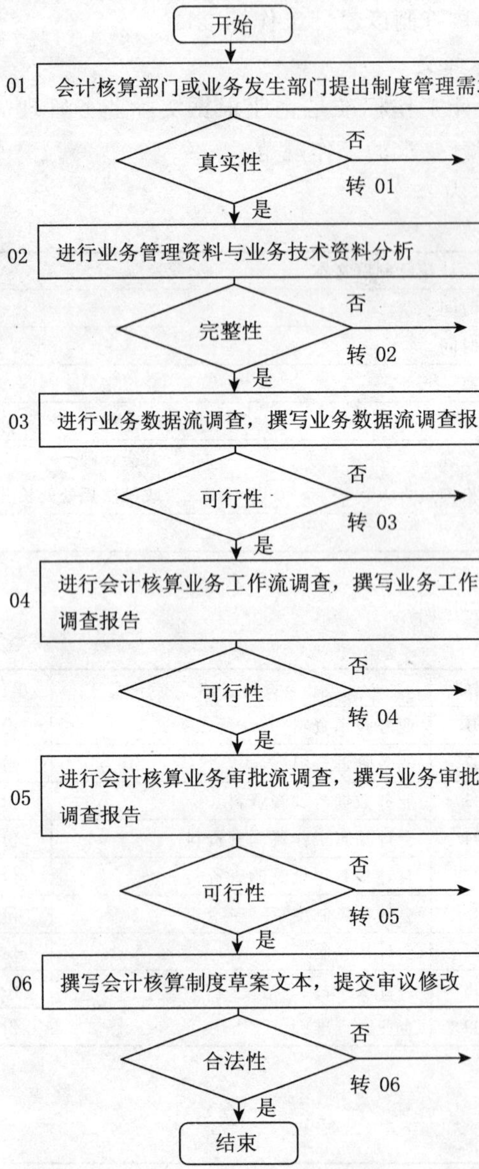
开始
01
会计核算部门或业务发生部门提出制度管理需求
真实性
否
转 01
是
02
进行业务管理资料与业务技术资料分析
完整性
否
转 02
是
03
进行业务数据流调查，撰写业务数据流调查报告
可行性
否
转 03
是
04
进行会计核算业务工作流调查，撰写业务工作流调查报告
可行性
否
转 04
是
05
进行会计核算业务审批流调查，撰写业务审批流调查报告
可行性
否
转 05
是
06
撰写会计核算制度草案文本，提交审议修改
合法性
否
转 06
是
结束

6.1.2.6　企业内部控制体系建设工作标准

标准编码：22030501

标准名称：企业内部控制体系建设工作标准

1. 工作标准名称释义

企业内部控制体系建设工作标准是指企业建立保证企业经营管理合法合规、资产安全、财务报告及相关信息真实完整，提高经营效率和效果，促进企业实现发展战略等制度体系的工作规范。

2. 工作标准基本内容

工作核心目标	建立企业内部控制制度	
工作开始时间	企业成立后	
工作结束时间	企业注销时	
相关工作地点	办公室	会议室
相关工作单位	董事会 总经理办公会	监事会
相关工作人员	决策者 执行者 全体员工	监督者 部门负责人
备　　注		

3. 工作标准所需资料

资料类型	编码	资料名称	单位	原件数	复印数
事前准备资料	01	企业发展战略报告	份	1	1
	02	企业经营计划	份	1	1
	03	企业工作标准体系	份	1	1
事中产生资料	04	企业内部控制标准编制报告	份	1	1
	05	企业内部控制评价标准编制报告	份	1	1
事后结果资料	06	本企业内部控制制度	份	1	1
技术要求资料	07	企业内部控制配套指引	份	1	0
	08	政府法律法规	份	0	0

4. 相关工作标准

标准编码	标准名称
220203	企业发展战略制定工作标准
220204	企业发展战略实施工作标准
22030504	企业工作标准化建设工作标准

5. 工作标准流程图

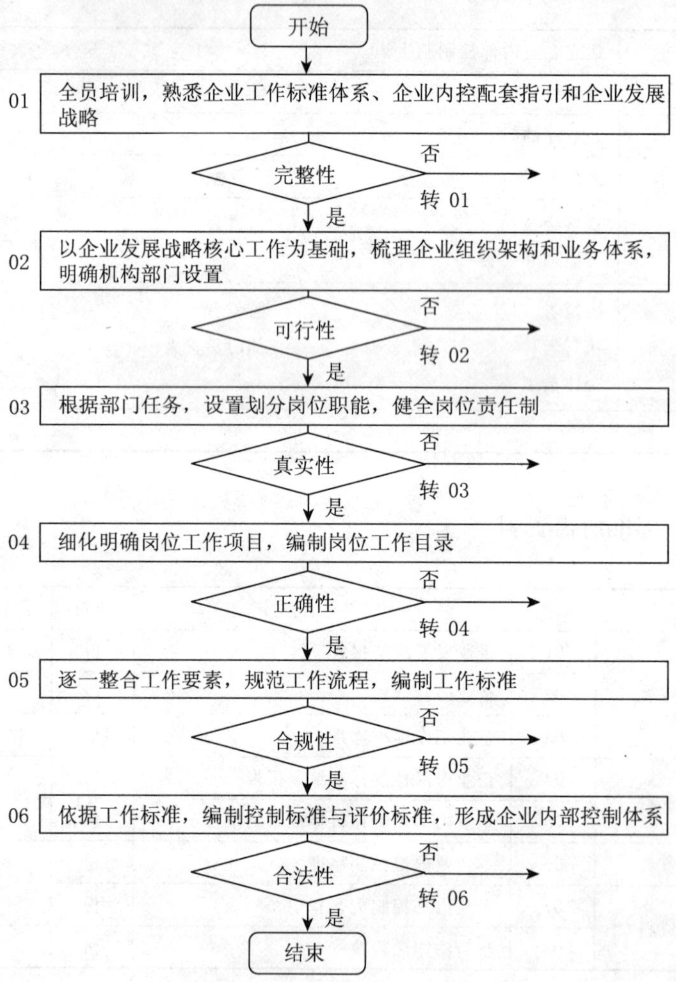

6.1.2.7 企业工作标准化建设工作标准

标准编码：22030504

标准名称：企业工作标准化建设工作标准

1. 工作标准名称释义

企业工作标准化建设工作标准是指企业根据圆通制科学工作原理和方法，明确企业组织架构和岗位设置，科学编制工作目录和工作标准，建立企业工作标准化体系的工作规范。

2. 工作标准基本内容

工作核心目标	建立企业工作标准化体系	
工作开始时间	企业成立时	
工作结束时间	企业注销时	
相关工作地点	办公室	会议室
相关工作单位	董事会 总经理办公会	监事会
相关工作人员	决策者 执行者	监督者
备　　注		

3. 工作标准所需资料

资料类型	编码	资料名称	单位	原件数	复印数
事前准备资料	01	企业发展战略报告	份	1	1
	02	企业组织架构规划	份	1	1
	03	企业生产经营计划	份	1	1
	04	岗位说明书	份	1	1
	05	圆通工作标准软件	份	1	1
事中产生资料	06	企业组织部门结构图	份	1	1
	07	企业部门工作项目	份	1	1
	08	工作标准目录	份	1	1
	09	编制工作标准	份	1	1

续表

资料类型	编码	资料名称	单位	原件数	复印数
事后结果资料	10	企业工作标准体系	份	1	1
技术要求资料	11	相关政府法律法规政策	份	1	1
	12	国家技术标准	份	1	0
	13	国家管理标准	份	1	0
	14	圆通制——科学工作原理	份	1	1

4. 相关工作标准

标准编码	标准名称
220203	企业发展战略制定工作标准
220204	企业发展战略实施工作标准

5. 工作标准流程图

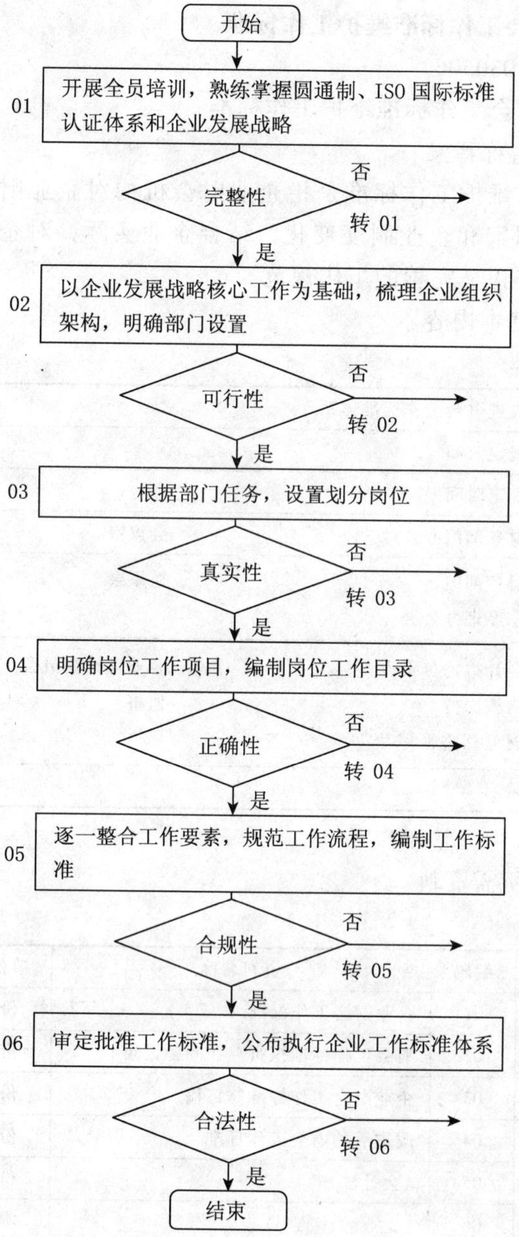
开始
01
开展全员培训，熟练掌握圆通制、ISO 国际标准认证体系和企业发展战略
完整性
否
转 01
是
02
以企业发展战略核心工作为基础，梳理企业组织架构，明确部门设置
可行性
否
转 02
是
03
根据部门任务，设置划分岗位
真实性
否
转 03
是
04
明确岗位工作项目，编制岗位工作目录
正确性
否
转 04
是
05
逐一整合工作要素，规范工作流程，编制工作标准
合规性
否
转 05
是
06
审定批准工作标准，公布执行企业工作标准体系
合法性
否
转 06
是
结束

6.1.2.8 财会工作标准维护工作标准

标准编码：22030506

标准名称：财会工作标准维护工作标准

1. 工作标准名称释义

财会工作标准维护工作标准是指企业财会机构对企业财会工作标准在执行过程中，依据国家和企业制度变化，结合企业实际，对企业财会工作标准体系进行改进、修正、完善的工作规范。

2. 工作标准基本内容

工作核心目标	改进财会工作标准体系	
工作开始时间	规定时间	
工作结束时间	规定时间	
相关工作地点	财务部门办公地	会议室
相关工作单位	财务部门 总经理办公会	监事会
相关工作人员	会计机构负责人 稽核岗位 财务总监	企业审计委员会 监事
备　　注		

3. 工作标准所需资料

资料类型	编码	资料名称	单位	原件数	复印数
事前准备资料	01	企业财会工作标准	份	1	1
	02	财会工作标准执行存在问题记录	份	1	0
事中产生资料	03	企业财会工作标准修订稿	份	1	1
事后结果资料	04	改进后的财会工作标准	份	1	0
技术要求资料	05	《会计法》	份	1	0
	06	《企业会计准则》	本	0	0
	07	《企业内部控制基本规范》	份	1	0

4. 相关工作标准

标准编码	标准名称
22030503	企业内部控制问题纠正工作标准
22030504	企业工作标准化建设工作标准

5. 工作标准流程图

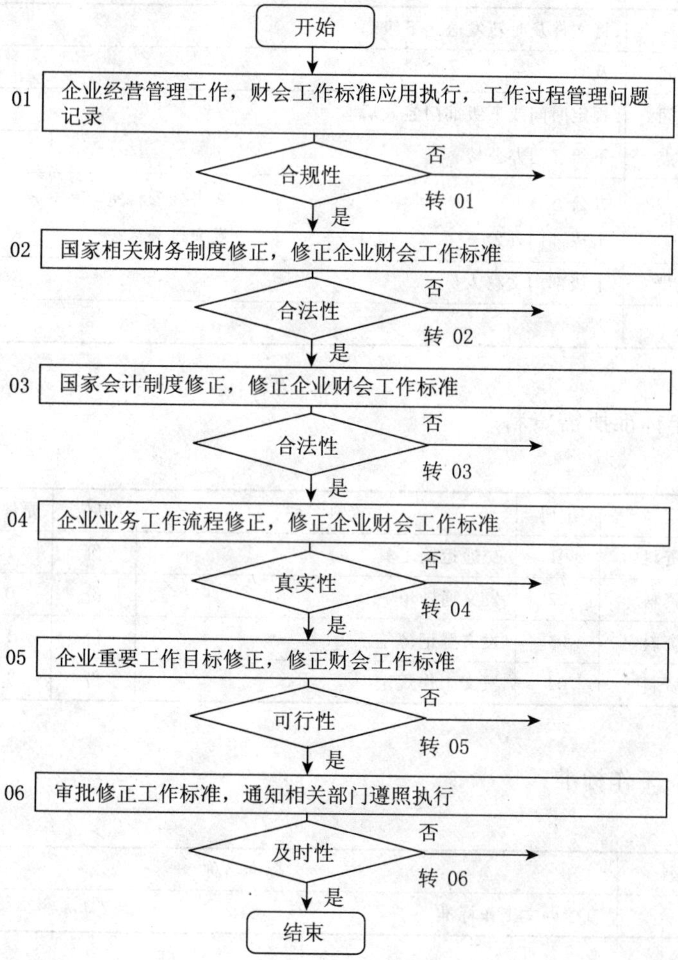

6.1.2.9 转发办文工作标准

标准编码：010301

标准名称：转发办文工作标准

1. 工作标准名称释义

转发办文工作标准是指将上级发至本部门的文件按规定的份数转送下级部门，由下级部门负责办理的工作规范。

2. 工作标准基本内容

工作核心目标	将文件及时转发送达下级部门	
工作开始时间	及时	
工作结束时间	规定时间或下级部门签收后	
相关工作地点	下级部门办公楼	
相关工作单位	办公室 下级部门办公室	文书处理科室 发文机关
相关工作人员	下级部门文秘人员	
备　注		

3. 工作标准所需资料

资料类型	编码	资料名称	单位	原件数	复印数
事前准备资料	01	交通运输工具	份	1	0
事中产生资料	02	发文通知单	份	0	0
事后结果资料	03	发文登记簿签字	份	1	1
技术要求资料	04	发文工作规定	份	1	0

4. 相关工作标准

标准编码	标准名称
010302	直接办文工作标准

5. 工作标准流程图

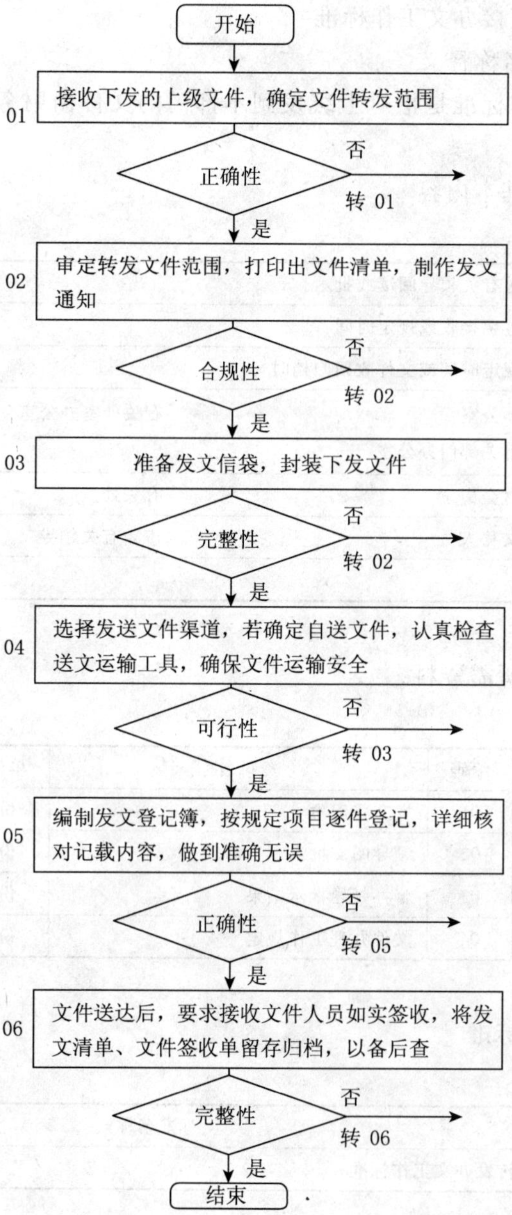
开始
01
接收下发的上级文件，确定文件转发范围
正确性
否
转 01
是
02
审定转发文件范围，打印出文件清单，制作发文通知
合规性
否
转 02
是
03
准备发文信袋，封装下发文件
完整性
否
转 02
是
04
选择发送文件渠道，若确定自送文件，认真检查送文运输工具，确保文件运输安全
可行性
否
转 03
是
05
编制发文登记簿，按规定项目逐件登记，详细核对记载内容，做到准确无误
正确性
否
转 05
是
06
文件送达后，要求接收文件人员如实签收，将发文清单、文件签收单留存归档，以备后查
完整性
否
转 06
是
结束

6.1.2.10 直接办文工作标准

标准编码：010302

标准名称：直接办文工作标准

1. 工作标准名称释义

直接办文工作标准是指对上级发到本部门的文件由财务部直接进行办理的工作规范。

2. 工作标准基本内容

工作核心目标	送有关领导阅读或批示	
工作开始时间	签字接收或规定时间	
工作结束时间	规定时间或文件收回归档时	
相关工作地点	办公室 有关部门办公室	有关处室办公室
相关工作单位	财会岗位	有关处室
相关工作人员	文秘人员	市委有关领导
备　　注		

3. 工作标准所需资料

资料类型	编码	资料名称	单位	原件数	复印数
事前准备资料	01	发文登记簿	份	0	0
事中产生资料	02	领导阅文批示	份	0	0
事后结果资料	03	督办领导批示结果	份	0	0
技术要求资料	04	文件办理工作规定	份	1	0

4. 相关工作标准

标准编码	标准名称
010301	转发办文工作标准

5. 工作标准流程图

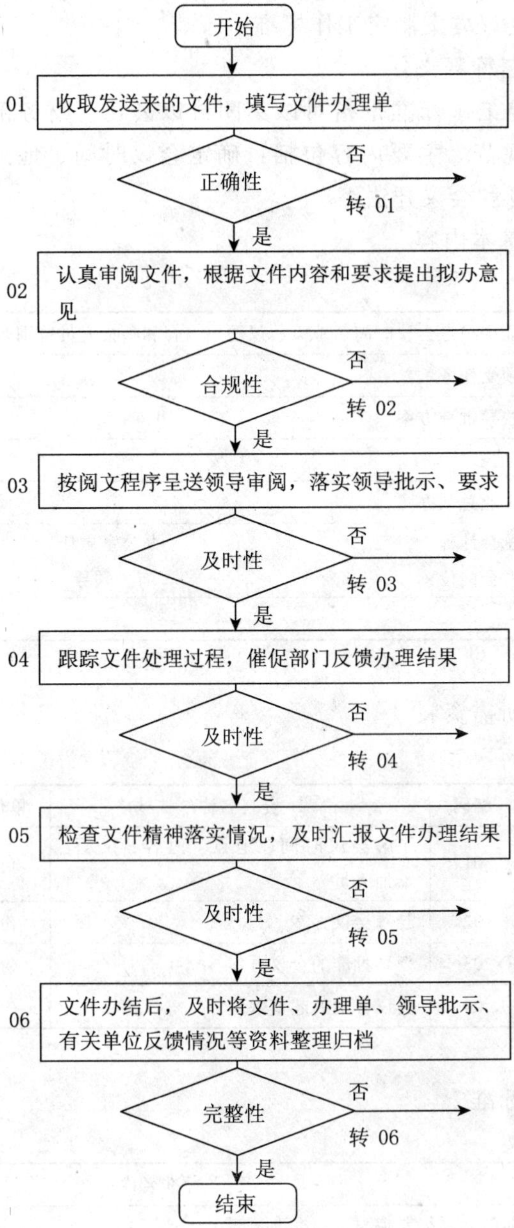
开始
01 收取发送来的文件，填写文件办理单
正确性
否
转 01
是
02 认真审阅文件，根据文件内容和要求提出拟办意见
合规性
否
转 02
是
03 按阅文程序呈送领导审阅，落实领导批示、要求
及时性
否
转 03
是
04 跟踪文件处理过程，催促部门反馈办理结果
及时性
否
转 04
是
05 检查文件精神落实情况，及时汇报文件办理结果
及时性
否
转 05
是
06 文件办结后，及时将文件、办理单、领导批示、有关单位反馈情况等资料整理归档
完整性
否
转 06
是
结束

6.1.2.11 会议方案制定工作标准

标准编码：0201

标准名称：会议方案制定工作标准

1. 工作标准名称释义

会议方案制定工作标准是指对以集团或以公司、财务部名义召开的会议作出安排的工作规范。主要内容包括：确定会议时间、地点、会议内容或主题、参会人员范围和会议开法等。

2. 工作标准基本内容

工作核心目标	准确确定会议时间、地点、议题、内容和参会人员范围	
工作开始时间	领受任务	
工作结束时间	领导批准方案	
相关工作地点	办公室	
相关工作单位	企业总裁办	
相关工作人员	总会计师 财会岗位	办公室主任 有关领导
备　　注		

3. 工作标准所需资料

资料类型	编码	资料名称	单位	原件数	复印数
事前准备资料	01	了解会议时间、地点、内容、议题、参加人员	份	1	1
事中产生资料	02	起草会议方案	份	1	0
事后结果资料	03	领导批准的会议方案	份	1	0
技术要求资料	04	会议方案的起草规定	份	1	0

4. 相关工作标准

标准编码	标准名称
010203	部门会议纪要拟写工作标准

5. 工作标准流程图

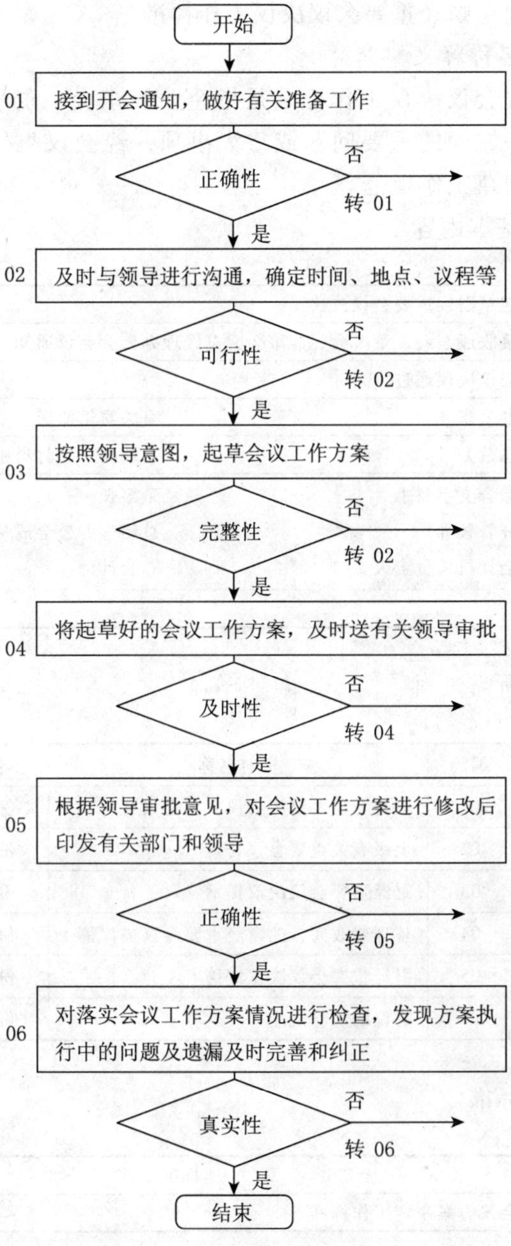
开始
01
接到开会通知，做好有关准备工作
正确性
否
转 01
是
02
及时与领导进行沟通，确定时间、地点、议程等
可行性
否
转 02
是
03
按照领导意图，起草会议工作方案
完整性
否
转 02
是
04
将起草好的会议工作方案，及时送有关领导审批
及时性
否
转 04
是
05
根据领导审批意见，对会议工作方案进行修改后印发有关部门和领导
正确性
否
转 05
是
06
对落实会议工作方案情况进行检查，发现方案执行中的问题及遗漏及时完善和纠正
真实性
否
转 06
是
结束

6.1.2.12 起草财经重要会议决议工作标准

标准编码：0423

标准名称：起草财经重要会议决议工作标准

1. 工作标准名称释义

起草财经重要会议决议工作标准是指企业股东会、董事会、监事会、总经理办公会就某一方面的重要问题或重大事项，经会议集体讨论或表决通过后所形成决议的起草工作规范。

2. 工作标准基本内容

工作核心目标	起草财经重要会议决议	
工作开始时间	接收股东会、董事会、监事会、总经理办公会会议通知	
工作结束时间	会议决议通过	
相关工作地点	办公室	有关宾馆酒店
相关工作单位	总裁办	会议秘书处材料组
相关工作人员	综合文字秘书 分管领导 会计机构负责人	董事长 总经理办公会成员 总会计师
备　　注		

3. 工作标准所需资料

资料类型	编码	资料名称	单位	原件数	复印数
事前准备资料	01	与企业重要财经会议有关会议材料	份	1	1
	02	上级有关重要会议材料	份	0	0
事中产生资料	03	财经重要会议决议提纲	份	0	0
	04	整理修改完善的财经重要会议决议稿	份	0	0
事后结果资料	05	财经重要会议决议定稿	份	0	0
技术要求资料	06	决议的写作规定	份	1	0

4. 相关工作标准

标准编码	标准名称
0201	会议方案制定工作标准

5. 工作标准流程图

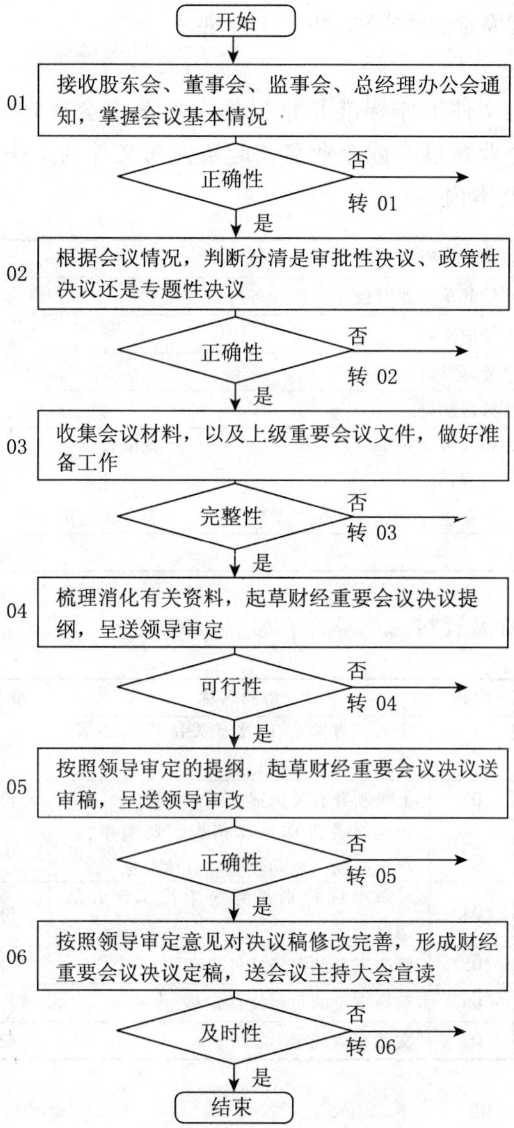
开始
01
接收股东会、董事会、监事会、总经理办公会通知，掌握会议基本情况
正确性
否
转 01
是
02
根据会议情况，判断分清是审批性决议、政策性决议还是专题性决议
正确性
否
转 02
是
03
收集会议材料，以及上级重要会议文件，做好准备工作
完整性
否
转 03
是
04
梳理消化有关资料，起草财经重要会议决议提纲，呈送领导审定
可行性
否
转 04
是
05
按照领导审定的提纲，起草财经重要会议决议送审稿，呈送领导审改
正确性
否
转 05
是
06
按照领导审定意见对决议稿修改完善，形成财经重要会议决议定稿，送会议主持大会宣读
及时性
否
转 06
是
结束

6.1.2.13 起草企业财经文件工作标准

标准编码：0424

标准名称：起草企业财经文件工作标准

1. 工作标准名称释义

起草企业财经文件工作标准是指根据企业董事会决定或企业总经理等主要领导指示，以企业董事会或企业名义起草发布文件的工作规范。

2. 工作标准基本内容

工作核心目标	起草企业财经文件	
工作开始时间	领受起草企业财经文件的任务	
工作结束时间	审签后送印	
相关工作地点	财务部办公室	
相关工作单位	政策法规处	
相关工作人员	文秘人员 总经理 办公室主任	董事长 总会计师 会计机构负责人
备　注		

3. 工作标准所需资料

资料类型	编码	资料名称	单位	原件数	复印数
事前准备资料	01	中央、省委、上级有关决策、部署、要求和政策法规	份	1	1
	02	上级领导有关论述、指示和批示	份	1	1
	03	企业有关工作总体情况、典型事例、存在问题、成功经验和具体数据	份	0	1
	04	兄弟单位特别是竞争单位工作开展情况	份	0	1
事中产生资料	05	修改完善的财经文件送审稿	份	1	0
事后结果资料	06	领导审定的财经文件定稿	份	1	0
技术要求资料	07	文件起草规定	份	1	1

4. 相关工作标准

标准编码	标准名称
0201	会议方案制定工作标准

5. 工作标准流程图

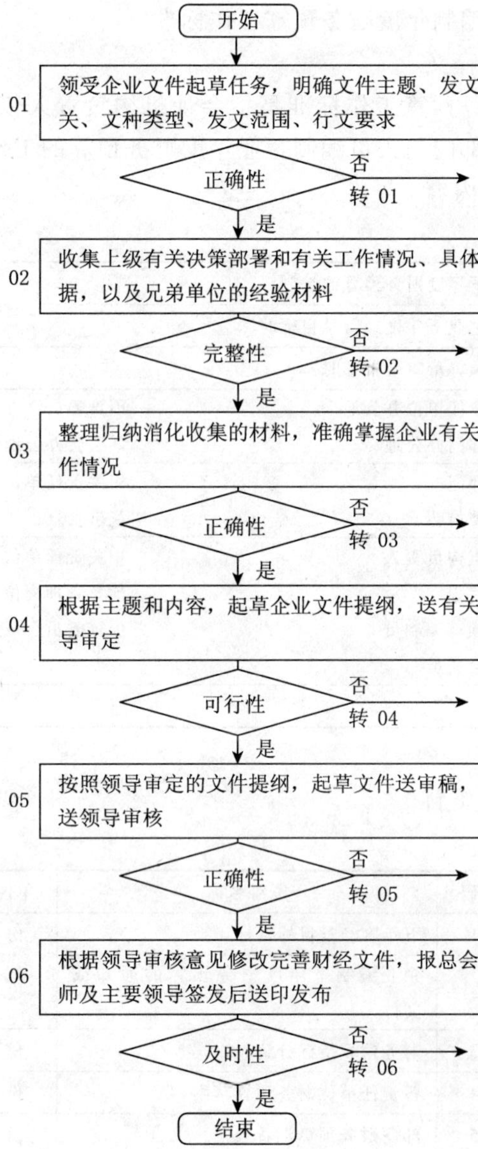
开始
01
领受企业文件起草任务，明确文件主题、发文机关、文种类型、发文范围、行文要求
正确性
否
转 01
是
02
收集上级有关决策部署和有关工作情况、具体数据，以及兄弟单位的经验材料
完整性
否
转 02
是
03
整理归纳消化收集的材料，准确掌握企业有关工作情况
正确性
否
转 03
是
04
根据主题和内容，起草企业文件提纲，送有关领导审定
可行性
否
转 04
是
05
按照领导审定的文件提纲，起草文件送审稿，呈送领导审核
正确性
否
转 05
是
06
根据领导审核意见修改完善财经文件，报总会计师及主要领导签发后送印发布
及时性
否
转 06
是
结束

6.1.2.14　组织编制年度财务预算工作标准

标准编码：2320

标准名称：组织编制年度财务预算工作标准

1. 工作标准名称释义

组织编制年度财务预算工作标准是指会计机构负责人依据企业年度预算经营目标，组织相关部门与人员编制企业年度财务预算的工作规范。

2. 工作标准基本内容

工作核心目标	完成下年度财务预算的编制	
工作开始时间	接到企业下年度经营总目标时	
工作结束时间	财务预算董事会批准时	
相关工作地点	相关责任单位办公地 财务部门办公地	预算委员会办公地 董事会办公地
相关工作单位	财务部门 预算委员会	相关责任单位 董事会
相关工作人员	会计机构负责人 法人代表 部门预算编制员 董事会成员	相关责任单位负责人 预算管理岗位 预算委员会成员
备　　注		

3. 工作标准所需资料

资料类型	编码	资料名称	单位	原件数	复印数
事前准备资料	01	下年度经营目标指标	份	1	1
事中产生资料	02	企业编制下年度财务预算的通知或文件	份	1	0
	03	财务预算指标分解表	份	1	0
	04	各责任单位财务预算草案	份	1	0
	05	部门财务预算汇总表	份	1	0
	06	经综合平衡、调整修订的财务预算方案	份	1	0

续表

资料类型	编码	资料名称	单位	原件数	复印数
事后结果资料	07	董事会审议批准的下年度财务预算	份	1	0
技术要求资料	08	《企业财务通则》解读	份	1	0

4. 相关工作标准

标准编码	标准名称
01	年度收入预算编制工作标准
02	年度预算编制工作标准
03	年度财务支出预算编制工作标准

5. 工作标准流程图

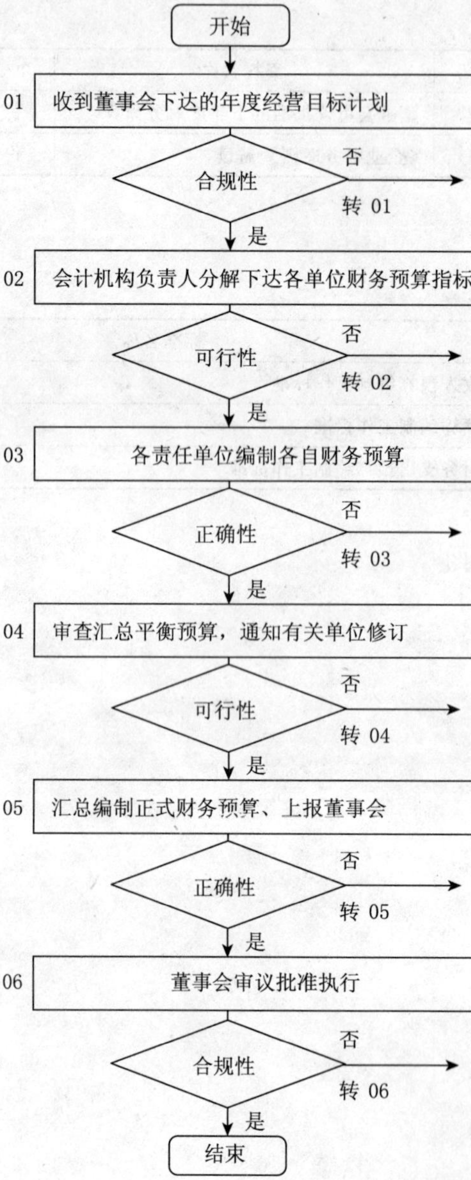
开始
01 收到董事会下达的年度经营目标计划
合规性
否
转 01
是
02 会计机构负责人分解下达各单位财务预算指标
可行性
否
转 02
是
03 各责任单位编制各自财务预算
正确性
否
转 03
是
04 审查汇总平衡预算，通知有关单位修订
可行性
否
转 04
是
05 汇总编制正式财务预算、上报董事会
正确性
否
转 05
是
06 董事会审议批准执行
合规性
否
转 06
是
结束

6.1.2.15 偿债能力评价工作标准

标准编码：2902

标准名称：偿债能力评价工作标准

1. 工作标准名称释义

偿债能力评价工作标准是指财务分析与评价岗在财务报表编制完成后，依据财务报表的有关数据计算的有关指标对企业的偿债能力在分析的基础上作出评价的工作规范。

2. 工作标准基本内容

工作核心目标	完成偿债能力的评价工作	
工作开始时间	取得资产负债表	
工作结束时间	对企业的偿债能力作出综合评价	
相关工作地点	财务部门办公地	
相关工作单位	财务部门	
相关工作人员	会计机构负责人 总账与报表岗位	财务分析与评价岗位
备　　注		

3. 工作标准所需资料

资料类型	编码	资料名称	单位	原件数	复印数
事前准备资料	01	资产负债表	份	1	1
	02	利润表	份	1	1
	03	现金流量表	份	1	1
	04	全年借款利息支付总额资料	份	1	1
	05	年末不良资产统计资料	份	1	0
事中产生资料	06	资产负债率评价资料	份	1	0
	07	已获利息倍数评价资料	份	1	0
	08	现金流动负债比率评价资料	份	1	0
	09	速动比率评价偿债能力资料	份	1	0

续表

资料类型	编码	资料名称	单位	原件数	复印数
事后结果资料	10	企业偿债能力综合评价	份	1	0
技术要求资料	11	企业财务通则	份	1	0

4. 相关工作标准

标准编码	标准名称
01	盈利能力评价工作标准

5. 工作标准流程图

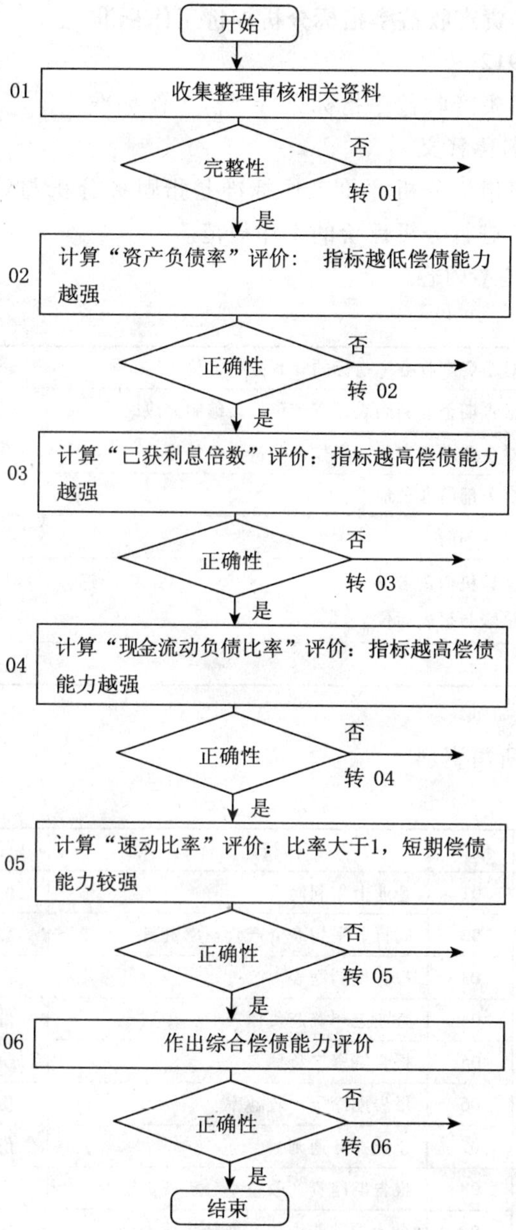
开始
01
收集整理审核相关资料
完整性
否
转 01
是
02
计算“资产负债率”评价：指标越低偿债能力越强
正确性
否
转 02
是
03
计算“已获利息倍数”评价：指标越高偿债能力越强
正确性
否
转 03
是
04
计算“现金流动负债比率”评价：指标越高偿债能力越强
正确性
否
转 04
是
05
计算“速动比率”评价：比率大于1，短期偿债能力较强
正确性
否
转 05
是
06
作出综合偿债能力评价
正确性
否
转 06
是
结束

6.1.2.16 净资产收益率指标分析评价工作标准

标准编码：2912

标准名称：净资产收益率指标分析评价工作标准

1. 工作标准名称释义

净资产收益率指标分析评价工作标准是指财务分析与评价岗位计算净资产收益率指标，并进行分析评价的工作规范。

2. 工作标准基本内容

工作核心目标	对净资产收益率指标的计算分析评价	
工作开始时间	报告期企业利润表、资产负债表编制完成时	
工作结束时间	对企业净资产收益率作出分析评价结论	
相关工作地点	财务部门办公地	
相关工作单位	财务部门	
相关工作人员	会计机构负责人 总账与报表岗位	财务分析与评价岗位
备　　注		

3. 工作标准所需资料

资料类型	编码	资料名称	单位	原件数	复印数
事前准备资料	01	企业上年利润表	份	1	1
	02	同行业平均净资产收益率资料	套	1	0
	03	报告期利润表	份	1	0
	04	企业上年资产负债表	份	1	1
	05	报告期资产负债表	份	1	1
事中产生资料	06	报告期净资产收益率	份	1	0
技术要求资料	07	企业财务通则	份	1	0
事后结果资料	08	报告期净资产收益率分析评价结论	份	1	0
	09	企业盈利能力的发展趋势评价	份	1	0

4. 相关工作标准

标准编码	标准名称
01	主营业务利润率指标分析工作标准

5. 工作标准流程图

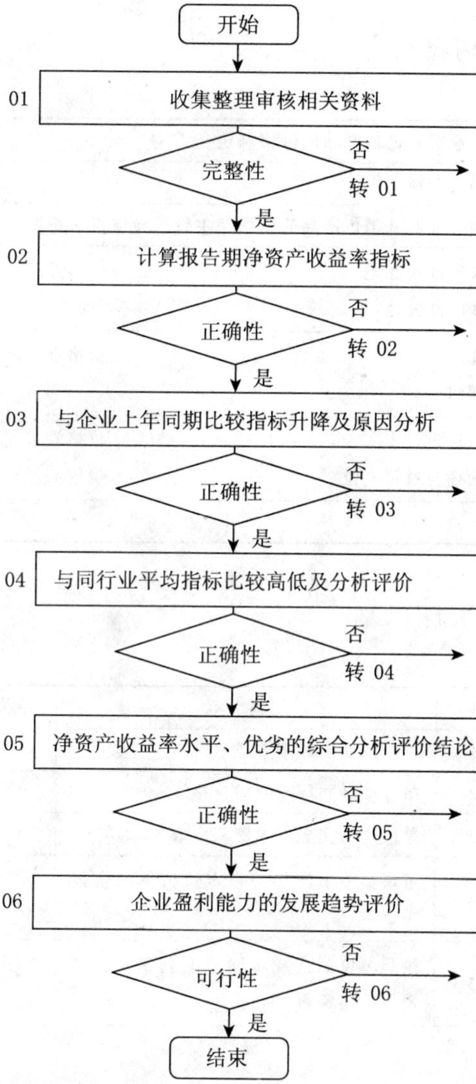

6.1.2.17 销售产品价格制定工作标准

标准编码：3001

标准名称：销售产品价格制定工作标准

1. 工作标准名称释义

销售产品价格制定工作标准是指企业价格管理岗位制定企业对外销售产品价格的工作规范。

2. 工作标准基本内容

工作核心目标	完成企业对外销售产品的价格制定	
工作开始时间	准备相关资料	
工作结束时间	制定的企业对外销售产品的价格经主管领导审批可行	
相关工作地点	价格管理部所在地 财务部门办公地	销售部门办公地
相关工作单位	财务部门 销售部门	价格管理部
相关工作人员	会计机构负责人 成本管理与核算岗位	价格管理岗位 销售部经理
备　注		

3. 工作标准所需资料

资料类型	编码	资料名称	单位	原件数	复印数
事前准备资料	01	单位产品实际制造成本	份	1	0
	02	单位产品同行业销售价格	份	1	0
	03	单位产品完全成本资料	份	1	0
	04	董事会关于产品销售定价依据的会议决定	份	1	0
事中产生资料	05	按照单位制造成本期望毛利率计算的销售价格资料	份	1	0

续表

资料类型	编码	资料名称	单位	原件数	复印数
事中产生资料	06	按照单位完全成本期望利润率计算的销售价格	份	1	0
	07	参照同行业及市场同类产品价格制订的销售价格	份	1	0
	08	对外销售产品定价初稿	份	1	0
事后结果资料	09	对外销售产品价格终稿	份	1	0
技术要求资料	10	企业内部控制基本规范	份	1	0
	11	企业会计准则——存货	份	1	0
	12	价格法	份	1	0

4. 相关工作标准

标准编码	标准名称
01	内部结算价格制定工作标准

5. 工作标准流程图

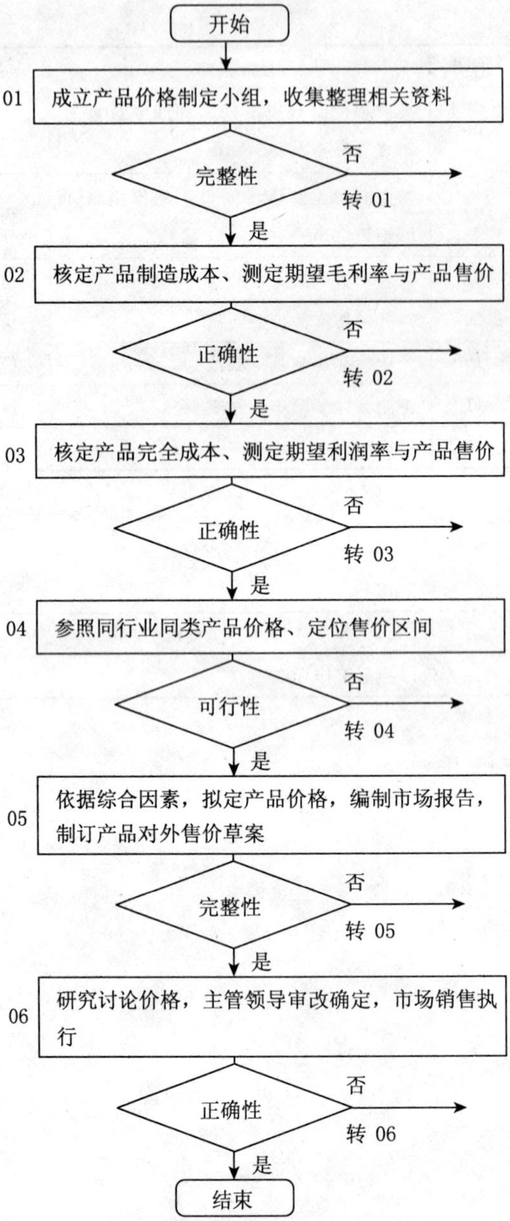
开始
01 成立产品价格制定小组，收集整理相关资料
完整性
否
转 01
是
02 核定产品制造成本、测定期望毛利率与产品售价
正确性
否
转 02
是
03 核定产品完全成本、测定期望利润率与产品售价
正确性
否
转 03
是
04 参照同行业同类产品价格、定位售价区间
可行性
否
转 04
是
05 依据综合因素，拟定产品价格，编制市场报告，制订产品对外售价草案
完整性
否
转 05
是
06 研究讨论价格，主管领导审改确定，市场销售执行
正确性
否
转 06
是
结束

6.1.2.18　内部结算价格制定工作标准

标准编码：3002

标准名称：内部结算价格制定工作标准

1. 工作标准名称释义

内部结算价格制定工作标准是指为满足企业内部生产部门之间相互提供劳务或产品结算的需要而制订内部结算价格的工作规范。

2. 工作标准基本内容

工作核心目标	完成企业内部结算价格的制订	
工作开始时间	确定内部结算产品范围，准备相关资料	
工作结束时间	制订的企业内部结算价格经总会计师审核批准	
相关工作地点	总会计师办公地 财务部门办公地	行政部办公室
相关工作单位	财务部门 行政部	相关生产部门
相关工作人员	总会计师岗位 价格管理与核算岗 行政部负责人 成本管理与核算岗位	会计机构负责人 生产车间负责人 文件资料员
备　　注		

3. 工作标准所需资料

资料类型	编码	资料名称	单位	原件数	复印数
事前准备资料	01	制定内部结算价格通知	份	1	0
	02	产品名称规格资料	份	1	0
	03	产品制造成本资料	份	1	0
	04	产品市场价格资料	份	1	0
事中产生资料	05	内部结算价格草案	份	1	0
	06	内部结算价格修改稿	份	1	0
	07	内部结算价格审批稿	份	1	0

续表

资料类型	编码	资料名称	单位	原件数	复印数
事后结果资料	08	内部结算价格执行文件	份	1	0
	09	内部结算价格执行明细表	份	1	0
技术要求资料	10	价格法	份	1	0
	11	企业内部控制基本规范	份	1	0

4. 相关工作标准

标准编码	标准名称
01	内部结算价格执行工作标准

5. 工作标准流程图

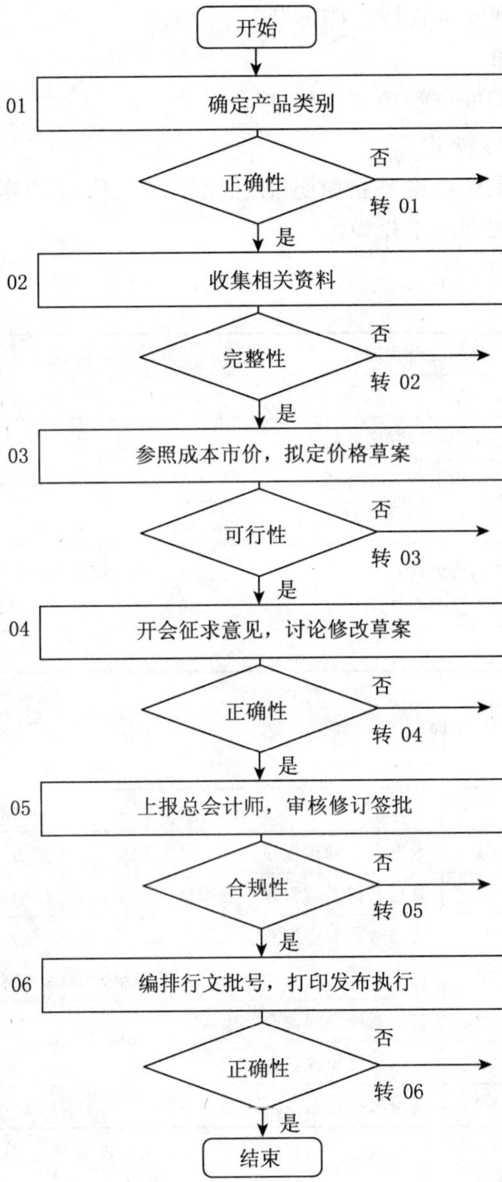
开始
01
确定产品类别
正确性
否
转 01
是
02
收集相关资料
完整性
否
转 02
是
03
参照成本市价，拟定价格草案
可行性
否
转 03
是
04
开会征求意见，讨论修改草案
正确性
否
转 04
是
05
上报总会计师，审核修订签批
合规性
否
转 05
是
06
编排行文批号，打印发布执行
正确性
否
转 06
是
结束

6.1.2.19 数据安全管理工作标准

标准编码：3101

标准名称：数据安全管理工作标准

1. 工作标准名称释义

数据安全管理工作标准是指财务信息化管理岗位对计算机硬盘数据以及盘外数据进行安全管理的工作规范。

2. 工作标准基本内容

工作核心目标	实现数据安全管理	
工作开始时间	数据产生	
工作结束时间	执行安全管理程序之后	
相关工作地点	会计机构负责人办公地	网络计算中心办公地
相关工作单位	财务部门	计算中心
相关工作人员	会计机构负责人 网络计算中心经理	财务信息化管理人岗位 计算机维护人员
备　　注		

3. 工作标准所需资料

资料类型	编码	资料名称	单位	原件数	复印数
事前准备资料	01	数据安全管理程序	份	1	0
事中产生资料	02	备份数据安全管理日志表格	份	1	0
	03	备份数据安全汇总表	份	1	0
技术要求资料	04	信息系统开发、变更与维护管理制度	份	1	0
	05	信息系统访问安全制度	份	1	0
	06	信息系统硬件管理制度	份	1	0
事后结果资料	07	备份数据存盘	份	1	2

4. 相关工作标准

标准编码	标准名称
01	计算机使用及权限工作标准

5. 工作标准流程图

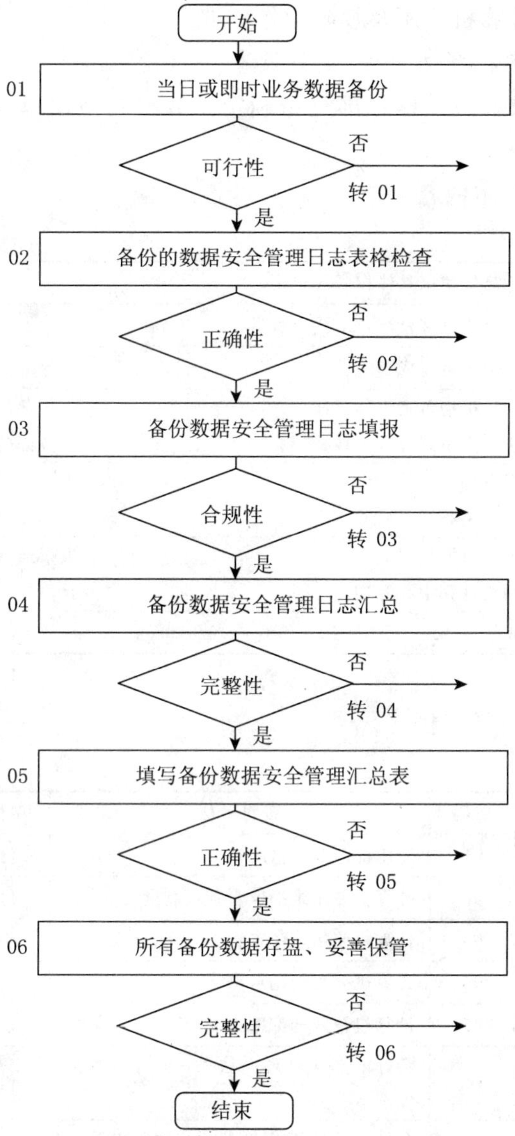
开始
01
当日或即时业务数据备份
可行性
否
转 01
是
02
备份的数据安全管理日志表格检查
正确性
否
转 02
是
03
备份数据安全管理日志填报
合规性
否
转 03
是
04
备份数据安全管理日志汇总
完整性
否
转 04
是
05
填写备份数据安全管理汇总表
正确性
否
转 05
是
06
所有备份数据存盘、妥善保管
完整性
否
转 06
是
结束

6.1.2.20 计算机使用及权限工作标准

标准编码：3102

标准名称：计算机使用及权限工作标准

1. 工作标准名称释义

计算机使用及权限工作标准是指确定计算机的使用以及使用具体权限的工作规范。

2. 工作标准基本内容

工作核心目标	计算机使用具体权限界定	
工作开始时间	计算机安装就绪	
工作结束时间	权限界定完成	
相关工作地点	会计机构负责人办公地 主管人事副总办公地	人事部门办公地 财务部门办公地
相关工作单位	财务部门 计算中心	人事部门
相关工作人员	会计机构负责人 网络计算中心经理	人事经理 计算机维护人员
备　注		

3. 工作标准所需资料

资料类型	编码	资料名称	单位	原件数	复印数
事前准备资料	01	使用部门及人员统计表	份	1	0
事中产生资料	02	计算机使用维护保管管理制度	份	1	0
	03	计算机使用申请审批表	份	1	0
事后结果资料	04	计算机分配使用台账	份	1	0
	05	计算机权限分配明细表	份	1	0
技术要求资料	06	会计电算化管理办法——会计数据的安全	份	1	0
	07	会计电算化工作规范——建立电算化内部管理制度	份	1	0
	08	会计法	份	1	0

4. 相关工作标准

标准编码	标准名称
01	数据安全管理工作标准

5. 工作标准流程图

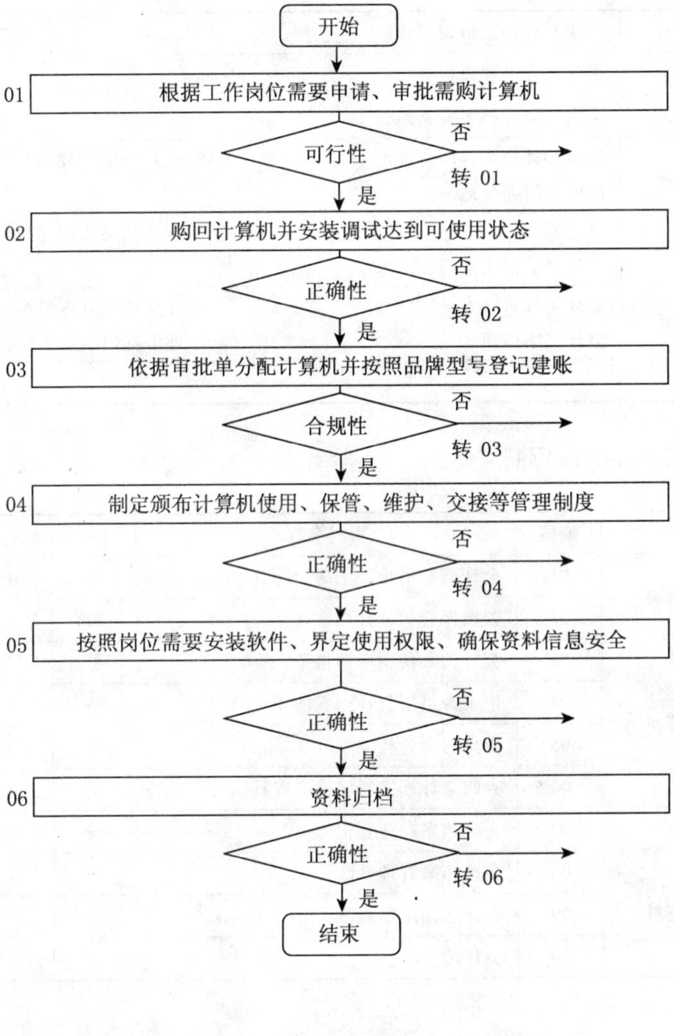

6.1.2.21 会计档案借用工作标准

标准编码：3201

标准名称：会计档案借用工作标准

1. 工作标准名称释义

会计档案借用工作标准是指会计档案借用人因工作需要，经申请批准将会计档案借出进行查阅摘录或复印的工作规范。

2. 工作标准基本内容

工作核心目标	完成会计档案借用工作	
工作开始时间	借用经办人提出申请	
工作结束时间	借用的会计档案完整归还	
相关工作地点	借用会计档案部门办公地 财务部门办公地	会计档案管理办公地
相关工作单位	财务部门 会计档案借用部门	会计档案管理部门
相关工作人员	会计机构负责人 会计档案借用人	会计档案管理岗位 业务部门负责人岗位
备　注		

3. 工作标准所需资料

资料类型	编码	资料名称	单位	原件数	复印数
事前准备资料	01	会计档案借出登记簿	份	1	0
	02	归档保管的会计档案	份	1	0
事中产生资料	03	会计档案使用申请借条	份	1	0
	04	记录有借出会计档案的登记簿	份	1	0
	05	借用的会计档案	份	1	0
	06	查阅会计档案复印件或资料摘录	份	1	0
事后结果资料	07	会计档案归还登记簿	份	1	0
技术要求资料	08	会计档案管理办法	份	1	0
	09	会计基础工作规范	份	1	0
	10	会计法	份	1	0

4．相关工作标准

标准编码	标准名称
01	会计档案管理制度制定工作标准

5．工作标准流程图

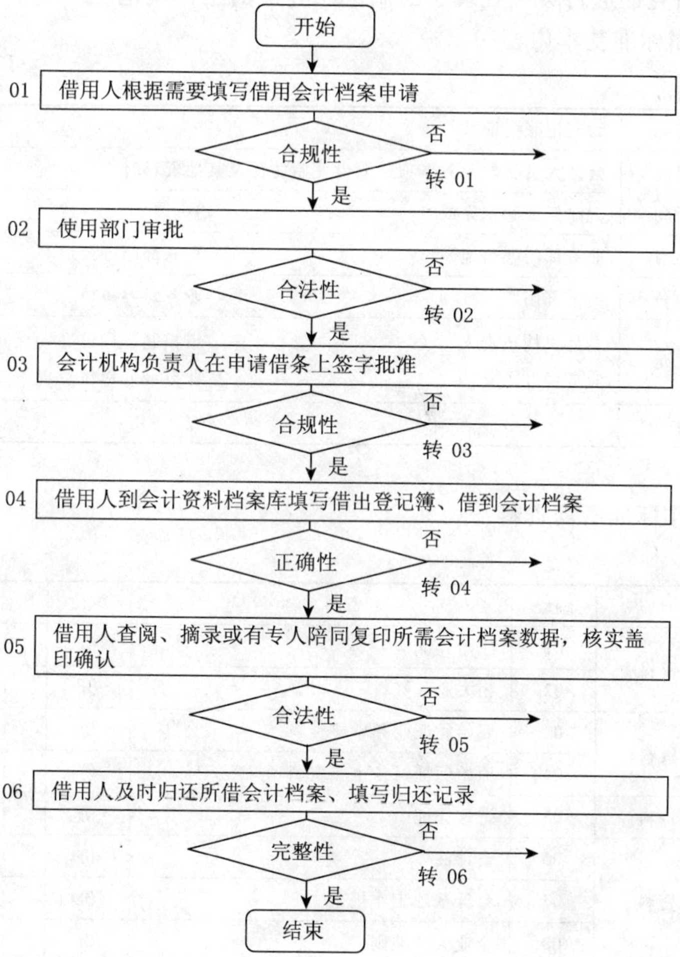

6.1.3 企业会计业务工作

6.1.3.1 记账凭证编制工作标准

标准编码：2401

标准名称：记账凭证编制工作标准

1. 工作标准名称释义

记账凭证编制工作标准是指审核制证岗位根据经济活动发生的业务事项及相关原始凭证进行会计处理、编制记账凭证的工作规范。

2. 工作标准基本内容

工作核心目标	编制记账凭证	
工作开始时间	会计人员受理业务事项、取得原始凭证及其他资料时	
工作结束时间	记账凭证编制完成时	
相关工作地点	业务部门办公地	财务部门办公地
相关工作单位	财务部门	业务经办单位
相关工作人员	会计机构负责人 业务经办人	审核制证岗位 业务经办单位负责人
备　　注		

3. 工作标准所需资料

资料类型	编码	资料名称	单位	原件数	复印数
事前准备资料	01	原始凭证	份	1	0
	02	相关业务资料	份	1	0
事中产生资料	03	原始凭证业务审核资料	份	1	0
	04	原始凭证财务审核资料	份	1	0
事后结果资料	05	记账凭证	份	1	0
技术要求资料	06	会计法	份	1	0
	07	会计基础工作规范	份	1	0
	08	企业会计准则	份	1	0

4. 相关工作标准

标准编码	标准名称
01	原始凭证审核工作标准

5. 工作标准流程图

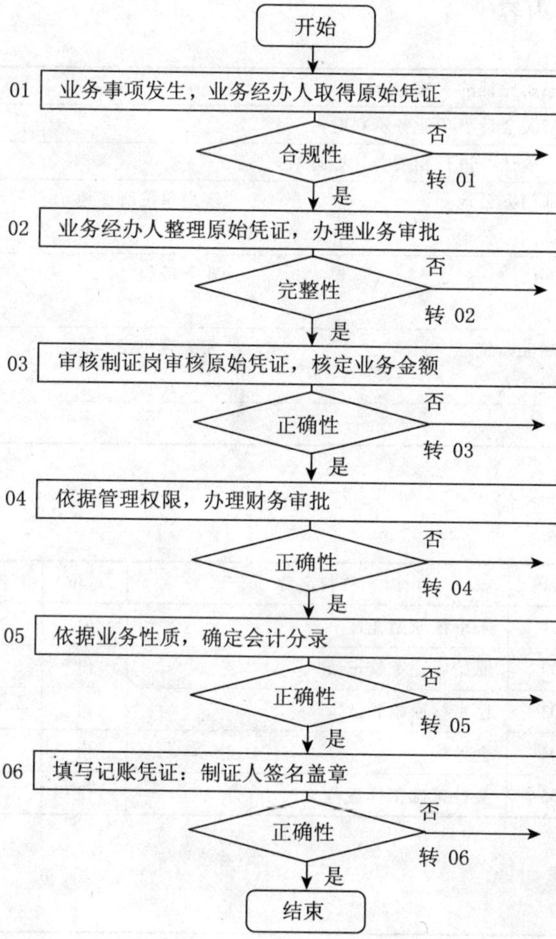

6.1.3.2 原始凭证审核工作标准

标准编码：2406

标准名称：原始凭证审核工作标准

1. 工作标准名称释义

原始凭证审核工作标准是指审核制证岗位对于收到的原始凭证所涉及的经济事项的合法性、凭证的合规性、金额计算的正确性进行审查、核实的工作规范。

2. 工作标准基本内容

工作核心目标	完成原始凭证的审核	
工作开始时间	接到有关会计事项业务资料时	
工作结束时间	审查、确认、进行相关会计处理时	
相关工作地点	业务部门办公地 财务部门办公地	客户单位所在地
相关工作单位	财务部门 客户	业务部门
相关工作人员	审核制证岗位 业务经办人	相关客户经办人
备　注		

3. 工作标准所需资料

资料类型	编码	资料名称	单位	原件数	复印数
事前准备资料	01	未审核原始凭证	份	1	0
事中产生资料	02	原始凭证审核记录	份	1	0
事后结果资料	03	已审核原始凭证	份	1	0
技术要求资料	04	会计法	份	1	0
	05	会计基础工作规范	份	1	0

4. 相关工作标准

标准编码	标准名称
01	原始凭证填制工作标准

5. 工作标准流程图

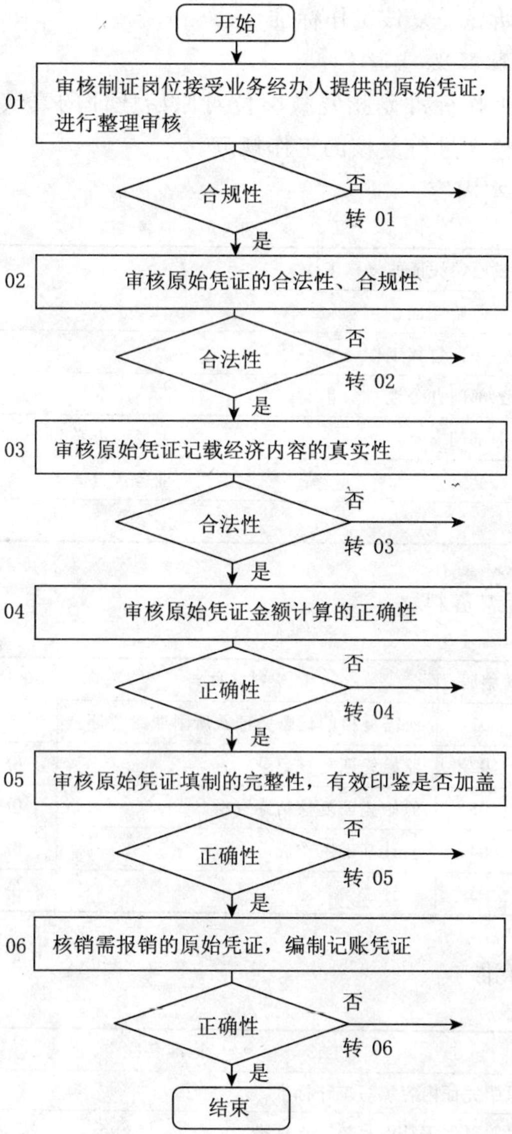
开始
01
审核制证岗位接受业务经办人提供的原始凭证，进行整理审核
合规性
否
转 01
是
02
审核原始凭证的合法性、合规性
合法性
否
转 02
是
03
审核原始凭证记载经济内容的真实性
合法性
否
转 03
是
04
审核原始凭证金额计算的正确性
正确性
否
转 04
是
05
审核原始凭证填制的完整性，有效印鉴是否加盖
正确性
否
转 05
是
06
核销需报销的原始凭证，编制记账凭证
正确性
否
转 06
是
结束

6.1.3.3 原始凭证复核工作标准

标准编码：2501

标准名称：原始凭证复核工作标准

1. 工作标准名称释义

原始凭证复核工作标准是指复核岗位对原始凭证的真实性、合规性、合法性、正确性、完整性进行复核的工作规范。

2. 工作标准基本内容

工作核心目标	完成原始凭证的复核工作	
工作开始时间	收到原始凭证	
工作结束时间	原始凭证复核工作完成	
相关工作地点	财务部门办公地	
相关工作单位	财务部门	业务经办单位
相关工作人员	复核会计	业务经办人
备　　注		

3. 工作标准所需资料

资料类型	编码	资料名称	单位	原件数	复印数
事前准备资料	01	所需复核的记账凭证及所附原始凭证	套	1	0
事中产生资料	02	原始凭证复核记录	份	1	0
事后结果资料	03	原始凭证复核结论资料	份	1	0
技术要求资料	04	会计基础工作规范	份	1	0
	05	会计法	份	1	0

4. 相关工作标准

标准编码	标准名称
01	原始凭证内容填写工作标准
02	原始票据完整性复核工作标准
03	原始凭证金额复核工作标准

5. 工作标准流程图

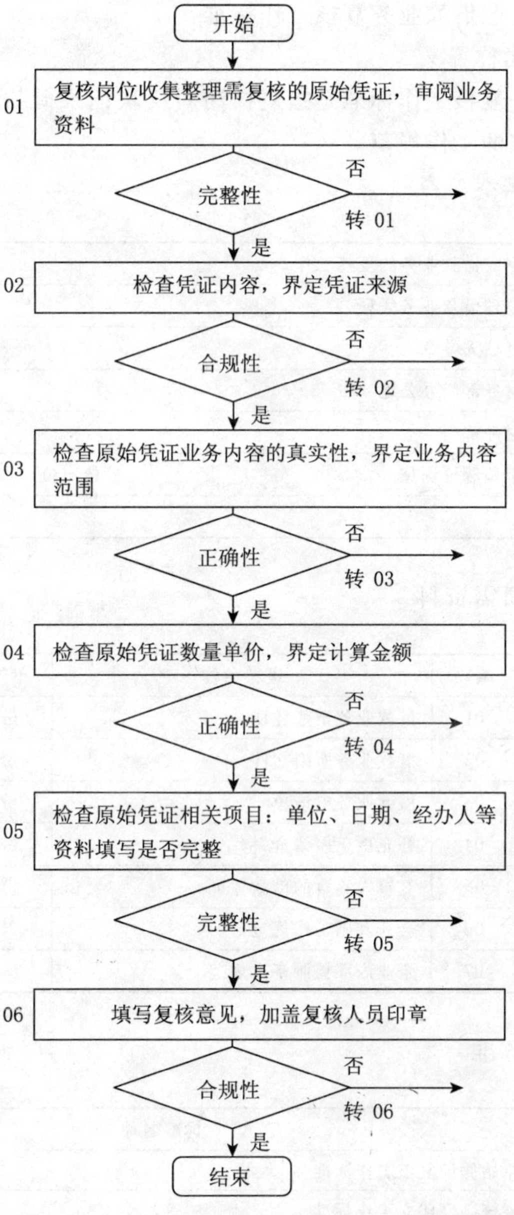
开始
01
复核岗位收集整理需复核的原始凭证，审阅业务资料
完整性
否
转 01
是
02
检查凭证内容，界定凭证来源
合规性
否
转 02
是
03
检查原始凭证业务内容的真实性，界定业务内容范围
正确性
否
转 03
是
04
检查原始凭证数量单价，界定计算金额
正确性
否
转 04
是
05
检查原始凭证相关项目：单位、日期、经办人等资料填写是否完整
完整性
否
转 05
是
06
填写复核意见，加盖复核人员印章
合规性
否
转 06
是
结束

6.1.3.4 企业借款业务复核工作标准

标准编码：2512

标准名称：企业借款业务复核工作标准

1. 工作标准名称释义

企业借款业务复核工作标准是指复核岗对反映记录借款业务的记账凭证，原始凭证进行复核的工作规范。

2. 工作标准基本内容

工作核心目标	完成借款业务的复核工作	
工作开始时间	整理借款业务凭证	
工作结束时间	复核人签章	
相关工作地点	财务部门办公地	
相关工作单位	财务部门	
相关工作人员	审核制证岗位	复核岗位
备　　注		

3. 工作标准所需资料

资料类型	编码	资料名称	单位	原件数	复印数
事前准备资料	01	借款业务记账凭证	份	1	0
	02	借款业务所附文件	份	1	0
	03	借款业务申请单	份	1	0
事中产生资料	04	补充更正差错资料	份	1	0
事后结果资料	05	复核人签章的借款凭证	份	1	0
技术要求资料	06	会计基础工作规范	份	1	0
	07	企业内部控制基本规范	份	1	0

4. 相关工作标准

标准编码	标准名称
01	原始凭证复核工作标准
02	复核制度建立工作标准

5. 工作标准流程图

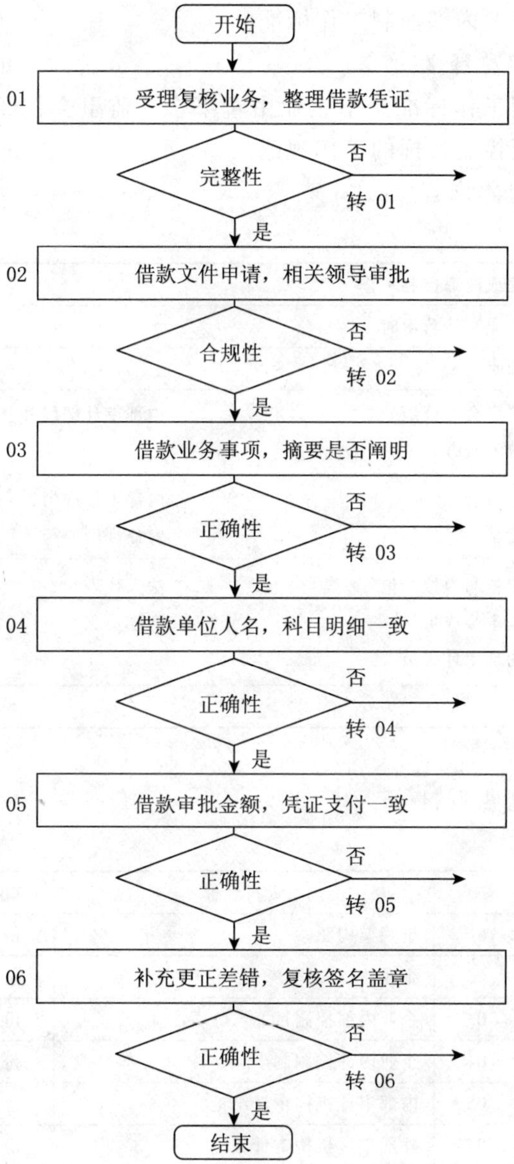
开始
01
受理复核业务，整理借款凭证
完整性
否
转 01
是
02
借款文件申请，相关领导审批
合规性
否
转 02
是
03
借款业务事项，摘要是否阐明
正确性
否
转 03
是
04
借款单位人名，科目明细一致
正确性
否
转 04
是
05
借款审批金额，凭证支付一致
正确性
否
转 05
是
06
补充更正差错，复核签名盖章
正确性
否
转 06
是
结束

6.1.3.5 企业内部控制工作标准

标准编码：2606

标准名称：企业内部控制工作标准

1. 工作标准名称释义

企业内部控制工作标准是指企业由董事会、监事会、经理层和全体员工实施的、旨在实现控制目标的工作规范。

2. 工作标准基本内容

工作核心目标	完成内部控制工作	
工作开始时间	企业开始营运时	
工作结束时间	即时	
相关工作地点	监事会办公地 董事会办公地	内部审计部门办公地
相关工作单位	监事会 董事会	内部审计部门 财务部门
相关工作人员	稽核与内控岗位 监事会成员 内部审计人员	法人代表 全体员工
备　　注		

3. 工作标准所需资料

资料类型	编码	资料名称	单位	原件数	复印数
事前准备资料	01	组织架构图	份	1	0
	02	企业核心文化	份	1	0
事中产生资料	03	企业内部控制目标	份	1	0
	04	企业内部控制制度	份	1	0
	05	内部审计机构审计结论	份	1	0
	06	外部审计机构审计结论	份	1	0
	07	政府监管部门检查结果	份	1	0

续表

资料类型	编码	资料名称	单位	原件数	复印数
事后结果资料	08	内部控制总结评价	份	1	0
	09	内部缺陷纠正方案	份	1	0
技术要求资料	10	企业内部控制基本规范	份	1	0
	11	企业内部控制配套指引	份	1	0

4. 相关工作标准

标准编码	标准名称
01	内部控制制度建立工作标准
02	内部控制方法选用工作标准

5. 工作标准流程图

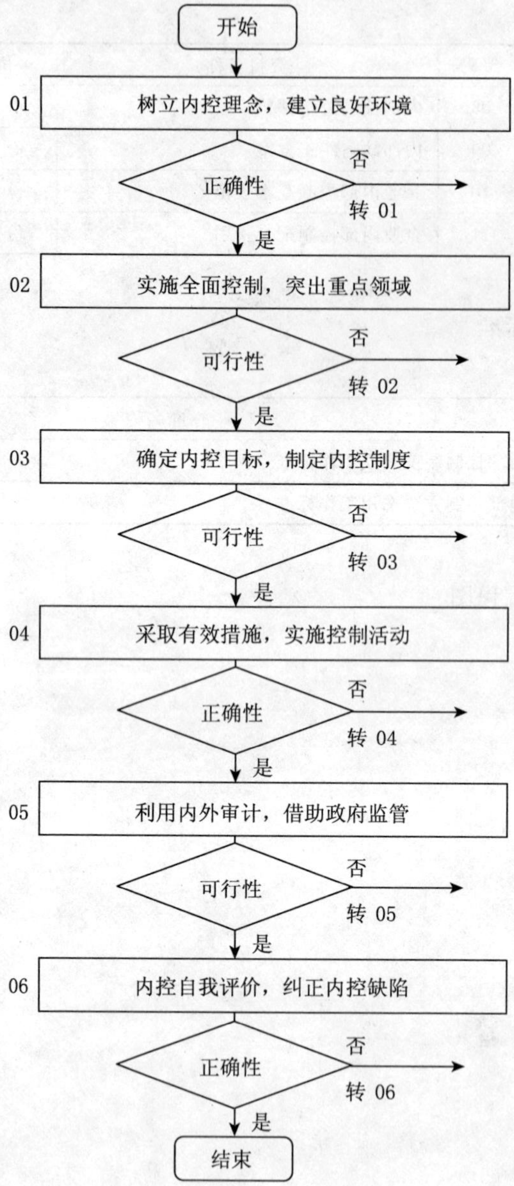
开始
01
树立内控理念，建立良好环境
正确性
否
转 01
是
02
实施全面控制，突出重点领域
可行性
否
转 02
是
03
确定内控目标，制定内控制度
可行性
否
转 03
是
04
采取有效措施，实施控制活动
正确性
否
转 04
是
05
利用内外审计，借助政府监管
可行性
否
转 05
是
06
内控自我评价，纠正内控缺陷
正确性
否
转 06
是
结束

6.1.3.6　年度报表审计工作标准

标准编码：2602

标准名称：年度报表审计工作标准

1. 工作标准名称释义

年度财务报表审计工作标准是指企业财务部门年末依据会计法规、委托会计师事务所对企业年度财务报表的真实性、正确性、合规性进行审计并出具审计报告的工作规范。

2. 工作标准基本内容

工作核心目标	完成企业年度财务报表的审计	
工作开始时间	与事务所签订审计约定书	
工作结束时间	会计师事务所出具审计报告	
相关工作地点	会计师事务所办公地	财务部门办公地
相关工作单位	财务部门	会计师事务所
相关工作人员	会计机构负责人 审计人员	总账与报表岗位
备　　注		

3. 工作标准所需资料

资料类型	编码	资料名称	单位	原件数	复印数
事前准备资料	01	年度资产负债表、损益表	套	2	1
	02	全部账簿、会计凭证	份	1	0
	03	银行存款对账单、余额调节表	份	1	1
	04	固定资产盘点表	份	1	0
	05	存货盘点表	份	1	0
事中产生资料	06	事务所审计工作底稿	套	1	0
	07	现金盘点表	份	1	0
	08	大额应收款客户询证函	份	1	1
	09	大额应付款客户询证函	份	1	0

续表

资料类型	编码	资料名称	单位	原件数	复印数
事后结果资料	10	企业年度财务报表审计报告	份	4	2
技术要求资料	11	财务报告编制管理制度	份	1	0
	12	会计基础工作规范	份	1	0
	13	企业会计准则	份	1	0

4. 相关工作标准

标准编码	标准名称
01	年度财务报告编制工作标准

5. 工作标准流程图

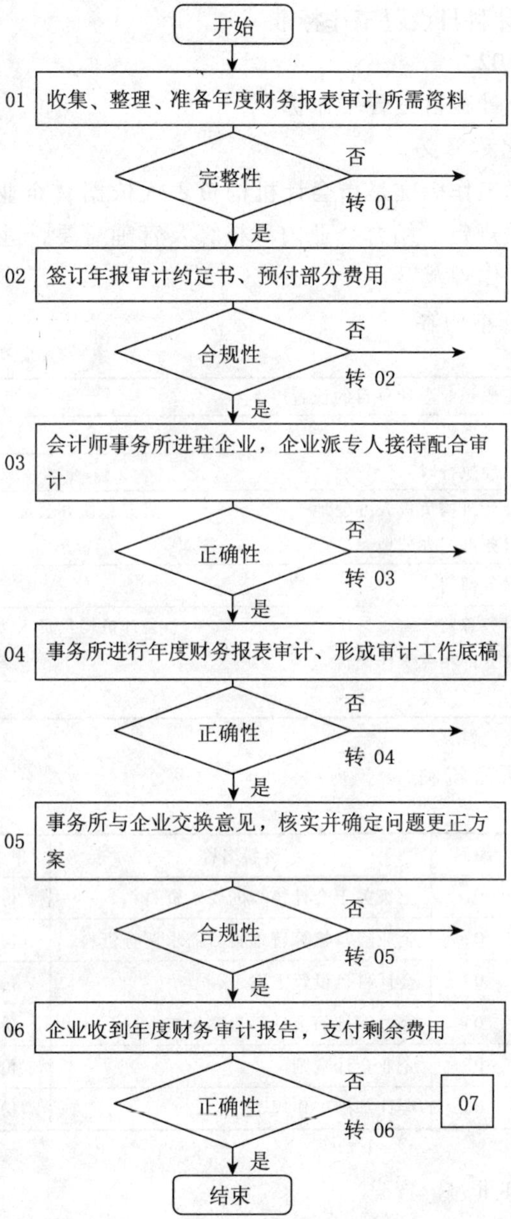
开始
01
收集、整理、准备年度财务报表审计所需资料
完整性
否
转 01
是
02
签订年报审计约定书、预付部分费用
合规性
否
转 02
是
03
会计师事务所进驻企业，企业派专人接待配合审计
正确性
否
转 03
是
04
事务所进行年度财务报表审计、形成审计工作底稿
正确性
否
转 04
是
05
事务所与企业交换意见，核实并确定问题更正方案
合规性
否
转 05
是
06
企业收到年度财务审计报告，支付剩余费用
正确性
否
07
转 06
是
结束

6.1.3.7 会计科目设置工作标准

标准编码：2702

标准名称：会计科目设置工作标准

1. 工作标准名称释义

会计科目设置工作标准是指会计机构负责人依据《企业会计准则》、《企业财务通则》相关规定，结合企业内部核算及管理需要，进行会计科目设置，建立核算账套的工作规范。

2. 工作标准基本内容

工作核心目标	完成企业会计科目的设置	
工作开始时间	准备资料	
工作结束时间	批准执行时	
相关工作地点	会计机构负责人办公地 财务部门办公地	财务总监办公地
相关工作单位	财务部门	
相关工作人员	财务总监 财务部相关工作岗位	会计机构负责人
备　注		

3. 工作标准所需资料

资料类型	编码	资料名称	单位	原件数	复印数
事前准备资料	01	上级关于会计核算的要求资料	份	1	0
	02	企业经营核算管理科目需求调查资料	份	1	0
事中产生资料	03	会计科目设置方案	份	1	0
事后结果资料	04	经过审批的会计科目明细表	份	1	0
技术要求资料	05	企业会计准则	份	1	0
	06	会计基础工作规范	份	1	0

4. 相关工作标准

标准编码	标准名称
0311	转账凭证科目使用复核工作标准

5．工作标准流程图

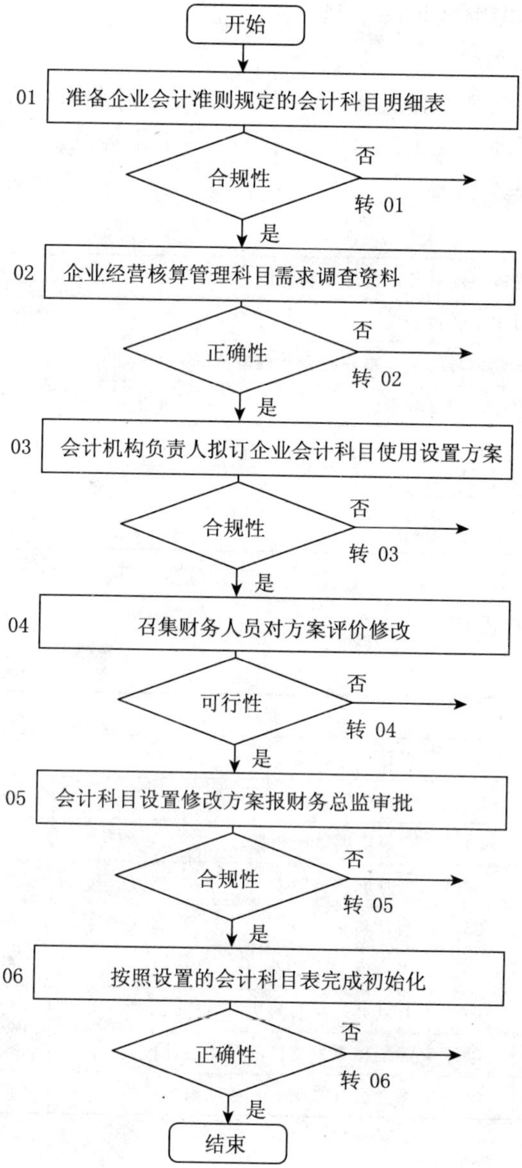
开始
01
准备企业会计准则规定的会计科目明细表
合规性
否
转 01
是
02
企业经营核算管理科目需求调查资料
正确性
否
转 02
是
03
会计机构负责人拟订企业会计科目使用设置方案
合规性
否
转 03
是
04
召集财务人员对方案评价修改
可行性
否
转 04
是
05
会计科目设置修改方案报财务总监审批
合规性
否
转 05
是
06
按照设置的会计科目表完成初始化
正确性
否
转 06
是
结束

6.1.3.8 月度财务报告编制工作标准

标准编码：2701

标准名称：月度财务报告编制工作标准

1. 工作标准名称释义

月度财务报告编制工作标准是指财务总账与报表岗位在月末完成月度财务报表后，根据管理需要编制月度财务报告的工作规范。

2. 工作标准基本内容

工作核心目标	完成月度财务报告的编制工作	
工作开始时间	月末结转损益后	
工作结束时间	编制的月度会计报表经会计机构负责人审核批准	
相关工作地点	财务部门办公地	
相关工作单位	财务部门	
相关工作人员	会计机构负责人	总账与报表岗位
备　　注		

3. 工作标准所需资料

资料类型	编码	资料名称	单位	原件数	复印数
事前准备资料	01	当月记账凭证	份	1	0
	02	会计账簿资料	份	1	0
	03	交易事项原始票据	份	1	0
事中产生资料	04	当月资产负债表	份	1	0
	05	当月利润表	份	1	0
	06	当月现金流量表	份	1	0
	07	月度会计报表附注	份	1	1
事后结果资料	08	经复核审批装订的月度会计报表	套	1	0
技术要求资料	09	企业会计准则——中期财务报告	份	1	0

4. 相关工作标准

标准编码	标准名称
01	年度财务报告编制工作标准
02	会计报表附注编写工作标准
03	财务情况说明书编写工作标准

5. 工作标准流程图

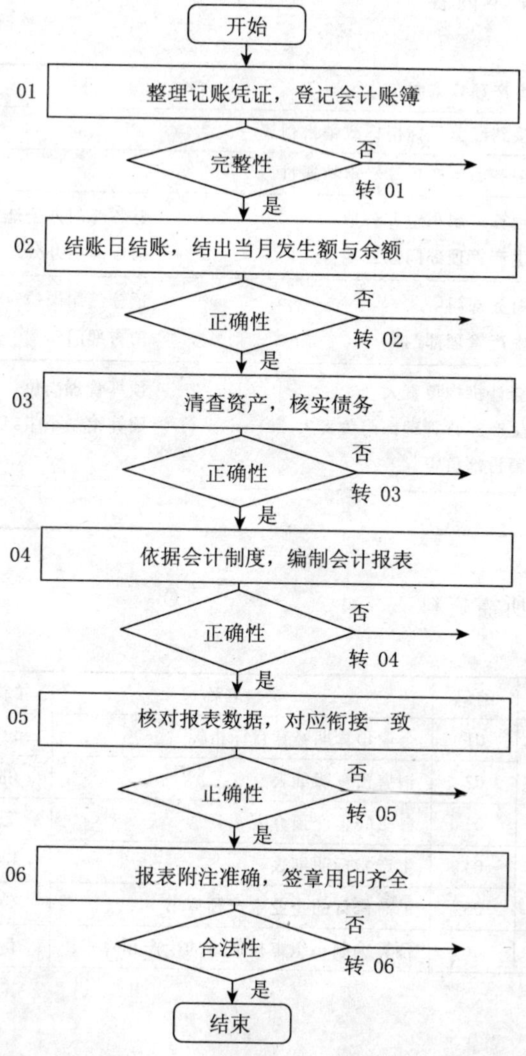

6.1.3.9 生产预算编制工作标准

标准编码：2803

标准名称：生产预算编制工作标准

1. 工作标准名称释义

生产预算编制工作标准是指生产管理部门依据企业下达的经营目标指标或者（以销定产类型）销售部门编制的销售预算，平衡生产能力编制生产品种、产量、费用消耗等生产预算的工作规范。

2. 工作标准基本内容

工作核心目标	生产预算编制工作	
工作开始时间	接到经营目标指标或销售预算	
工作结束时间	编制的生产预算经审核通过	
相关工作地点	预算编制小组办公地 生产管理部门办公地	财务部门办公地 销售部门办公地
相关工作单位	财务部门 生产管理部门	预算编制岗位 销售部门
相关工作人员	会计机构负责人 生产经营管理部门负责人 销售部负责人	预算管理岗位 预算编制小组组长
备　注		

3. 工作标准所需资料

资料类型	编码	资料名称	单位	原件数	复印数
事前准备资料	01	企业预算期经营目标指标	份	1	1
	02	销售预算明细表	份	1	0
	03	各车间生产预算表	套	1	0
事中产生资料	04	生产指标明细表	份	1	0
	05	汇总修订的企业生产预算书	份	1	0
事后结果资料	06	预算编制小组审核通过的生产预算书	份	1	0

续表

资料类型	编码	资料名称	单位	原件数	复印数
技术要求资料	07	预算会计	份	1	0
	08	会计基础工作规范	份	1	0

4. 相关工作标准

标准编码	标准名称
01	部门预算编制工作标准
02	年度预算编制工作标准

5. 工作标准流程图

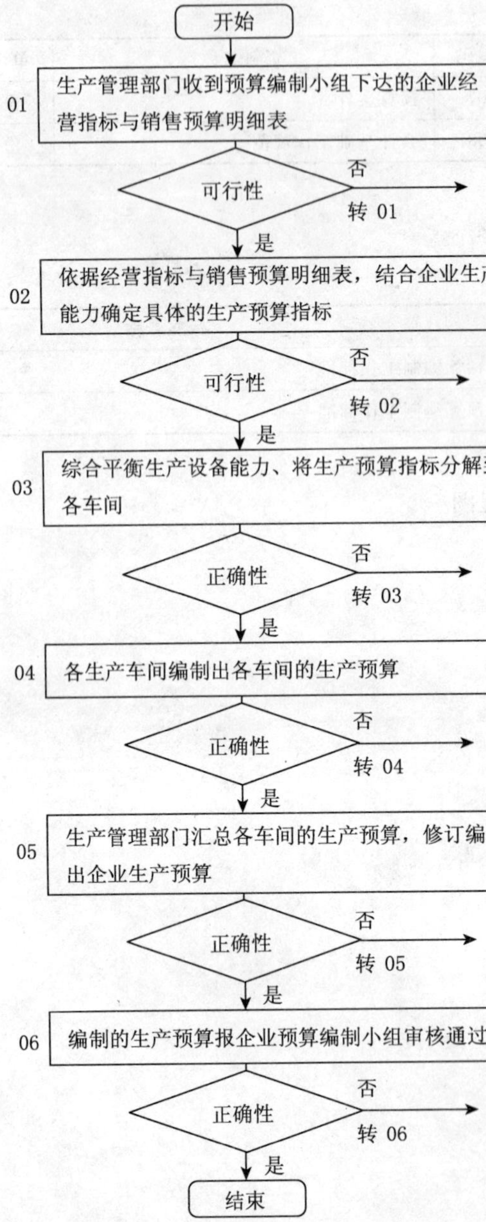
开始
01 生产管理部门收到预算编制小组下达的企业经营指标与销售预算明细表
可行性
否
转 01
是
02 依据经营指标与销售预算明细表，结合企业生产能力确定具体的生产预算指标
可行性
否
转 02
是
03 综合平衡生产设备能力、将生产预算指标分解到各车间
正确性
否
转 03
是
04 各生产车间编制出各车间的生产预算
正确性
否
转 04
是
05 生产管理部门汇总各车间的生产预算，修订编制出企业生产预算
正确性
否
转 05
是
06 编制的生产预算报企业预算编制小组审核通过
正确性
否
转 06
是
结束

6.1.3.10　销售预算编制工作标准

标准编码：2804

标准名称：销售预算编制工作标准

1. 工作标准名称释义

销售预算编制工作标准是指销售部门依据董事会下达的预算期经营目标指标与市场潜力数据编制销售数量、收入与回款预算的工作规范。

2. 工作标准基本内容

工作核心目标	完成销售预算的编制	
工作开始时间	接到企业编制预算小组通知与经营指标	
工作结束时间	编制的销售预算经审核通过	
相关工作地点	预算编制小组办公地 财务部门办公地	销售部门办公地
相关工作单位	财务部门 销售部门	预算编制小组
相关工作人员	会计机构负责人 预算编制小组组长	预算管理岗位 销售部经理
备　注		

3. 工作标准所需资料

资料类型	编码	资料名称	单位	原件数	复印数
事前准备资料	01	公司预算期经营目标指标	份	1	0
	02	公司下达的编制预算文件	份	1	0
	03	上年度销售收入与回款统计表	份	1	0
事中产生资料	04	销售收入与回款预算初稿	份	1	0
事后结果资料	05	销售预算表	份	1	1
技术要求资料	06	企业会计准则——收入	份	1	0
	07	企业内部控制基本规范	份	1	0
	08	企业内部控制应用指引第 15 号——全面预算	份	1	0

4. 相关工作标准

标准编码	标准名称
01	部门预算编制工作标准
02	年度预算编制工作标准

5. 工作标准流程图

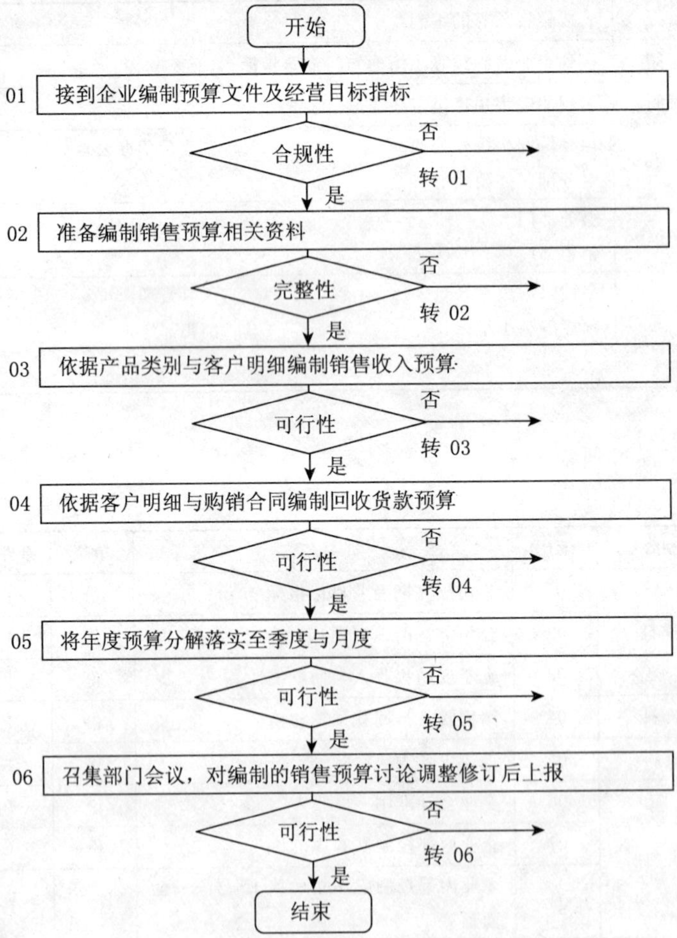

6.1.3.11　财务报告收集与立卷工作标准

标准编码：3208

标准名称：财务报告收集与立卷工作标准

1. 工作标准名称释义

财务报告收集与立卷工作标准是指总账与报表岗位年末在完成年度财务报告审计核准后，对全年所有财务报告进行收集整理、核对装订、造册立卷的工作规范。

2. 工作标准基本内容

工作核心目标	完成财务报告的收集与立卷	
工作开始时间	财务报告收集时	
工作结束时间	造册登记	
相关工作地点	财务部门办公地	
相关工作单位	财务部门	
相关工作人员	会计机构负责人	总账与报表岗位
备　　注		

3. 工作标准所需资料

资料类型	编码	资料名称	单位	原件数	复印数
事前准备资料	01	全年各期所有财务报告	份	1	0
	02	财务报告装订封面	张	2	0
	03	会计机构负责人印章、法人代表印章	枚	2	0
	04	企业公章、报表编制人印章	枚	2	0
事中产生资料	05	财务档案造册立卷登记簿	册	1	0
事后结果资料	06	装订的财务报告案卷	册	1	0
技术要求资料	07	会计档案管理办法	份	1	0
	08	会计基础工作规范	份	1	0

4. 相关工作标准

标准编码	标准名称
01	总账收集与立卷工作标准

5. 工作标准流程图

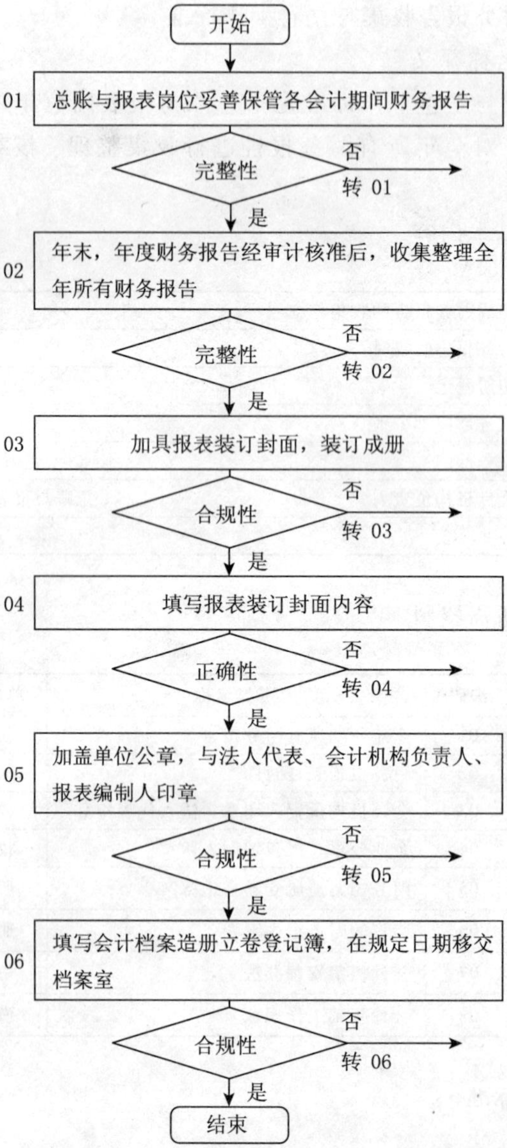
开始
01 总账与报表岗位妥善保管各会计期间财务报告
完整性
否
转 01
是
02 年末，年度财务报告经审计核准后，收集整理全年所有财务报告
完整性
否
转 02
是
03 加具报表装订封面，装订成册
合规性
否
转 03
是
04 填写报表装订封面内容
正确性
否
转 04
是
05 加盖单位公章，与法人代表、会计机构负责人、报表编制人印章
合规性
否
转 05
是
06 填写会计档案造册立卷登记簿，在规定日期移交档案室
合规性
否
转 06
是
结束

6.2　企业资产管理与核算部

6.2.1　现金收款工作标准

标准编码：3316

标准名称：现金收款工作标准

1. 工作标准名称释义

现金收款工作标准是指出纳岗位以现金（包括人民币、外币）方式完成收款结算业务的工作规范。

2. 工作标准基本内容

工作核心目标	完成现金收款业务	
工作开始时间	受理现金收款业务时	
工作结束时间	当即	
相关工作地点	财务部门办公地	
相关工作单位	财务部门	交款单位
相关工作人员	出纳岗位	交款（单位经办）人
备　注		

3. 工作标准所需资料

资料类型	编码	资料名称	单位	原件数	复印数
事前准备资料	01	财务专用章	件	1	1
	02	空白现金收据	本	1	0
	03	交款人身份证明	份	1	0
	04	交款经济事项证明文件	份	1	0
	05	验钞机	台	1	0
事中产生资料	06	收款收据	份	1	0
事后结果资料	07	现金	份	1	0
	08	收款记账凭证	份	1	0
技术要求资料	09	会计基础工作规范	份	1	0
	10	企业内部控制基本规范	份	1	0

4. 相关工作标准

标准编码	标准名称
01	现金付款工作标准

5. 工作标准流程图

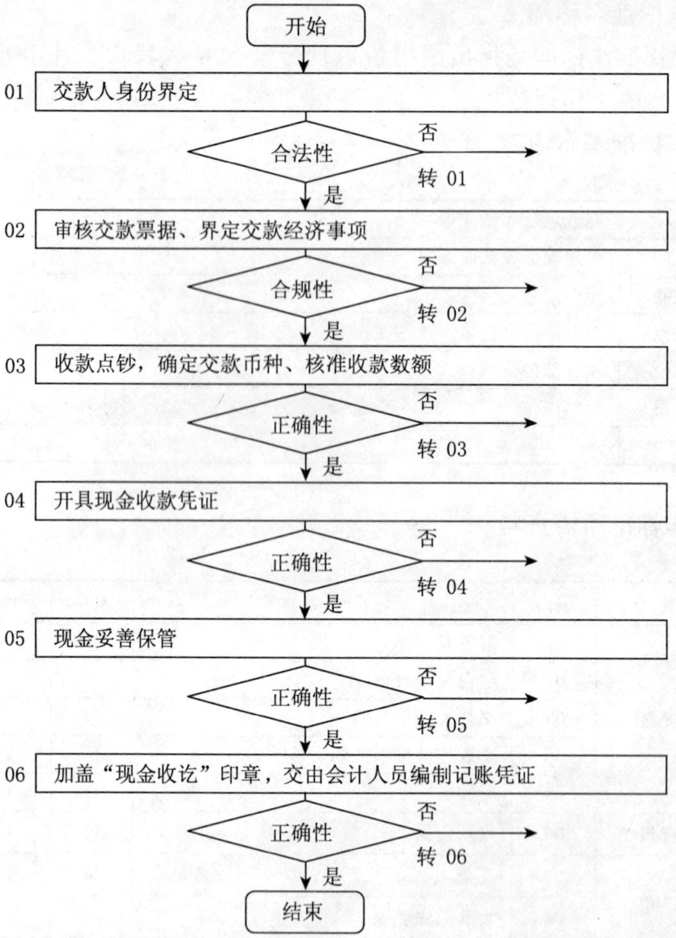

6.2.2 银行汇票付款工作标准

标准编码：3328

标准名称：银行汇票付款工作标准

1. 工作标准名称释义

银行汇票付款工作标准是指出纳岗位依据付款申请审批单，通过银行汇票结算方式，办理付款结算的工作规范。

2. 工作标准基本内容

工作核心目标	完成银行汇票付款结算业务	
工作开始时间	收到付款申请审批单	
工作结束时间	收款单位开户行返回实际结算金额单时	
相关工作地点	收款单位 财务部门办公地	开户银行所在地
相关工作单位	财务部门 开户银行	收款单位
相关工作人员	出纳岗位 开户银行工作人员	收款（单位经办）人
备　　注		

3. 工作标准所需资料

资料类型	编码	资料名称	单位	原件数	复印数
事前准备资料	01	空白银行汇票申请书	份	1	0
	02	银行预留印鉴	份	1	0
	03	付款申请审批单	份	1	0
事中产生资料	04	填制的银行汇票申请书	份	1	0
	05	办理的银行汇票	份	1	0
事后结果资料	06	银行汇票付款记账凭证	份	1	0
技术要求资料	07	银行结算办法	份	1	0
	08	票据管理实施办法	份	1	0

4. 相关工作标准

标准编码	标准名称
01	银行付款工作标准
02	银行汇票收款工作标准

5. 工作标准流程图

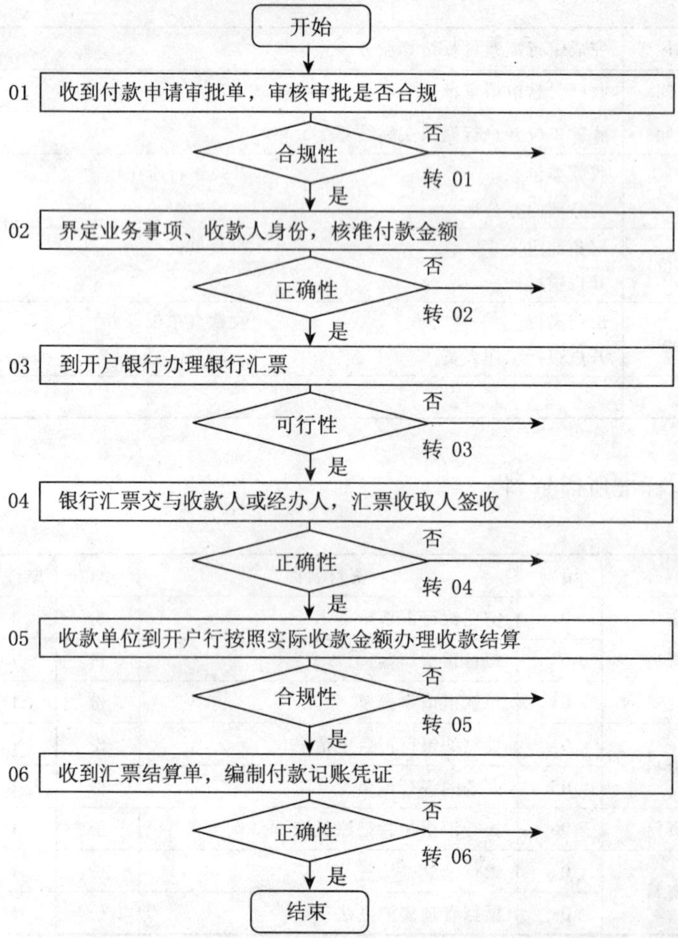

6.2.3 投资收益管理工作标准

标准编码：3401

标准名称：投资收益管理工作标准

1. 工作标准名称释义

投资收益管理工作标准是指企业投资管理与核算岗位对企业向被投资单位投放资金所应获取的收益进行监督、管理、核算的工作规范。

2. 工作标准基本内容

工作核心目标	完成企业对外投资收益的管理工作	
工作开始时间	企业对外投资时	
工作结束时间	投资收益分配完毕	
相关工作地点	投资部办公地 财务部门办公地	总经理办公地
相关工作单位	财务部门	投资部
相关工作人员	法人代表 投资管理与核算岗位	会计机构负责人
备　注		

3. 工作标准所需资料

资料类型	编码	资料名称	单位	原件数	复印数
事前准备资料	01	本公司公司章程	份	1	0
	02	企业对外投资的相关合同或协议	份	1	0
	03	企业对外投资的相关董事会决议与文件	份	2	2
事中产生资料	04	投资收益核算清单	份	1	0
	05	投资收益银行收款凭证及单据	份	1	0
事后结果资料	06	投资收益记账凭证	份	1	0

续表

资料类型	编码	资料名称	单位	原件数	复印数
技术要求资料	07	公司法	份	1	0
	08	企业会计准则——长期股权投资	份	1	0
	09	企业内部控制规范	份	1	1

4. 相关工作标准

标准编码	标准名称
01	对外投资管理工作标准

5. 工作标准流程图

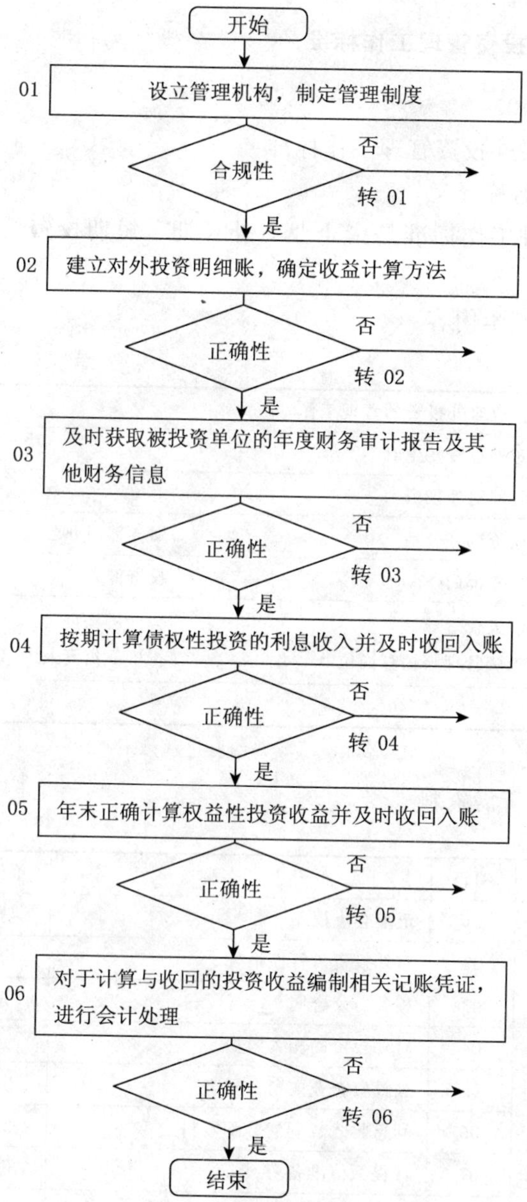
开始
01
设立管理机构，制定管理制度
合规性
否
转 01
是
02
建立对外投资明细账，确定收益计算方法
正确性
否
转 02
是
03
及时获取被投资单位的年度财务审计报告及其他财务信息
正确性
否
转 03
是
04
按期计算债权性投资的利息收入并及时收回入账
正确性
否
转 04
是
05
年末正确计算权益性投资收益并及时收回入账
正确性
否
转 05
是
06
对于计算与收回的投资收益编制相关记账凭证，进行会计处理
正确性
否
转 06
是
结束

6.2.4 对外投资管理工作标准

标准编码：3402

标准名称：对外投资管理工作标准

1. 工作标准名称释义

对外投资管理工作标准是指企业对外长期、短期投资管理及核算的工作规范。

2. 工作标准基本内容

工作核心目标	完成对外投资的管理工作	
工作开始时间	对外投资发生时	
工作结束时间	收回对外投资	
相关工作地点	投资部办公地	财务部门办公地
相关工作单位	财务部门	投资部
相关工作人员	法人代表 投资管理与核算岗位	会计机构负责人 投资部负责人
备　　注		

3. 工作标准所需资料

资料类型	编码	资料名称	单位	原件数	复印数
事前准备资料	01	董事会决议	份	1	0
	02	对外投资可行性报告	份	1	0
	03	相关协议合同	份	1	0
	04	对外投资的相关票据	份	1	0
事中产生资料	05	被投资企业的财务报表	份	1	0
	06	利息收入、利润分配资料	份	2	0
	07	计提减值准备资料	份	1	0
	08	设立投资管理机构文件	份	1	1
	09	对外投资管理机构文件	份	1	1
事后结果资料	10	到期收回投资资料	份	1	0

续表

资料类型	编码	资料名称	单位	原件数	复印数
技术要求资料	11	企业内部控制基本规范	份	1	1
	12	企业会计准则——长期股权投资	份	1	0

4. 相关工作标准

标准编码	标准名称
01	投资收益管理工作标准

5. 工作标准流程图

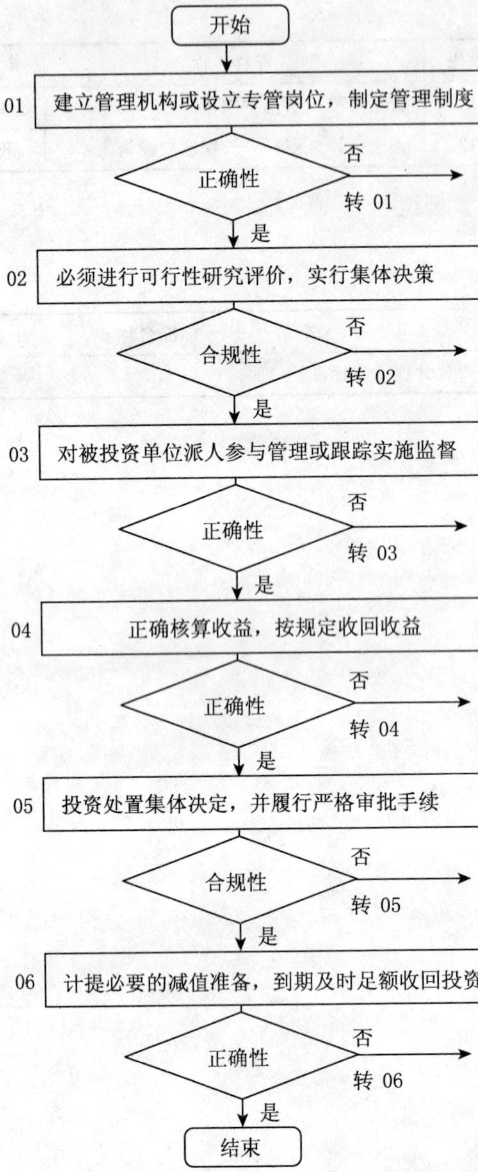
开始
01
建立管理机构或设立专管岗位，制定管理制度
正确性
否
转 01
是
02
必须进行可行性研究评价，实行集体决策
合规性
否
转 02
是
03
对被投资单位派人参与管理或跟踪实施监督
正确性
否
转 03
是
04
正确核算收益，按规定收回收益
正确性
否
转 04
是
05
投资处置集体决定，并履行严格审批手续
合规性
否
转 05
是
06
计提必要的减值准备，到期及时足额收回投资
正确性
否
转 06
是
结束

6.2.5 基建项目预算编制工作标准

标准编码：3504

标准名称：基建项目预算编制工作标准

1. 工作标准名称释义

基建项目预算编制工作标准是指企业基建工程部在工程设计图纸与施工图纸审批后组织或委托专业建筑工程预算员编制工程预算的工作规范。

2. 工作标准基本内容

工作核心目标	编制基建项目预算	
工作开始时间	基建项目设计与施工图纸审批后	
工作结束时间	编制的基建项目预算经审核通过	
相关工作地点	总经理办公地	基建工程部办公地
相关工作单位	财务部门 编制预算受托部门	基建工程部 公司总部
相关工作人员	会计机构负责人 基建工程部部长 受托部门预算员	在建工程管理与核算岗位 预算员
备　　注		

3. 工作标准所需资料

资料类型	编码	资料名称	单位	原件数	复印数
事前准备资料	01	工程项目设计图	份	1	0
	02	工程项目施工图	份	1	0
事中产生资料	03	项目预算编制委托合同	份	1	0
	04	工程数量分类计算稿	份	1	0
	05	工程取费分类计算稿	份	1	0
	06	工程预算总价汇算表	份	1	1

续表

资料类型	编码	资料名称	单位	原件数	复印数
事后结果资料	07	工程项目预算会审意见	份	1	0
	08	主管总经理审批意见	份	1	0
	09	工程预算总价汇算表	份	1	0
技术要求资料	10	工程预算定额标准	套	1	1
	11	建筑材料预算价格	册	1	0

4. 相关工作标准

标准编码	标准名称
01	在建工程内部管理制度制定工作标准

5. 工作标准流程图

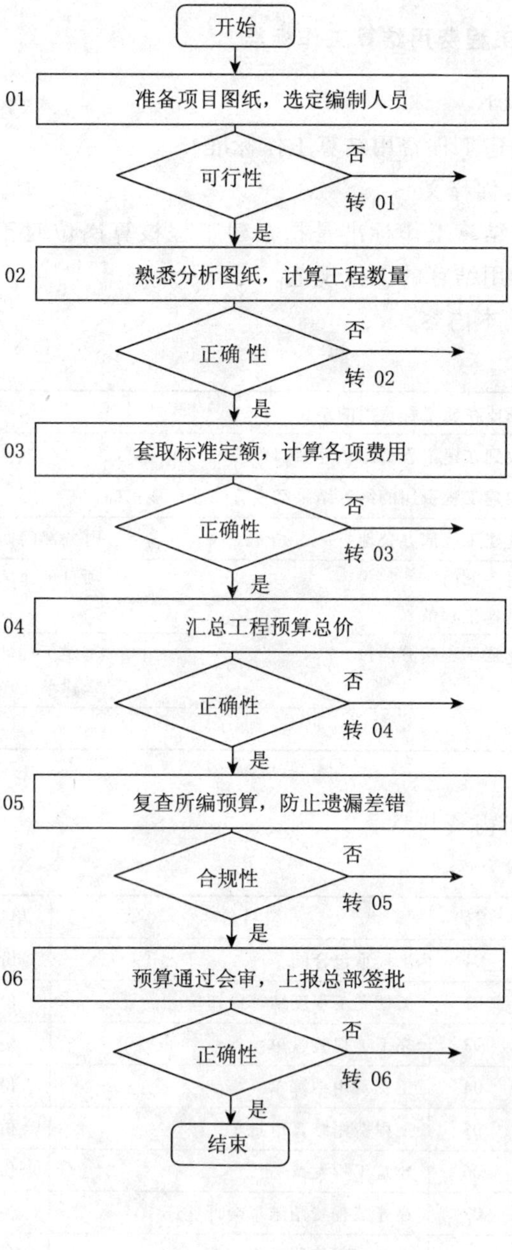
开始
01
准备项目图纸，选定编制人员
可行性
否
转 01
是
02
熟悉分析图纸，计算工程数量
正确性
否
转 02
是
03
套取标准定额，计算各项费用
正确性
否
转 03
是
04
汇总工程预算总价
正确性
否
转 04
是
05
复查所编预算，防止遗漏差错
合规性
否
转 05
是
06
预算通过会审，上报总部签批
正确性
否
转 06
是
结束

6.2.6 在建工程费用结算工作标准

标准编码：3501

标准名称：在建工程费用结算工作标准

1. 工作标准名称释义

在建工程费用结算工作标准是指在建工程核算岗位对于已经达到阶段性完工程度的工程费用结算的工作规范。

2. 工作标准基本内容

工作核心目标	完成在建工程费用的结算	
工作开始时间	收到在建工程费用结算通知单	
工作结束时间	在建工程费用的结算结果经主管领导审核正确	
相关工作地点	基建工程部办公地	财务部门办公地
相关工作单位	财务部门 基建工程部	项目承建单位
相关工作人员	在建工程核算岗位 工程监理	基建工程部部长 承建单位经办人
备　注		

3. 工作标准所需资料

资料类型	编码	资料名称	单位	原件数	复印数
事前准备资料	01	工程承包合同	份	1	0
	02	工程完工程度结算通知单	份	1	0
	03	完工工程验收单	份	1	0
事中产生资料	04	工程费用结算单	份	1	0
	05	工程费用结算审批单	份	2	0
	06	建筑工程发票	份	1	0
事后结果资料	07	在建工程费用结算会计凭证	份	1	0
技术要求资料	08	企业内部控制基本规范	份	1	1
	09	企业内部控制规范	份	1	0

4. 相关工作标准

标准编码	标准名称
01	在建工程内部管理制度制定工作标准

5. 工作标准流程图

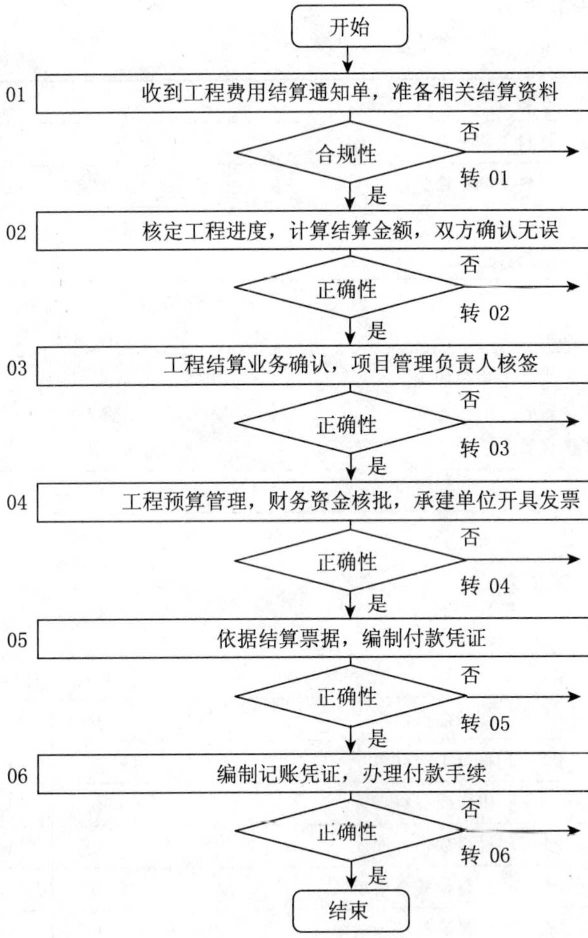

6.2.7 采购入库工作标准

标准编码：3602

标准名称：采购入库工作标准

1. 工作标准名称释义

采购入库工作标准是指企业材料采购人员进行材料采购、办理材料入库手续的工作规范。

2. 工作标准基本内容

工作核心目标	办理外购材料的入库手续	
工作开始时间	编制材料采购清单	
工作结束时间	编制材料采购记账凭证	
相关工作地点	采购部门办公地 财务部门办公地	库房所在地
相关工作单位	采购部门 财务部门	仓库部门
相关工作人员	存货管理与核算岗位 库房验收员 库房保管员	采购经办人 采购部门负责人
备　　注		

3. 工作标准所需资料

资料类型	编码	资料名称	单位	原件数	复印数
事前准备资料	01	产品需求清单	份	1	0
	02	材料采购订单	份	1	0
	03	供应商资料	份	1	0
事中产生资料	04	材料购销合同	份	1	0
	05	材料检验合格单	份	1	0
	06	材料数量核点清单	份	1	0
	07	购料相关发票	份	1	0

续表

资料类型	编码	资料名称	单位	原件数	复印数
事后结果资料	08	材料验收入库单	份	1	0
	09	采购入库会计记账凭证	份	1	0
技术要求资料	10	企业内部控制基本规范	份	1	1
	11	企业会计准则——存货	份	1	0
	12	政府采购法	份	1	0

4. 相关工作标准

标准编码	标准名称
01	外购材料入库单填制工作标准

5. 工作标准流程图

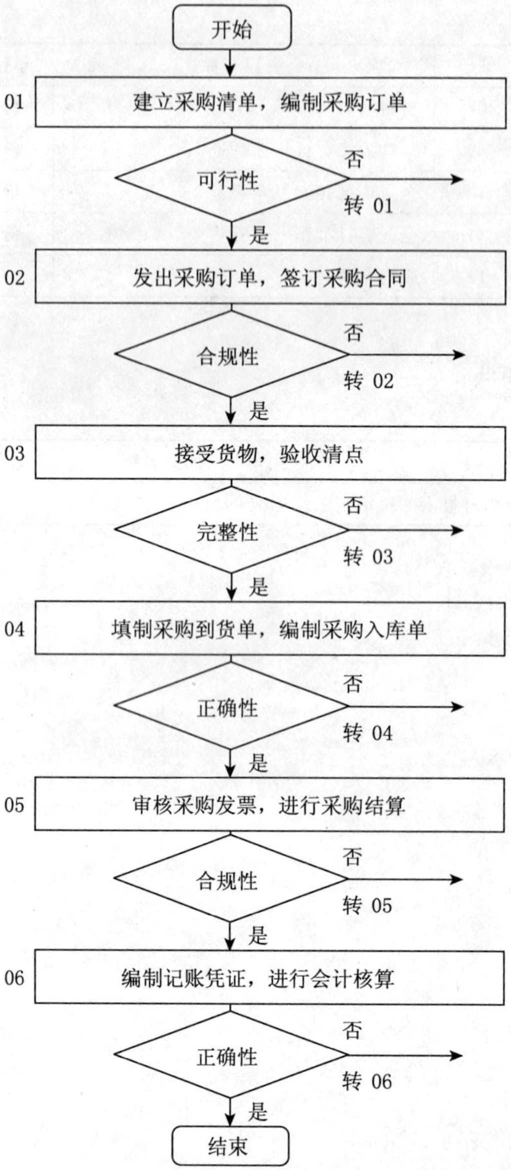
开始
01
建立采购清单，编制采购订单
可行性
否
转 01
是
02
发出采购订单，签订采购合同
合规性
否
转 02
是
03
接受货物，验收清点
完整性
否
转 03
是
04
填制采购到货单，编制采购入库单
正确性
否
转 04
是
05
审核采购发票，进行采购结算
合规性
否
转 05
是
06
编制记账凭证，进行会计核算
正确性
否
转 06
是
结束

6.2.8　外购材料请购工作标准

标准编码：3611

标准名称：外购材料请购工作标准

1. 工作标准名称释义

外购材料请购工作标准是指材料采购部门根据生产计划、生产工艺、材料采购预算、材料库存实际，确定材料需求办理材料请购的工作规范。

2. 工作标准基本内容

工作核心目标	完成材料采购申请	
工作开始时间	确定材料需求量时	
工作结束时间	材料采购申请获批准实施采购时	
相关工作地点	财务部门办公地	采购部门办公地
相关工作单位	财务部门	采购部门
相关工作人员	会计机构负责人 会计档案管理岗位 采购部门负责人	总会计师（财务总监） 采购部门人员
备　　注		

3. 工作标准所需资料

资料类型	编码	资料名称	单位	原件数	复印数
事前准备资料	01	年度或月度生产计划	份	1	0
	02	材料采购预算	份	1	0
	03	库存材料明细账	份	1	0
	04	产品生产工艺明细表	份	1	0
事中产生资料	05	材料采购计划	份	1	0
	06	材料采购申请单	份	1	0
事后结果资料	07	经审批的材料采购申请单	份	1	0
技术要求资料	08	企业会计准则——存货	份	1	0
	09	《企业内部控制基本规范》	份	1	0

4. 相关工作标准

标准编码	标准名称
01	采购业务会计处理工作标准
02	采购入库工作标准

5. 工作标准流程图

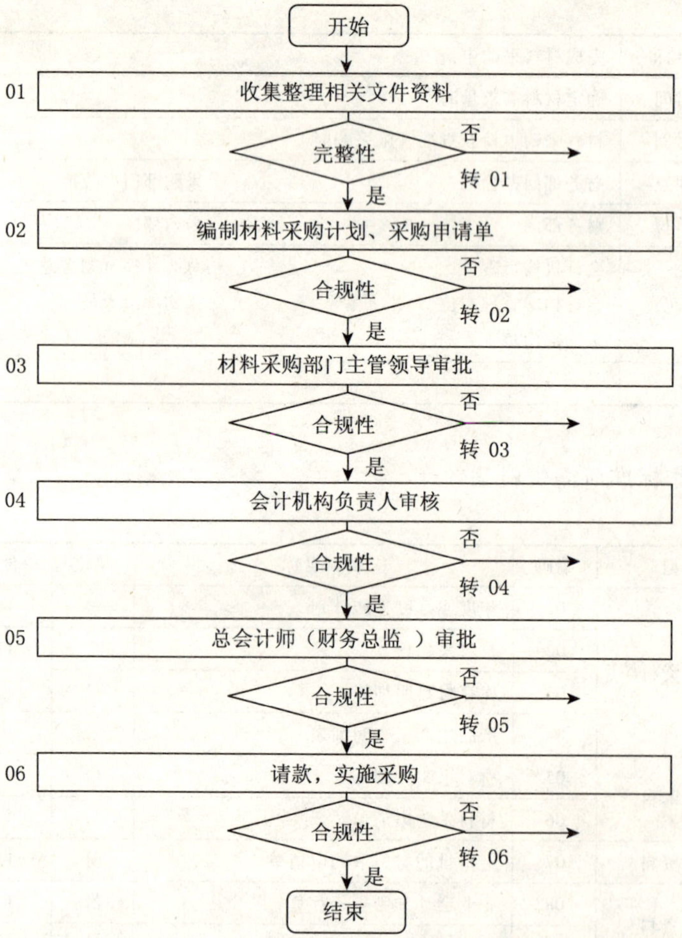

6.2.9 固定资产盘点工作标准

标准编码：3701

标准名称：固定资产盘点工作标准

1. 工作标准名称释义

固定资产盘点工作标准是指企业为确保固定资产的安全与完整，做到账卡相符、账实相符，定期或不定期对其固定资产进行实物盘点的工作规范。

2. 工作标准基本内容

工作核心目标	完成固定资产盘点工作
工作开始时间	成立固定资产盘点领导小组
工作结束时间	对盘点中存在的盘盈或盘亏问题查明原因并作相关处理
相关工作地点	固定资产管理部门办公地 固定资产所在地 财务部门办公地
相关工作单位	财务部门 固定资产管理部门 固定资产使用部门
相关工作人员	会计机构负责人 固定资产管理与核算岗位 固定资产管理员 固定资产使用部门负责人 固定资产管理部门负责人
备　注	

3. 工作标准所需资料

资料类型	编码	资料名称	单位	原件数	复印数
事前准备资料	01	固定资产明细账	份	1	0
	02	固定资产明细卡片	张	0	0
	03	固定资产盘点工作方案	份	1	0
事中产生资料	04	固定资产盘点明细表	份	1	0
	05	实物盘点登记表	份	1	0
	06	固定资产盘盈登记表	份	1	0

续表

资料类型	编码	资料名称	单位	原件数	复印数
事中产生资料	07	固定资产盘亏登记表	份	1	0
	08	盘盈盘亏原因调查处理报告	份	1	0
事后结果资料	09	固定资产盘点处理记账凭证	份	1	1
	10	固定资产盘点总结	份	1	0
技术要求资料	11	会计基础工作规范	份	1	1
	12	企业会计准则——固定资产	份	1	0

4. 相关工作标准

标准编码	标准名称
01	固定资产报废工作标准
02	固定资产处置工作标准

5. 工作标准流程图

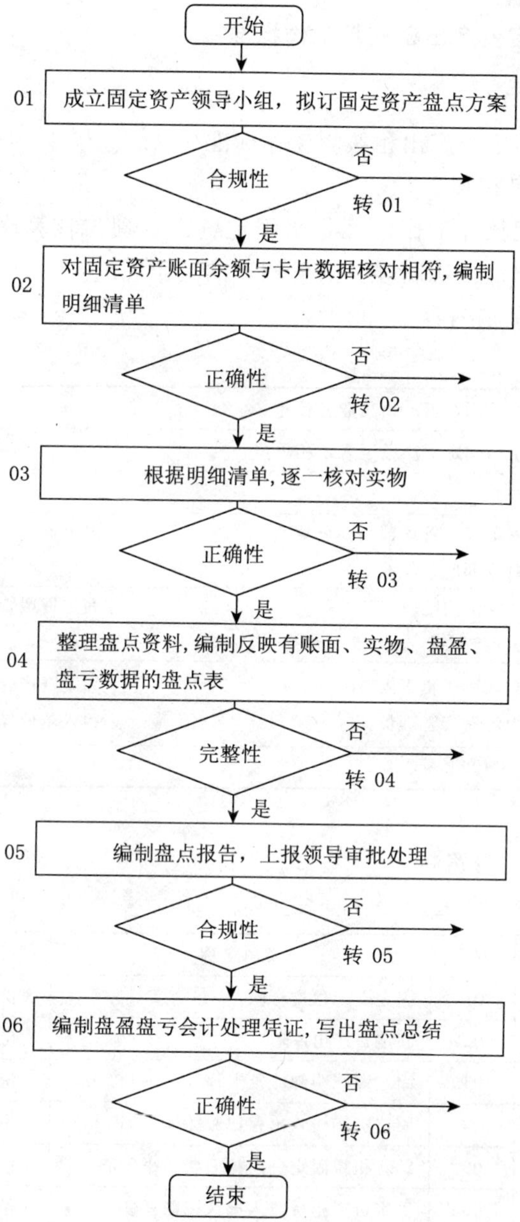
开始
01
成立固定资产领导小组，拟订固定资产盘点方案
合规性
否
转 01
是
02
对固定资产账面余额与卡片数据核对相符,编制明细清单
正确性
否
转 02
是
03
根据明细清单,逐一核对实物
正确性
否
转 03
是
04
整理盘点资料,编制反映有账面、实物、盘盈、盘亏数据的盘点表
完整性
否
转 04
是
05
编制盘点报告，上报领导审批处理
合规性
否
转 05
是
06
编制盘盈盘亏会计处理凭证,写出盘点总结
正确性
否
转 06
是
结束

6.2.10 固定资产出租核算工作标准

标准编码：3719

标准名称：固定资产出租核算工作标准

1. 工作标准名称释义

固定资产出租核算工作标准是指固定资产管理与核算岗位对企业将固定资产出租给其他单位使用所涉及财务核算的工作规范。

2. 工作标准基本内容

工作核心目标	完成固定资产出租业务核算	
工作开始时间	出租固定资产已运入承租单位	
工作结束时间	即时	
相关工作地点	固定资产管理部门办公地 财务部门办公地	固定资产租入单位所在地
相关工作单位	财务部门 固定资产租入单位	固定资产管理部门
相关工作人员	会计机构负责人 固定资产管理员	固定资产管理与核算岗位 租入单位经办人
备　注		

3. 工作标准所需资料

资料类型	编码	资料名称	单位	原件数	复印数
事前准备资料	01	固定资产租赁合同	份	1	1
	02	固定资产出库单	份	1	0
	03	固定资产明细账及卡片	份	1	0
事中产生资料	04	固定资产转入出租记账凭证	份	1	0
	05	结转租赁固定资产折旧费记账凭证	份	1	1
	06	固定资产租赁收入确认记账凭证	份	1	0
事后结果资料	07	结转固定资产租赁损益记账凭证	份	1	0
技术要求资料	08	企业会计准则讲解——租赁	份	1	0

4. 相关工作标准

标准编码	标准名称
01	固定资产报废工作标准
02	固定资产处置工作标准

5. 工作标准流程图

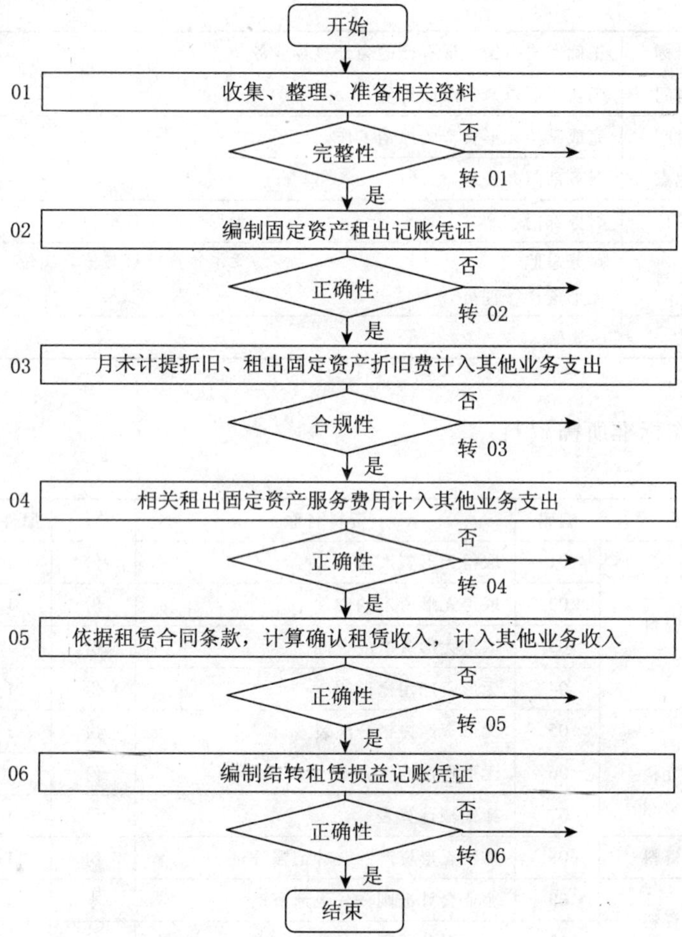

6.2.11 无形资产摊销工作标准

标准编码：3802

标准名称：无形资产摊销工作标准

1. 工作标准名称释义

无形资产摊销工作标准是指无形资产管理与核算岗位按照《企业会计准则》规定，摊销无形资产的工作规范。

2. 工作标准基本内容

工作核心目标	正确完成摊销无形资产的会计核算业务	
工作开始时间	确认无形资产的账面价值	
工作结束时间	完成某项无形资产的摊销工作	
相关工作地点	财务部门办公地	
相关工作单位	财务部门	无形资产管理部门
相关工作人员	财务总监 无形资产管理员	无形资产管理与核算岗位
备　注		

3. 工作标准所需资料

资料类型	编码	资料名称	单位	原件数	复印数
事前准备资料	01	取得无形资产票据	份	1	0
	02	取得无形资产的文件	份	1	0
	03	取得无形资产的合同	份	1	0
	04	无形资产用途说明	份	1	0
事中产生资料	05	无形资产摊销分配表	份	1	0
	06	无形资产摊销方案	份	1	0
	07	摊销额计算表	份	1	0
事后结果资料	08	摊销无形资产的会计记账凭证	份	1	0
技术要求资料	09	企业会计准则——无形资产	本	1	1
	10	企业财务通则	份	1	1

4. 相关工作标准

标准编码	标准名称
01	无形资产管理工作标准
02	无形资产摊销年限确认工作标准
03	无形资产原值确认工作标准

5. 工作标准流程图

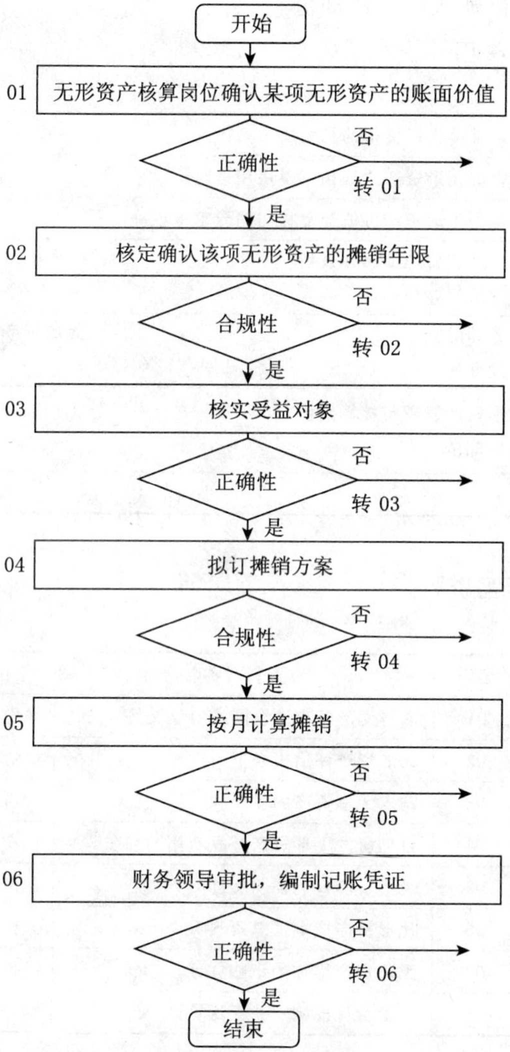

6.2.12 无形资产原值确认工作标准

标准编码：3806

标准名称：无形资产原值确认工作标准

1. 工作标准名称释义

无形资产原值确认工作标准是指无形资产管理与核算岗位在取得无形资产后对入账价值进行确认的工作规范。

2. 工作标准基本内容

工作核心目标	确定某项无形资产的初始成本	
工作开始时间	取得的无形资产达到预定使用用途时	
工作结束时间	确定的无形资产价值经复核与领导审核正确	
相关工作地点	无形资产管理部门办公地 财务部门办公地	研发部门办公地
相关工作单位	财务部门 研发部门	无形资产管理部门
相关工作人员	无形资产管理与核算岗位 研发部负责人	无形资产管理员
备　　注		

3. 工作标准所需资料

资料类型	编码	资料名称	单位	原件数	复印数
事前准备资料	01	取得无形资产的合同或协议文件	份	1	0
	02	无形资产评估报告书	份	1	0
	03	购入无形资产的发票和付款凭证	份	1	0
	04	自创研发无形资产开发费用明细账	份	1	0
	05	无形资产权利证明文件	份	1	0
事中产生资料	06	无形资产成本汇总资料	份	1	0
事后结果资料	07	无形资产增加的记账凭证	份	1	0
技术要求资料	08	企业会计准则——无形资产	份	1	1

4. 相关工作标准

标准编码	标准名称
01	无形资产管理工作标准

5. 工作标准流程图

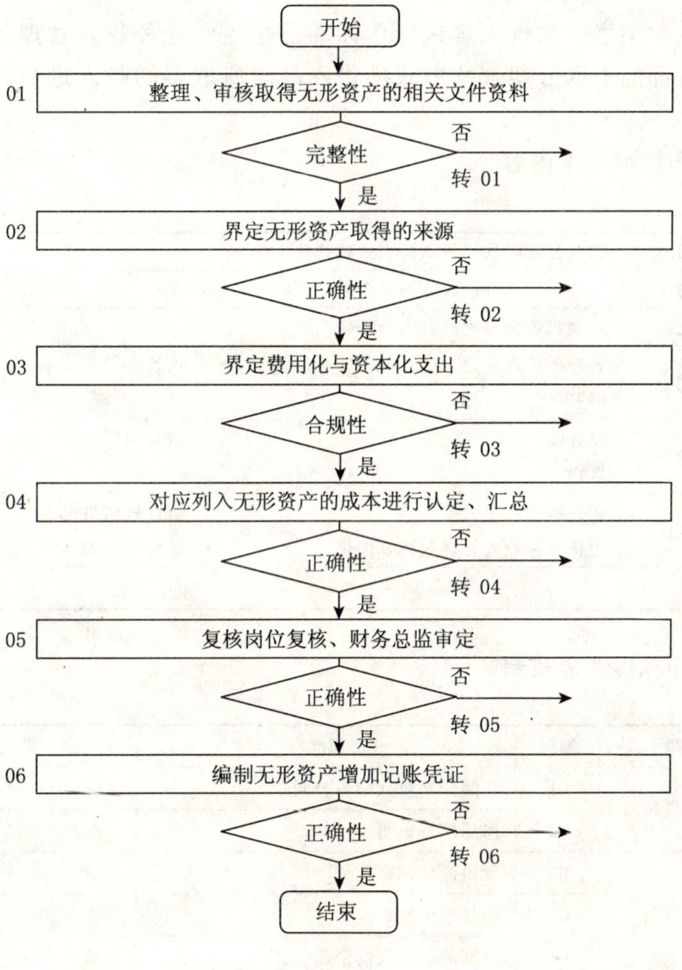

6.3 企业收入管理与核算部

6.3.1 分期收款销售商品收入确认工作标准

标准编码：4102

标准名称：分期收款销售商品收入确认工作标准

1. 工作标准名称释义

分期收款销售商品收入确认工作标准是指主营业务收入管理与核算岗位对企业销售部门采取分期收款方式销售商品时所取得的收入进行确认的工作规范。

2. 工作标准基本内容

工作核心目标	完成分期收款销售商品收入的确认工作	
工作开始时间	与客户签订分期收款销售合同时	
工作结束时间	分期收款发出商品收入全部确认时	
相关工作地点	客户单位所在地 财务部门办公地	销售部门办公地
相关工作单位	财务部门 客户	销售部门
相关工作人员	销售部门负责人 主营业务收入管理与核算岗位	会计机构负责人 销售经办人
备　注		

3. 工作标准所需资料

资料类型	编码	资料名称	单位	原件数	复印数
事前准备资料	01	商品分期收款销售合同	份	1	0
	02	商品发货证明	份	1	0
事中产生资料	03	发出商品记账凭证	份	1	0
	04	商品销售发票	份	1	0
	05	分期确认收入的记账凭证	份	1	0

续表

资料类型	编码	资料名称	单位	原件数	复印数
事后结果资料	06	最末收款期确认收入记账凭证	份	1	0
技术要求资料	07	企业会计准则讲解——收入	份	1	0

4. 相关工作标准

标准编码	标准名称
01	主营业务收入确认工作标准

5. 工作标准流程图

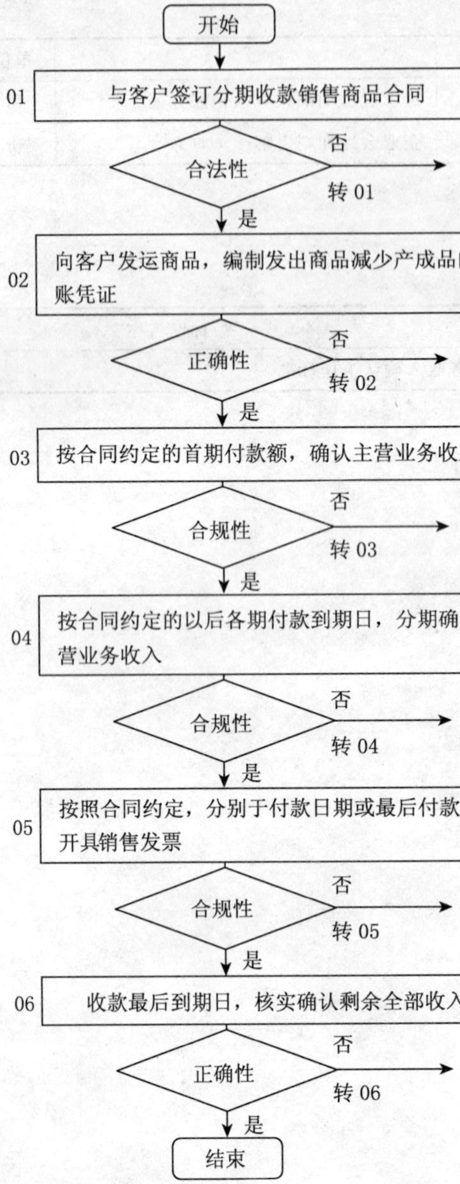
开始
01
与客户签订分期收款销售商品合同
合法性
否
转 01
是
02
向客户发运商品，编制发出商品减少产成品的记账凭证
正确性
否
转 02
是
03
按合同约定的首期付款额，确认主营业务收入
合规性
否
转 03
是
04
按合同约定的以后各期付款到期日，分期确认主营业务收入
合规性
否
转 04
是
05
按照合同约定，分别于付款日期或最后付款日期开具销售发票
合规性
否
转 05
是
06
收款最后到期日，核实确认剩余全部收入
正确性
否
转 06
是
结束

6.3.2 主营业务收入确认工作标准

标准编码：4101

标准名称：主营业务收入确认工作标准

1. 工作标准名称释义

主营业务收入确认工作标准是指主营业务收入管理与核算岗位对企业（集团）从事产品销售与提供劳务等经营活动所取得的主营业务收入进行确认的工作规范。

2. 工作标准基本内容

工作核心目标	确定企业当期的主营业务收入	
工作开始时间	企业的销售业务发生后	
工作结束时间	收入凭证审核后	
相关工作地点	财务部门办公地	
相关工作单位	财务部门 客户	销售部门
相关工作人员	会计机构负责人 客户单位经办人	销售经办人员 主营业务收入管理与核算岗位
备　　注		

3. 工作标准所需资料

资料类型	编码	资料名称	单位	原件数	复印数
事前准备资料	01	购销合同、发货单	份	1	0
	02	销售发票	份	1	0
	03	销售折让协议	份	1	0
	04	银行支票	份	1	1
	05	退回商品入库单	份	1	0
	06	原收入记账凭证	份	1	0
事中产生资料	07	主营业务收入汇总计算表	份	1	0

续表

资料类型	编码	资料名称	单位	原件数	复印数
事后结果资料	08	主营业务收入记账凭证	份	1	0
技术要求资料	09	增值税暂行条例实施细则	份	1	0
	10	企业会计准则——收入	份	1	0

4. 相关工作标准

标准编码	标准名称
01	分期收款销售商品收入确认工作标准
02	分期收款销售商品核算工作标准
03	销售折让收入确认工作标准
04	提供劳务核算工作标准

5. 工作标准流程图

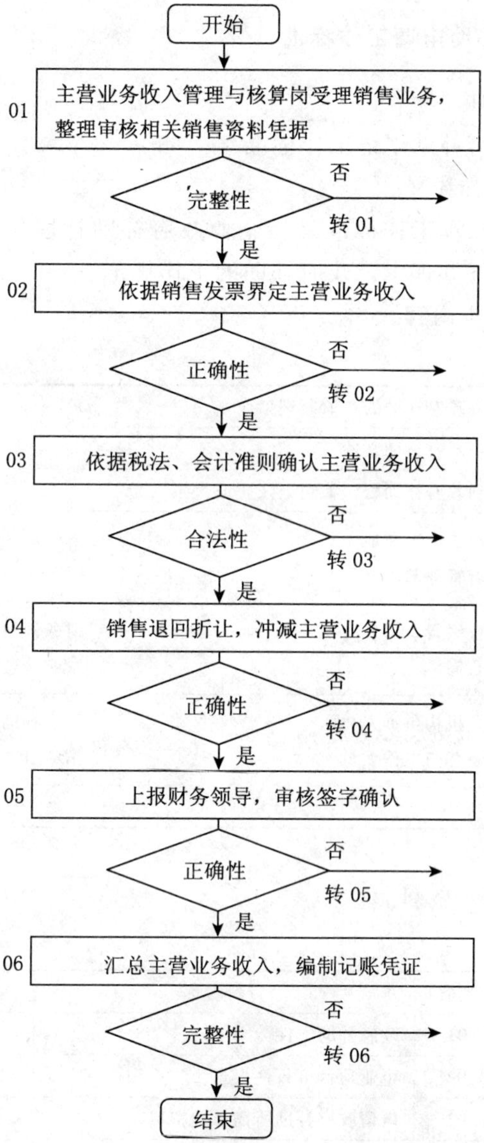
开始
01
主营业务收入管理与核算岗受理销售业务，整理审核相关销售资料凭据
完整性
否
转 01
是
02
依据销售发票界定主营业务收入
正确性
否
转 02
是
03
依据税法、会计准则确认主营业务收入
合法性
否
转 03
是
04
销售退回折让，冲减主营业务收入
正确性
否
转 04
是
05
上报财务领导，审核签字确认
正确性
否
转 05
是
06
汇总主营业务收入，编制记账凭证
完整性
否
转 06
是
结束

6.3.3 政府补助申请工作标准

标准编码：4201

标准名称：政府补助申请工作标准

1. 工作标准名称释义

政府补助会计核算工作标准是指企业政府补助管理与核算岗根据政府补助文件结合企业条件办理申请政府补助的工作规范。

2. 工作标准基本内容

工作核心目标	完成政府补助的申请办理工作	
工作开始时间	收到政府补助文件	
工作结束时间	收到政府补助款、编制记账凭证	
相关工作地点	开户银行所在地 政府管理部门办公地	财政局办公地 财务部门办公地
相关工作单位	开户银行 财政局	财务部门 政府管理部门
相关工作人员	会计机构负责人 财政部门工作人员	政府补助管理与核算岗位 出纳员
备　注		

3. 工作标准所需资料

资料类型	编码	资料名称	单位	原件数	复印数
事前准备资料	01	政府补助文件	份	1	1
	02	企业项目可行性报告	套	1	0
	03	申请政府补助所需其他资料	套	1	0
事中产生资料	04	企业政府补助申请书	份	1	0
	05	填写的“政府补助申请表”	份	1	0
	06	政府核查补充资料	份	1	1

续表

资料类型	编码	资料名称	单位	原件数	复印数
事后结果资料	07	收到政府补助记账凭证	份	1	0
	08	收到政府补助的银行进账单	份	1	0
	09	收到政府补助的物资入库单	份	1	0
技术要求资料	10	企业会计准则——政府补助	份	1	0

4. 相关工作标准

标准编码	标准名称
01	重大节能项目补贴申请工作标准

5. 工作标准流程图

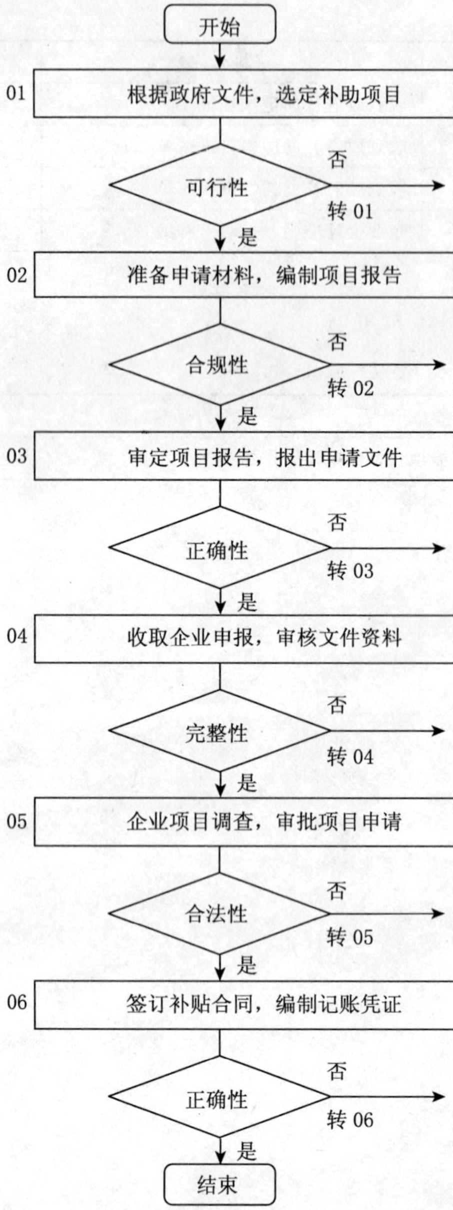
开始
01
根据政府文件，选定补助项目
可行性
否
转 01
是
02
准备申请材料，编制项目报告
合规性
否
转 02
是
03
审定项目报告，报出申请文件
正确性
否
转 03
是
04
收取企业申报，审核文件资料
完整性
否
转 04
是
05
企业项目调查，审批项目申请
合法性
否
转 05
是
06
签订补贴合同，编制记账凭证
正确性
否
转 06
是
结束

6.3.4 增值税先征后返政府补助工作标准

标准编码：4206

标准名称：增值税先征后返政府补助工作标准

1. 工作标准名称释义

增值税先征后返政府补助工作标准是指政府补助管理与核算岗办理国家为扶持企业新技术新产品或低能耗产品开发生产，对企业所缴增值税按政府补助给予一定比例返还的工作规范。

2. 工作标准基本内容

工作核心目标	完成增值税先征后返的政府补助办理工作
工作开始时间	获得政府相关政策文件
工作结束时间	编制收取政府增值税返还记账凭证
相关工作地点	企业主管部门办公地 财务部门办公地 所在地主管财政局办公地
相关工作单位	财务部门 所在地主管财政局 企业主管部门
相关工作人员	财政补贴管理与核算岗位 财务部负责人 政府补助工作人员 财政补贴项目经办人 项目负责人
备　注	

3. 工作标准所需资料

资料类型	编码	资料名称	单位	原件数	复印数
事前准备资料	01	政府关于增值税先征后返补助文件	份	1	1
	02	企业产品适用政府增值税先征后返政策资料	份	1	0

续表

资料类型	编码	资料名称	单位	原件数	复印数
事中产生资料	03	增值税先征后返申请报告	份	1	1
	04	增值税先征后返审批文件	份	1	1
	05	企业缴纳增值税票据	份	1	0
	06	增值税先征后返申报表	份	1	1
事后结果资料	07	收到增值税返还银行进账单	份	1	0
	08	收到增值税返还记账凭证	份	1	0
技术要求资料	09	企业会计准则讲解——政府补助	册	1	0

4. 相关工作标准

标准编码	标准名称
01	政府补助申请工作标准

5. 工作标准流程图

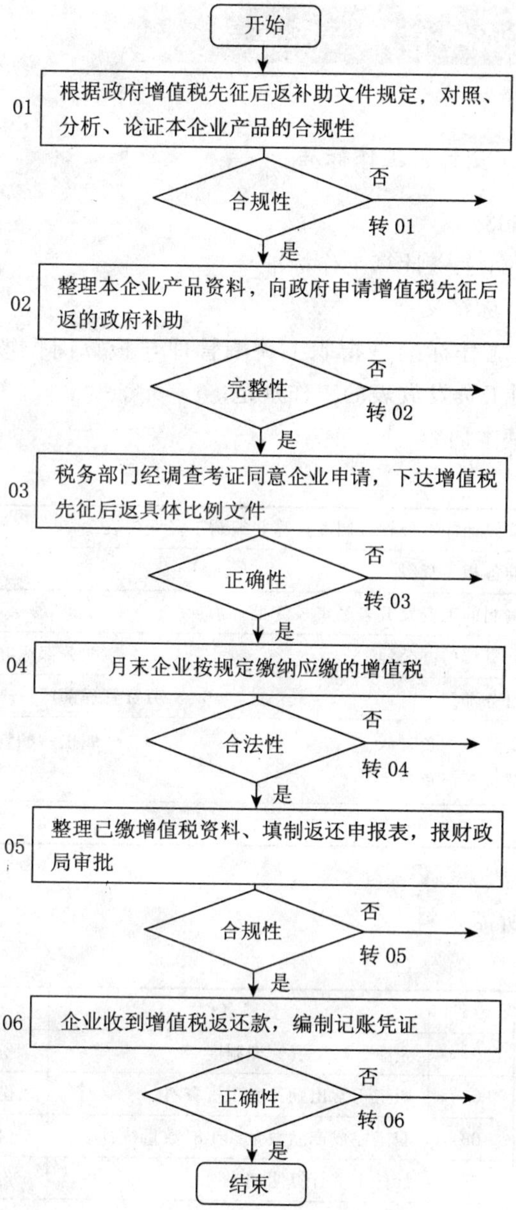
开始
01
根据政府增值税先征后返补助文件规定，对照、分析、论证本企业产品的合规性
合规性
否
转 01
是
02
整理本企业产品资料，向政府申请增值税先征后返的政府补助
完整性
否
转 02
是
03
税务部门经调查考证同意企业申请，下达增值税先征后返具体比例文件
正确性
否
转 03
是
04
月末企业按规定缴纳应缴的增值税
合法性
否
转 04
是
05
整理已缴增值税资料、填制返还申报表，报财政局审批
合规性
否
转 05
是
06
企业收到增值税返还款，编制记账凭证
正确性
否
转 06
是
结束

6.4 企业成本管理与核算部

6.4.1 计件工资计算工作标准

标准编码：4308

标准名称：计件工资计算工作标准

1. 工作标准名称释义

计件工资计算工作标准是指职工薪酬管理与核算岗位按照企业计件工资管理制度计算编制工资发放表的工作规范。

2. 工作标准基本内容

工作核心目标	按照计件工资管理制度计算并编制工资发放表
工作开始时间	准备相关资料
工作结束时间	编制的工资发放表经审核签批
相关工作地点	劳资部门办公地　　财务部门办公地
相关工作单位	财务部门　　劳资管理部门
相关工作人员	会计机构负责人　　职工薪酬管理与核算岗位 劳资部门负责人
备　　注	

3. 工作标准所需资料

资料类型	编码	资料名称	单位	原件数	复印数
事前准备资料	01	企业计件工资管理制度	份	1	1
	02	职工正常出勤保底工资资料	份	1	0
	03	职工完成产品数量或工时数量统计表	份	1	0
事中产生资料	04	计件工资计算明细表	份	1	0
	05	编制的工资发放表	份	1	0
事后结果资料	06	经审批的工资发放表	份	1	0

续表

资料类型	编码	资料名称	单位	原件数	复印数
技术要求资料	07	劳动法及相关法规、制度	份	1	1
	08	企业会计准则——职工薪酬	份	1	0

4. 相关工作标准

标准编码	标准名称
01	职工工资发放表编制工作标准
02	职工薪酬确认工作标准

5. 工作标准流程图

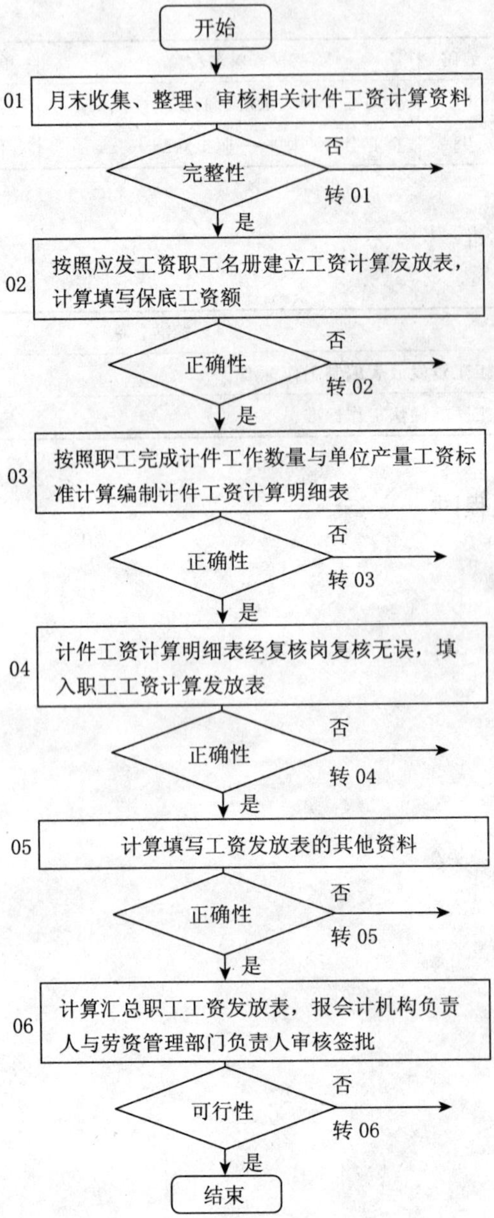
开始
01 月末收集、整理、审核相关计件工资计算资料
完整性
否
转 01
是
02 按照应发工资职工名册建立工资计算发放表，计算填写保底工资额
正确性
否
转 02
是
03 按照职工完成计件工作数量与单位产量工资标准计算编制计件工资计算明细表
正确性
否
转 03
是
04 计件工资计算明细表经复核岗复核无误，填入职工工资计算发放表
正确性
否
转 04
是
05 计算填写工资发放表的其他资料
正确性
否
转 05
是
06 计算汇总职工工资发放表，报会计机构负责人与劳资管理部门负责人审核签批
可行性
否
转 06
是
结束

6.4.2 职工工资发放工作标准

标准编码：4319

标准名称：职工工资发放工作标准

1. 工作标准名称释义

职工工资发放工作标准是指职工薪酬管理与核算岗位每月按照选择的工资发放方式发放职工工资的工作规范。

2. 工作标准基本内容

工作核心目标	完成职工工资的发放	
工作开始时间	每月工资发放日前	
工作结束时间	工资发放完毕无误	
相关工作地点	各业务部门办公地 财务部门办公地	劳资部门办公地
相关工作单位	财务部门 劳资管理部门	公司内部各单位、机关各处室
相关工作人员	会计机构负责人 出纳岗位	职工薪酬管理与核算岗位 劳资部门负责人
备　　注		

3. 工作标准所需资料

资料类型	编码	资料名称	单位	原件数	复印数
事前准备资料	01	工资发放明细表	份	1	0
	02	工资发放汇总表	份	1	0
	03	按照实际发放数提取的现金	套	1	0
事中产生资料	04	委托银行代发工资明细表	份	1	1
	05	职工领款签名明细表	份	1	0
事后结果资料	06	支付职工工资的相关记账凭证	套	1	0

续表

资料类型	编码	资料名称	单位	原件数	复印数
技术要求资料	07	劳动法及相关法规、制度	份	1	1
	08	企业会计准则——职工薪酬	份	1	0
	09	会计基础工作规范	份	1	0

4. 相关工作标准

标准编码	标准名称
01	职工薪酬确认工作标准

5. 工作标准流程图

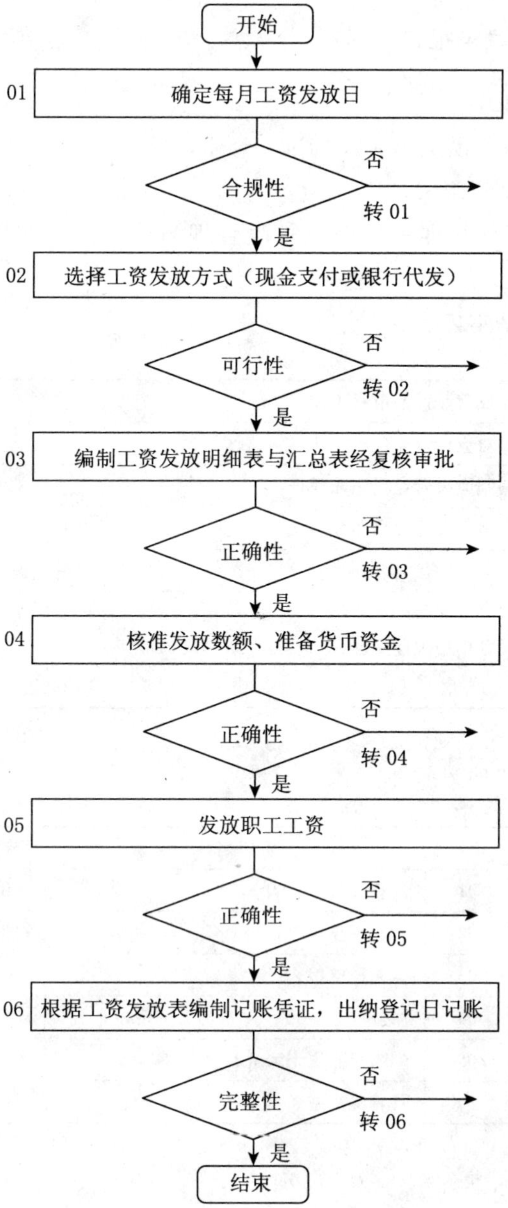
开始
01 确定每月工资发放日
合规性
否
转 01
是
02 选择工资发放方式（现金支付或银行代发）
可行性
否
转 02
是
03 编制工资发放明细表与汇总表经复核审批
正确性
否
转 03
是
04 核准发放数额、准备货币资金
正确性
否
转 04
是
05 发放职工工资
正确性
否
转 05
是
06 根据工资发放表编制记账凭证，出纳登记日记账
完整性
否
转 06
是
结束

6.4.3 营业税申报工作标准

标准编码：4401

标准名称：营业税申报工作标准

1. 工作标准名称释义

营业税申报工作标准是指企业税收管理与核算岗位按税收法规计算申报营业税的工作规范。

2. 工作标准基本内容

工作核心目标	完成营业税的申报工作	
工作开始时间	核对应计营业税收入额	
工作结束时间	编制应缴营业税记账凭证	
相关工作地点	当地主管地税局办公地	财务部门办公地
相关工作单位	财务部门	当地主管地税局
相关工作人员	税收管理与核算岗位 税务申报大厅受理人	税务所专管员
备　　注		

3. 工作标准所需资料

资料类型	编码	资料名称	单位	原件数	复印数
事前准备资料	01	营业收入汇总表	份	1	0
	02	营业税空白申报表	份	1	0
事中产生资料	03	营业税申报表	份	1	0
	04	加盖“已申报”印章的营业税申报表	份	1	0
事后结果资料	05	应缴营业税记账凭证	份	1	0
技术要求资料	06	营业税实施条例	份	1	0

4. 相关工作标准

标准编码	标准名称
01	企业税务登记证办理工作标准

5. 工作标准流程图

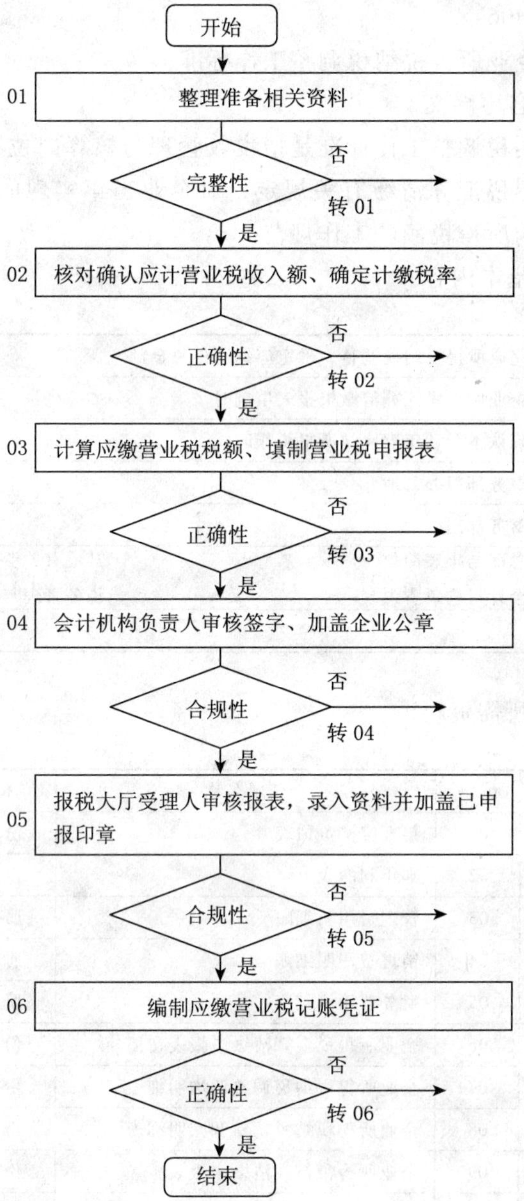
开始
01 整理准备相关资料
完整性
否
转 01
是
02 核对确认应计营业税收入额、确定计缴税率
正确性
否
转 02
是
03 计算应缴营业税税额、填制营业税申报表
正确性
否
转 03
是
04 会计机构负责人审核签字、加盖企业公章
合规性
否
转 04
是
05 报税大厅受理人审核报表，录入资料并加盖已申报印章
合规性
否
转 05
是
06 编制应缴营业税记账凭证
正确性
否
转 06
是
结束

6.4.4 企业所得税纳税调整工作标准

标准编码：4406

标准名称：企业所得税纳税调整工作标准

1. 工作标准名称释义

企业所得税纳税调整工作标准是指税收管理与核算岗位在会计年度终了，按照当年企业所得税汇算清缴有关规定，对企业当年实现的会计利润进行纳税调整，确定应纳所得税额的工作规范。

2. 工作标准基本内容

工作核心目标	完成所得税纳税调整，确定应纳所得税金额	
工作开始时间	企业所得税汇算清缴申报表填制时	
工作结束时间	确认本会计年度应纳所得税额时	
相关工作地点	财务部门办公地	
相关工作单位	财务部门	
相关工作人员	总账与报表岗位 会计机构负责人	其他有关会计核算岗位 税务管理与核算岗位
备　注		

3. 工作标准所需资料

资料类型	编码	资料名称	单位	原件数	复印数
事前准备资料	01	年末资产负债表	份	1	0
	02	本年利润表	份	1	0
	03	管理费用明细账	册	1	0
	04	销售费用明细账	册	1	0
	05	财务费用明细账	册	1	0
事中产生资料	06	企业所得税汇算清缴申报表初稿	份	1	0
	07	企业所得税纳税调整调增明细表	份	1	0
	08	企业所得税纳税调整调减明细表	份	1	0
事后结果资料	09	企业所得税汇算清缴申报表	份	1	0
技术要求资料	10	企业所得税法实施条例	件	1	0

4. 相关工作标准

标准编码	标准名称
01	企业所得税汇算清缴工作标准

5. 工作标准流程图

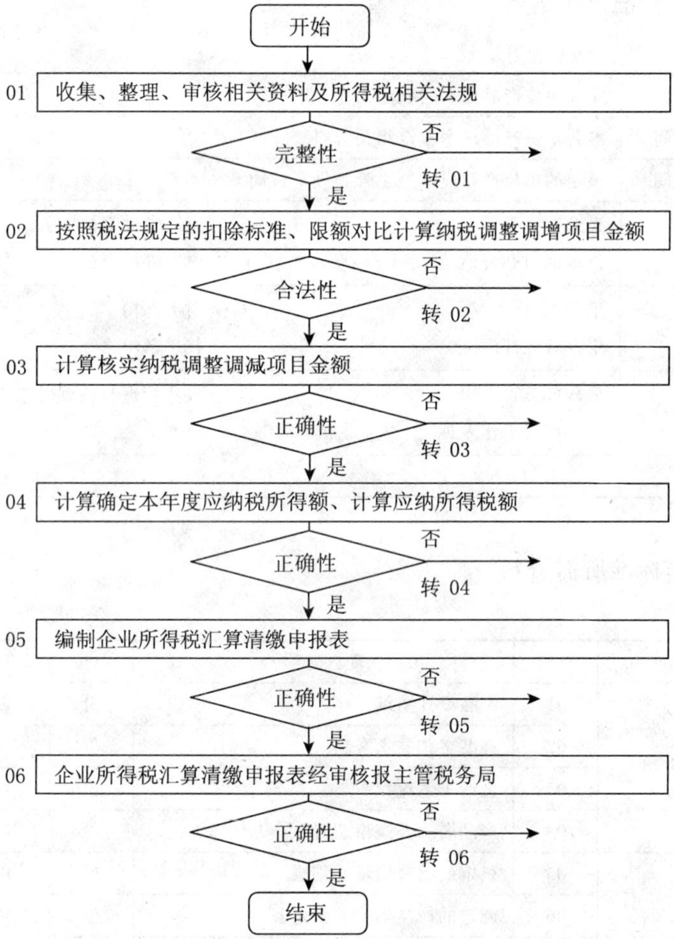

6.4.5 单位产品成本核定工作标准

标准编码：4501

标准名称：单位产品成本核定工作标准

1. 工作标准名称释义

单位产品成本核定工作标准是指成本管理与核算岗位为满足企业经营决策的需要对新投产品制造成本进行预测、核定的工作规范。

2. 工作标准基本内容

工作核心目标	完成单位产品成本的核定工作	
工作开始时间	准备单位产品成本核定相关资料	
工作结束时间	核定的单位产品成本经主管领导审核同意	
相关工作地点	采购部办公地 技术部门办公地	生产管理部门办公地 财务部门办公地
相关工作单位	采购部门 生产管理部门	财务部门 技术部门
相关工作人员	采购部负责人岗 生产部门工作人员	成本管理与核算岗位 技术员
备　注		

3. 工作标准所需资料

资料类型	编码	资料名称	单位	原件数	复印数
事前准备资料	01	产品设计图纸	份	1	0
	02	产品工艺技术资料	份	1	0
	03	生产工艺流程图	份	1	0
	04	产品名称及规格型号	份	1	1
事中产生资料	05	核定的材料用量明细表	份	1	0
	06	测定的产品生产工时定额	份	1	0
	07	所耗材料市场价格明细表	份	1	0

续表

资料类型	编码	资料名称	单位	原件数	复印数
事中产生资料	08	测定的工时单位成本资料	份	1	0
	09	测定的专用费用资料	份	1	1
事后结果资料	10	核定的单位产品成本	份	1	0
技术要求资料	11	企业内部控制规范	份	1	0
	12	企业所得税法实施条例	本	1	0

4. 相关工作标准

标准编码	标准名称
01	单位工时定额成本制定工作标准
02	单位产品定额成本制定工作标准

5. 工作标准流程图

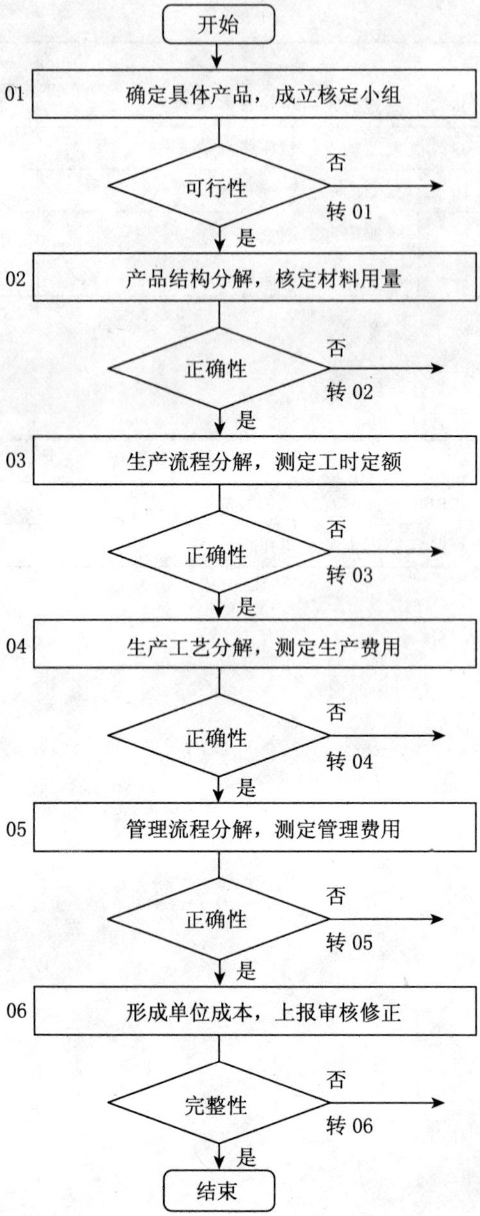
开始
01
确定具体产品，成立核定小组
可行性
否
转 01
是
02
产品结构分解，核定材料用量
正确性
否
转 02
是
03
生产流程分解，测定工时定额
正确性
否
转 03
是
04
生产工艺分解，测定生产费用
正确性
否
转 04
是
05
管理流程分解，测定管理费用
正确性
否
转 05
是
06
形成单位成本，上报审核修正
完整性
否
转 06
是
结束

6.4.6 在产品按定额成本法核算工作标准

标准编码：4506

标准名称：在产品按定额成本法核算工作标准

1. 工作标准名称释义

在产品按定额成本法核算工作标准是指成本管理与核算岗位月末划分在产品与完工产品成本时，在定额成本资料比较完善的情况下，按照单位产品定额成本计算在产品成本的工作规范。

2. 工作标准基本内容

工作核心目标	完成在产品成本按定额成本法计算的核算工作	
工作开始时间	月末各产品当月成本费用分配完毕	
工作结束时间	在产品成本按定额成本法核算经复核正确	
相关工作地点	生产管理部门办公地	财务部门办公地
相关工作单位	财务部门	生产管理部门
相关工作人员	成本管理与核算岗位	在产品管理员
备　注		

3. 工作标准所需资料

资料类型	编码	资料名称	单位	原件数	复印数
事前准备资料	01	当月完工产品入库单	份	1	0
	02	月末在产品盘点表	份	1	0
	03	月初在产品余额资料	份	1	0
	04	当月产品成本费用资料	套	1	0
	05	各产品单位定额成本资料	份	1	0
事中产生资料	06	归集的各产品实际成本费用总额	份	1	0
事后结果资料	07	期末在产品成本明细表	份	1	0
	08	期末各产品完工成本报表	套	1	0
技术要求资料	09	企业所得税法实施条例	份	1	

4. 相关工作标准

标准编码	标准名称
01	在产品按所耗原材料计价法核算工作标准
02	在产品按约当产量法核算工作标准

5. 工作标准流程图

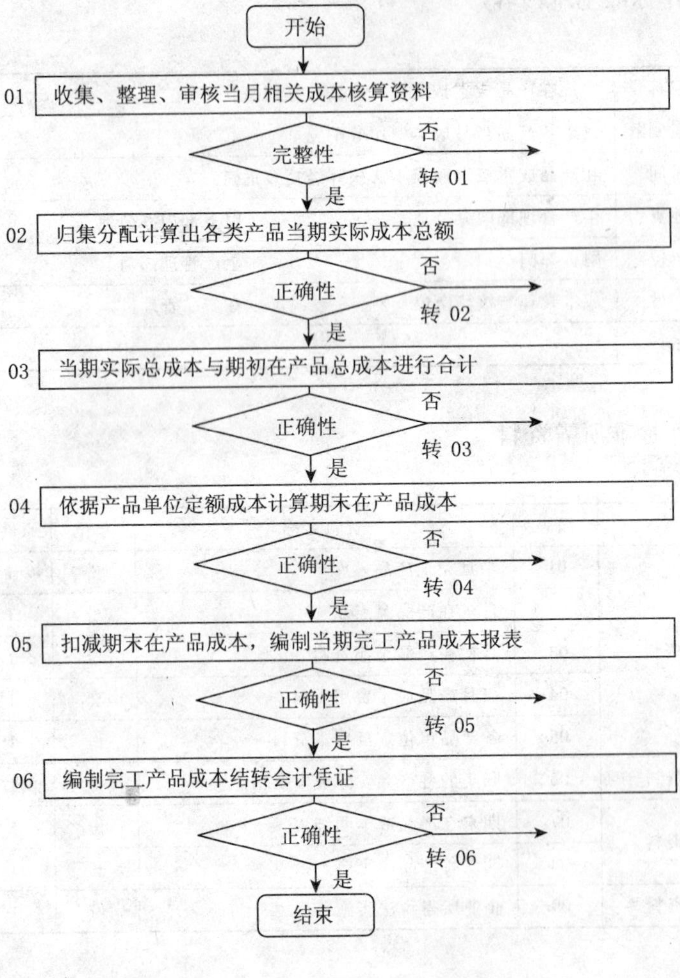

6.4.7 差旅费用报销工作标准

标准编码：4601

标准名称：差旅费用报销工作标准

1. 工作标准名称释义

差旅费用报销工作标准是指费用核算与管理岗位办理企业职工因公出、差旅费报销的工作规范。

2. 工作标准基本内容

工作核心目标	完成差旅费用的报销工作	
工作开始时间	收到差旅费报销单据	
工作结束时间	差旅费用报销会计凭证编制完毕	
相关工作地点	费用报销部门办公地	财务部门办公地
相关工作单位	财务部门	差旅费报销业务部门
相关工作人员	费用管理与核算岗位 业务经办人	出纳岗位 业务经办单位负责人
备　注		

3. 工作标准所需资料

资料类型	编码	资料名称	单位	原件数	复印数
事前准备资料	01	企业差旅费报销规定的文件	份	1	0
	02	出差人出差审批单	份	1	0
	03	差旅费借款单	份	1	0
	04	出差车票、发票等原始单据	份	1	0
	05	空白差旅费报销单	份	1	0
事中产生资料	06	差旅费报销单	份	1	0
事后结果资料	07	差旅费报销的会计凭证	份	1	0
	08	现金收据	份	1	0
技术要求资料	09	会计基础工作规范	份	1	1
	10	企业内部控制基本规范	份	1	0

4. 相关工作标准

标准编码	标准名称
01	管理费用报销审批流程设置工作标准

5. 工作标准流程图

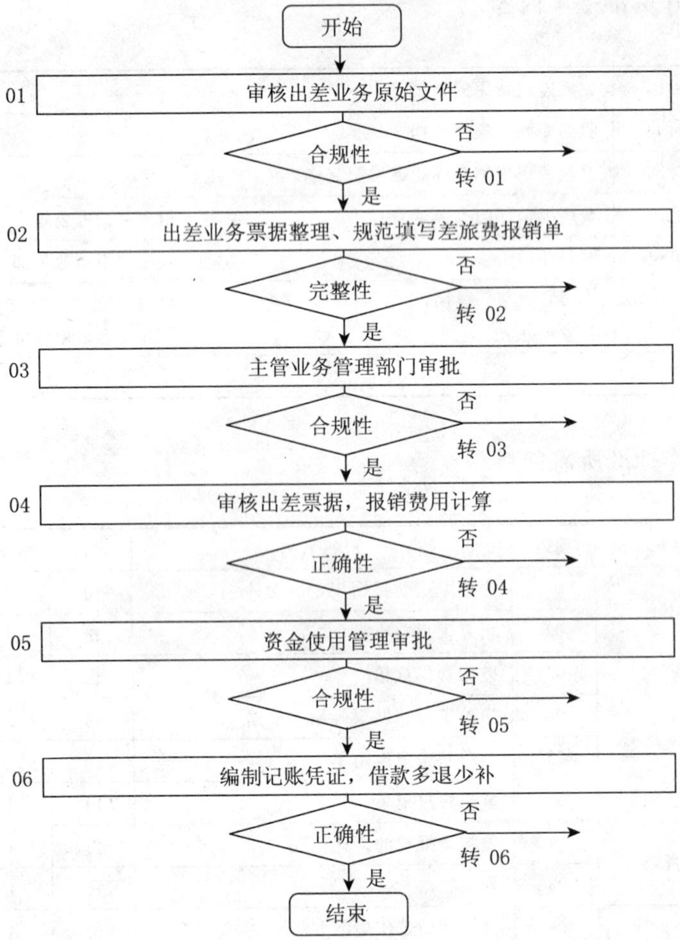

6.4.8 管理费用实际支出考核工作标准

标准编码：4604

标准名称：管理费用实际支出考核工作标准

1. 工作标准名称释义

管理费用实际支出考核工作标准是指为了加强企业管理费用控制，将企业实际发生的管理费用与制定的管理费用预算控制指标对照分析，依据超支或节约数额与原因，决定奖惩的工作规范。

2. 工作标准基本内容

工作核心目标	通过管理费用实际支出考核、达到控制管理费用目标	
工作开始时间	编制管理费用预算	
工作结束时间	管理费用支出分析考核完成	
相关工作地点	各职能管理部门所在地 董事会办公地	财务部门办公地
相关工作单位	各职能管理部门 董事会	财务部门
相关工作人员	各职能管理部门负责人 会计机构负责人	法人代表 费用管理与核算岗位
备　　注		

3. 工作标准所需资料

资料类型	编码	资料名称	单位	原件数	复印数
事前准备资料	01	管理费用内部管理制度	份	1	0
事中产生资料	02	考核年度管理费用预算	份	1	1
	03	业务部门管理费用实际支付明细表	份	1	0
	04	管理费用实际支出与预算指标节超计算表	份	1	1
	05	管理费用实际支出节超原因分析资料	份	1	1

续表

资料类型	编码	资料名称	单位	原件数	复印数
事后结果资料	06	管理费用实际支出考核结果与节超奖惩报告	份	1	0
技术要求资料	07	企业内部控制基本规范	份	1	1

4. 相关工作标准

标准编码	标准名称
01	制定管理费用内部管理制度工作标准

5. 工作标准流程图

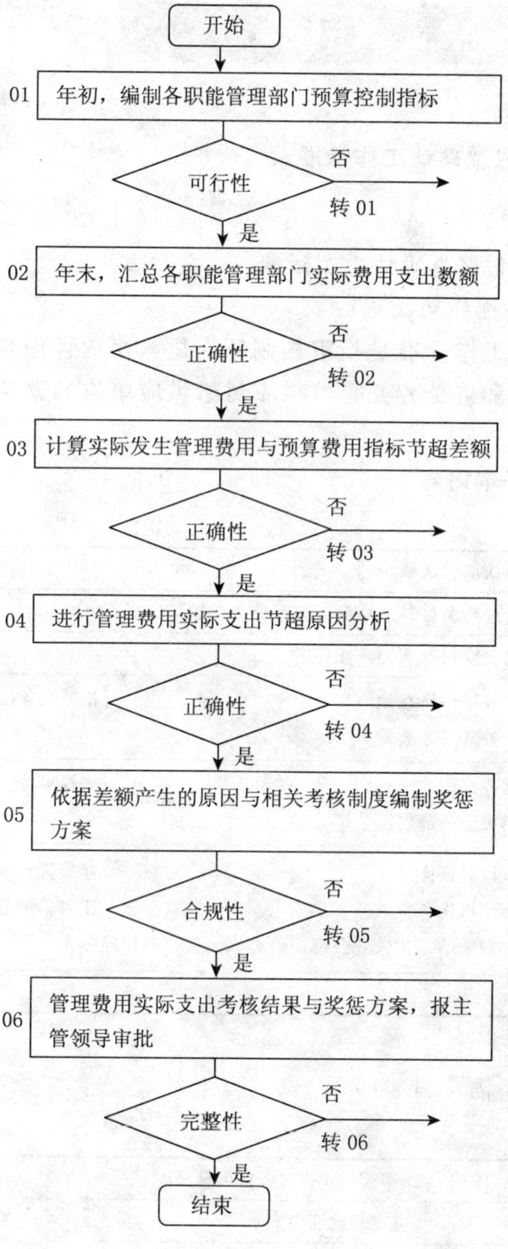
开始
01 年初，编制各职能管理部门预算控制指标
可行性
否
转 01
是
02 年末，汇总各职能管理部门实际费用支出数额
正确性
否
转 02
是
03 计算实际发生管理费用与预算费用指标节超差额
正确性
否
转 03
是
04 进行管理费用实际支出节超原因分析
正确性
否
转 04
是
05 依据差额产生的原因与相关考核制度编制奖惩方案
合规性
否
转 05
是
06 管理费用实际支出考核结果与奖惩方案，报主管领导审批
完整性
否
转 06
是
结束

6.5 企业金融管理与核算部

6.5.1 应付账款确认工作标准

标准编码：3914

标准名称：应付账款确认工作标准

1. 工作标准名称释义

应付账款确认工作标准是指审核制证岗位、存货管理与核算岗位对企业因购买材料、商品和接受劳务等事项应付给供应单位的款项进行确认的工作规范。

2. 工作标准基本内容

工作核心目标	确认应付账款	
工作开始时间	受理购买材料、商品或接受劳务报销凭证、资料时	
工作结束时间	编制应付款项记账凭证时	
相关工作地点	债权单位所在地 财务部门办公地	相关业务部门所在地
相关工作单位	财务部门 相关业务部门	债权单位
相关工作人员	审核制证岗 会计机构负责人 材料采购或相关业务部门经办人、债权单位经办人	存货管理与核算岗位 往来款项管理与核算岗位
备　注		

3. 工作标准所需资料

资料类型	编码	资料名称	单位	原件数	复印数
事前准备资料	01	应付账款明细账	份	1	0
	02	请购审批报告	份	1	0

续表

资料类型	编码	资料名称	单位	原件数	复印数
事前准备资料	03	相关合同	份	1	0
	04	材料采购发票或劳务报销发票	份	1	0
	05	运杂费发票	份	1	0
	06	材料验收入库单	份	1	0
	07	劳务完工验收单	份	1	0
事中产生资料	08	会计处理记账凭证	份	1	0
事后结果资料	09	复核确认的应付账款记账凭证	份	1	0
技术要求资料	10	企业会计准则——存货	份	1	0
	11	企业内部控制基本规范	份	1	0

4. 相关工作标准

标准编码	标准名称
01	外购存货入账价值确认工作标准
02	采购业务会计处理工作标准

5. 工作标准流程图

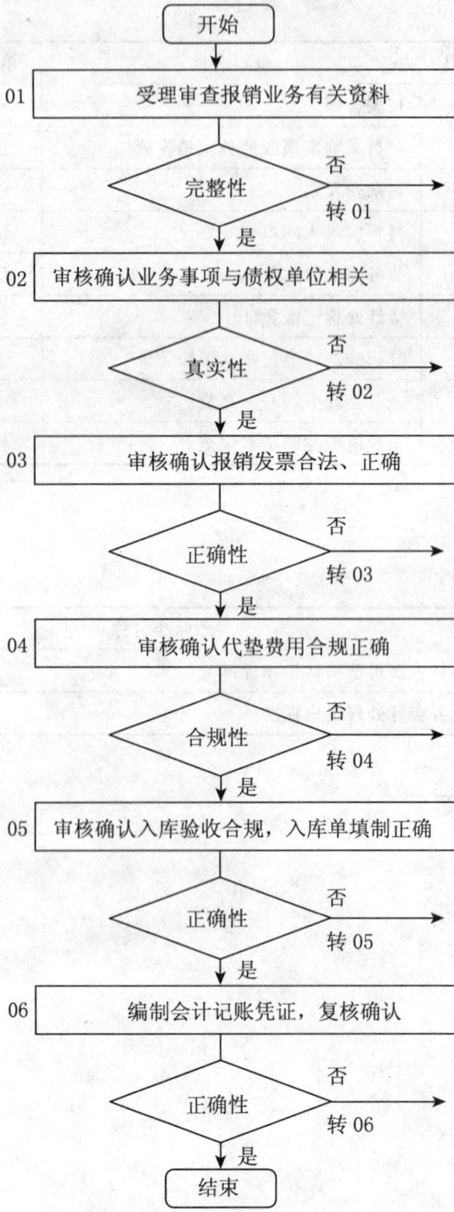
开始
01 受理审查报销业务有关资料
完整性
否
转 01
是
02 审核确认业务事项与债权单位相关
真实性
否
转 02
是
03 审核确认报销发票合法、正确
正确性
否
转 03
是
04 审核确认代垫费用合规正确
合规性
否
转 04
是
05 审核确认入库验收合规，入库单填制正确
正确性
否
转 05
是
06 编制会计记账凭证，复核确认
正确性
否
转 06
是
结束

6.5.2 企业银行贷款工作标准

标准编码：4001

标准名称：企业银行贷款工作标准

1. 工作标准名称释义

企业银行贷款工作标准是指企业根据生产经营的资金需要向银行申请办理借款业务的工作规范。

2. 工作标准基本内容

工作核心目标	向银行取得借款	
工作开始时间	财务部负责人提出贷款需求时	
工作结束时间	取得银行贷款	
相关工作地点	贷款银行办公地	财务部门办公地
相关工作单位	财务部门 企业档案室	贷款银行 董事会
相关工作人员	会计机构负责人 融资管理与核算岗位 银行行长 银行信贷科长	法人代表 出纳岗位 银行信贷员
备　　注		

3. 工作标准所需资料

资料类型	编码	资料名称	单位	原件数	复印数
事前准备资料	01	董事会贷款决议	份	1	0
	02	股东大会通过贷款的决议	份	1	0
	03	贷款所需资料清单	份	1	0
	04	企业贷款申请书	份	1	0
事中产生资料	05	受理银行企业贷款调查报告	份	1	0
	06	受理银行同意企业贷款决议	份	1	0

续表

资料类型	编码	资料名称	单位	原件数	复印数
事中产生资料	07	上级银行企业贷款复查报告	份	1	0
	08	上级银行同意企业贷款审批书	份	1	0
	09	借款合同	份	1	0
	10	它项权利使用证书	份	1	0
	11	财产抵押合同	份	1	0
	12	企业贷款使用计划	份	1	0
	13	使用资金的购销合同	份	1	0
事后结果资料	14	收到贷款会计记账凭证	份	1	0
技术要求资料	15	企业内部控制基本规范	份	1	1

4. 相关工作标准

标准编码	标准名称
01	银行借款核算工作标准
02	贷款合同签订工作标准

5. 工作标准流程图

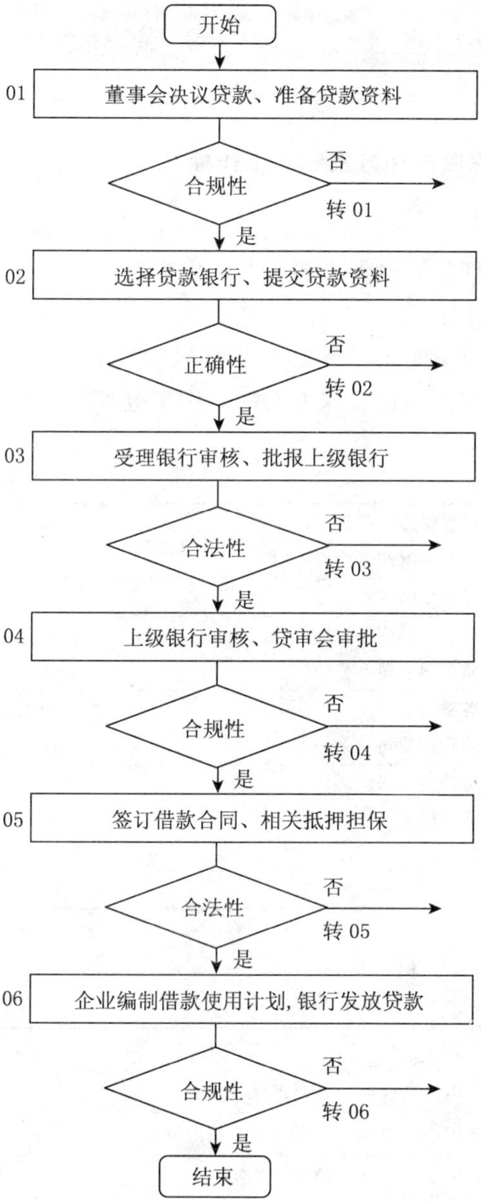
开始
01
董事会决议贷款、准备贷款资料
合规性
否
转 01
是
02
选择贷款银行、提交贷款资料
正确性
否
转 02
是
03
受理银行审核、批报上级银行
合法性
否
转 03
是
04
上级银行审核、贷审会审批
合规性
否
转 04
是
05
签订借款合同、相关抵押担保
合法性
否
转 05
是
06
企业编制借款使用计划，银行发放贷款
合规性
否
转 06
是
结束

6.6 企业所有者权益管理与核算部

6.6.1 财产保险投保方案制定工作标准

标准编码：4704

标准名称：财产保险投保方案制定工作标准

1. 工作标准名称释义

财产保险投保方案制定工作标准是指风险控制与保险岗位为更科学地办理企业财产保险投保而制订投保方案的工作规范。

2. 工作标准基本内容

工作核心目标	完成投保方案制订工作	
工作开始时间	确定办理财产保险投保时	
工作结束时间	投保方案经审核可行	
相关工作地点	企业主管部门办公地 保险代理公司办公地	保险公司办公地 财务部门办公地
相关工作单位	财务部门 保险代理公司	企业主管部门 保险经纪公司
相关工作人员	风险控制与保险岗位 保险代理人 保险经办人	法律事务部工作人员 保险经纪人 会计机构负责人
备　　注		

3. 工作标准所需资料

资料类型	编码	资料名称	单位	原件数	复印数
事前准备资料	01	保险公司财产保险条例	份	1	1
	02	保险代理公司代理情况资料	份	1	0
事中产生资料	03	财产保险投保草案	份	1	0
事后结果资料	04	财产保险投保方案	份	1	1
技术要求资料	05	保险法	份	1	0
	06	企业会计准则——保险合同	册	1	0

4. 相关工作标准

标准编码	标准名称
01	财产保险投保办理工作标准

5. 工作标准流程图

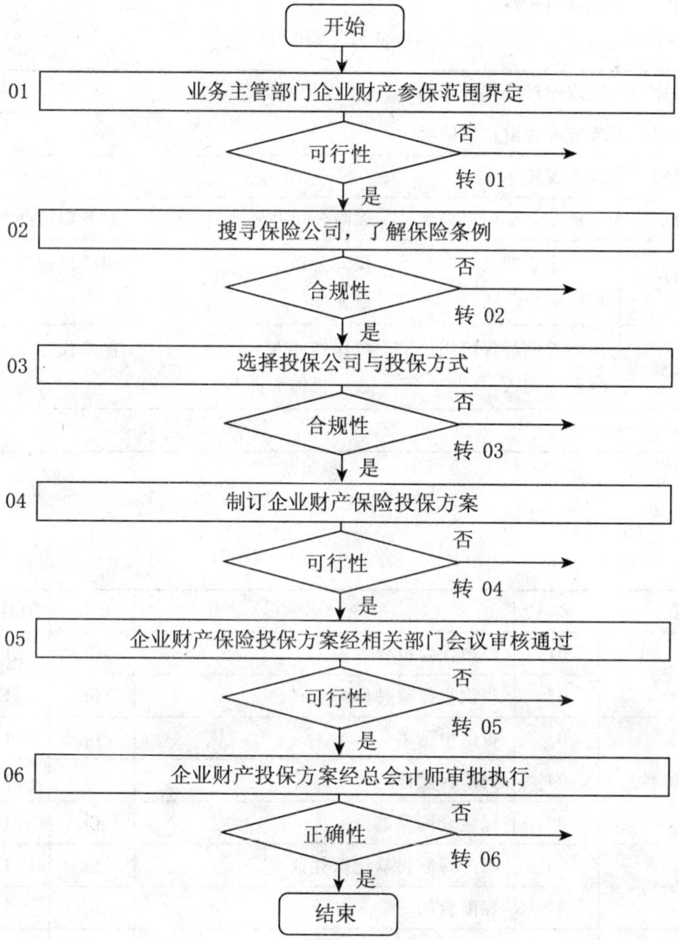

6.6.2 财产保险投保办理工作标准

标准编码：4705

标准名称：财产保险投保办理工作标准

1. 工作标准名称释义

财产保险投保办理工作标准是指企业把不确定的风险转化为固定的保险费支出而办理财产保险投保手续的工作规范。

2. 工作标准基本内容

工作核心目标	完成财产险投保手续		
工作开始时间	确定办理财产保险时		
工作结束时间	取得保险单		
相关工作地点	企业主管部门办公地	保险公司办公地	财务部门办公地
相关工作单位	企业主管部门 保险经纪公司	保险公司 财务部门	保险代理公司
相关工作人员	风险控制与保险岗位 保险经纪人	投保经办人 会计机构负责人	保险代理人
备　　注			

3. 工作标准所需资料

资料类型	编码	资料名称	单位	原件数	复印数
事前准备资料	01	财产保险投保方案	份	1	1
	02	提供投保险种所需资料	份	1	0
事中产生资料	03	投保申请书	份	1	0
	04	财产保险保险单	份	1	0
	05	保险合同草案	份	1	0
事后结果资料	06	财产保险付款记账凭证	份	1	1
	07	保险合同	份	1	0
技术要求资料	08	保险法	份	1	0

4. 相关工作标准

标准编码	标准名称
01	财产保险投保方案制定工作标准

5. 工作标准流程图

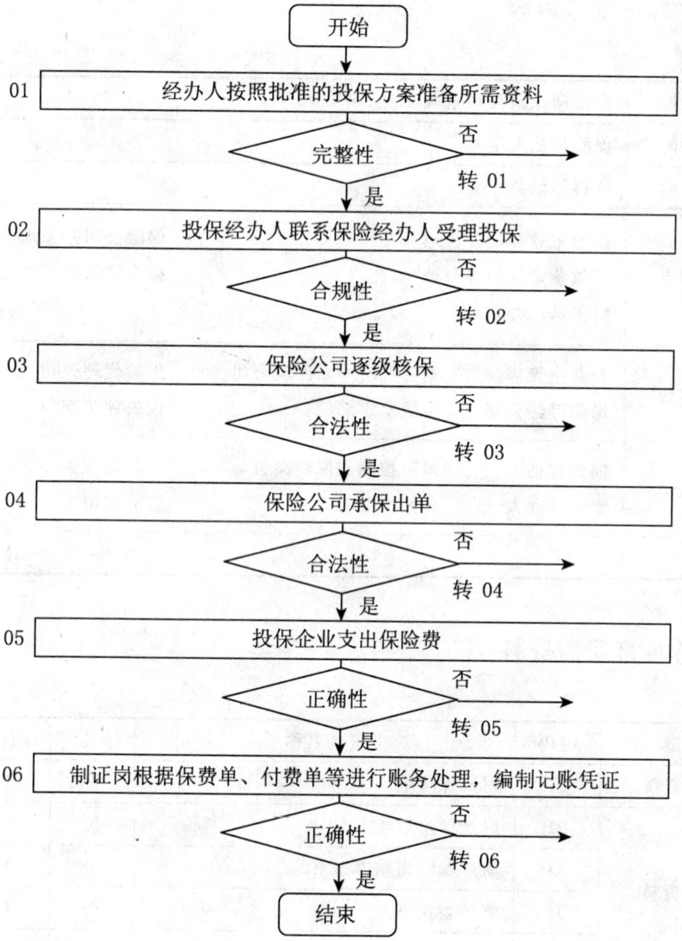

6.6.3 财产保险索赔办理工作标准

标准编码：4706

标准名称：财产保险索赔办理工作标准

1. 工作标准名称释义

财产保险索赔办理工作标准是指在保险事故发生后，索赔经办人向保险公司索取赔偿的工作规范。

2. 工作标准基本内容

工作核心目标	完成向保险公司索取赔款工作
工作开始时间	保险事故发生时
工作结束时间	取得赔偿款
相关工作地点	企业主管部门办公地　保险公司办公地 事故鉴定部门办公地　损失评估部门办公地 财务部门办公地
相关工作单位	企业主管部门　财务部门　保险公司　保险代理公司 保险经纪公司　事故鉴定部门　损失评估部门
相关工作人员	损失评估人　风险控制与保险岗位　保险代理人 索赔经办人　理赔经办人　事故鉴定人
备　注	

3. 工作标准所需资料

资料类型	编码	资料名称	单位	原件数	复印数
事前准备资料	01	财产保险单	份	1	0
事中产生资料	02	财产保险索赔方案	份	1	1
	03	财产保险索赔申请书	份	1	0
	04	索赔委托书	份	1	0
	05	财产损失清单	份	1	0

续表

资料类型	编码	资料名称	单位	原件数	复印数
事中产生资料	06	施救费用清单	份	1	0
	07	财产损失评估书	份	1	0
事后结果资料	08	领取赔款通知单	份	1	0
技术要求资料	09	保险法	份	1	0

4. 相关工作标准

标准编码	标准名称
4705	财产保险投保办理工作标准

5. 工作标准流程图

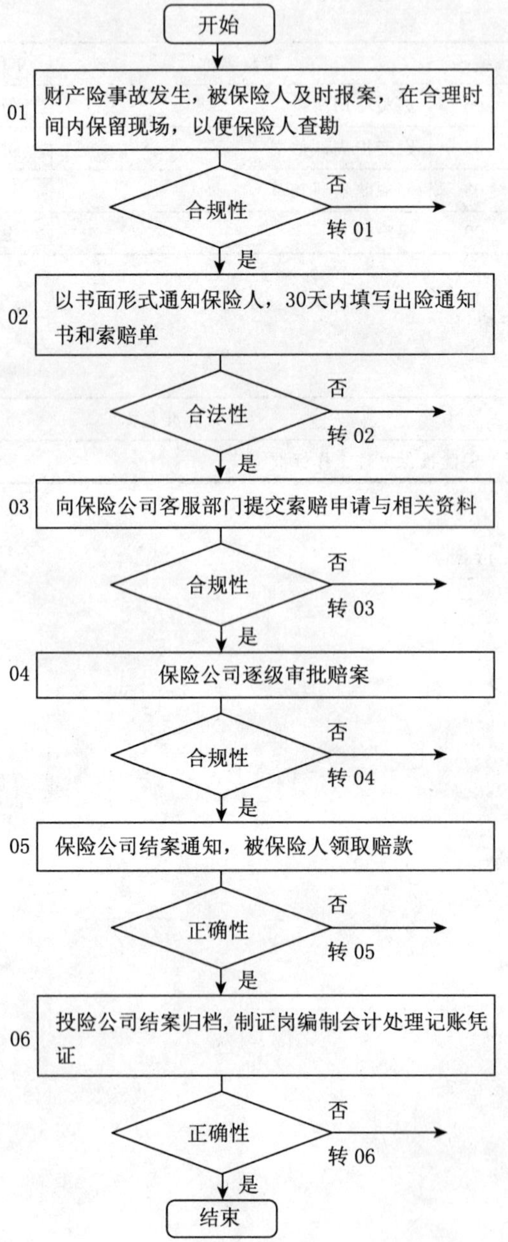
开始
01
财产险事故发生，被保险人及时报案，在合理时间内保留现场，以便保险人查勘
合规性
否
转 01
是
02
以书面形式通知保险人，30天内填写出险通知书和索赔单
合法性
否
转 02
是
03
向保险公司客服部门提交索赔申请与相关资料
合规性
否
转 03
是
04
保险公司逐级审批赔案
合规性
否
转 04
是
05
保险公司结案通知，被保险人领取赔款
正确性
否
转 05
是
06
投险公司结案归档，制证岗编制会计处理记账凭证
正确性
否
转 06
是
结束

6.6.4　新设立有限责任公司办理工作标准

标准编码：480501

标准名称：新设立有限责任公司办理工作标准

1. 工作标准名称释义

新设立有限责任公司办理工作标准是指发起人根据公司法规定的基本程序，办理新设立有限责任公司的工作规范。

2. 工作标准基本内容

工作核心目标	筹办成立新有限责任公司	
工作开始时间	发起人决定开办新公司时	
工作结束时间	取得工商登记营业执照时	
相关工作地点	开户银行所在地 工商行政管理局办公地 行政主管部门所在地	资产评估公司所在地 验资机构所在地
相关工作单位	开户银行 工商行政管理局 行政主管部门	资产评估公司 验资机构
相关工作人员	资产评估公司评估人员 验资人员 开户银行审批人	全体发起人 工商行政管理局审批人 行政主管部门审批人
备　　注		

3. 工作标准所需资料

资料类型	编码	资料名称	单位	原件数	复印数
事前准备资料	01	设立新公司发起人名单	份	1	0
事中产生资料	02	发起人协议书	份	1	0
	03	公司名称预先核准批文	份	1	0
	04	公司章程	份	1	0

续表

资料类型	编码	资料名称	单位	原件数	复印数
事中产生资料	05	主管行业机关批文	份	1	0
	06	银行收款凭证	套	1	0
	07	资产评估报告	份	1	0
	08	验资报告	份	1	0
	09	投资人出资证明	份	1	0
事后结果资料	10	营业执照	份	1	0
技术要求资料	11	公司法	份	1	0

4. 相关工作标准

标准编码	标准名称
01	新办公司签订发起人协议书工作标准
02	新设立有限责任公司名称预先核准申请工作标准
03	有限责任公司章程制定工作标准
04	新办有限责任公司股东缴纳出资工作标准

5. 工作标准流程图

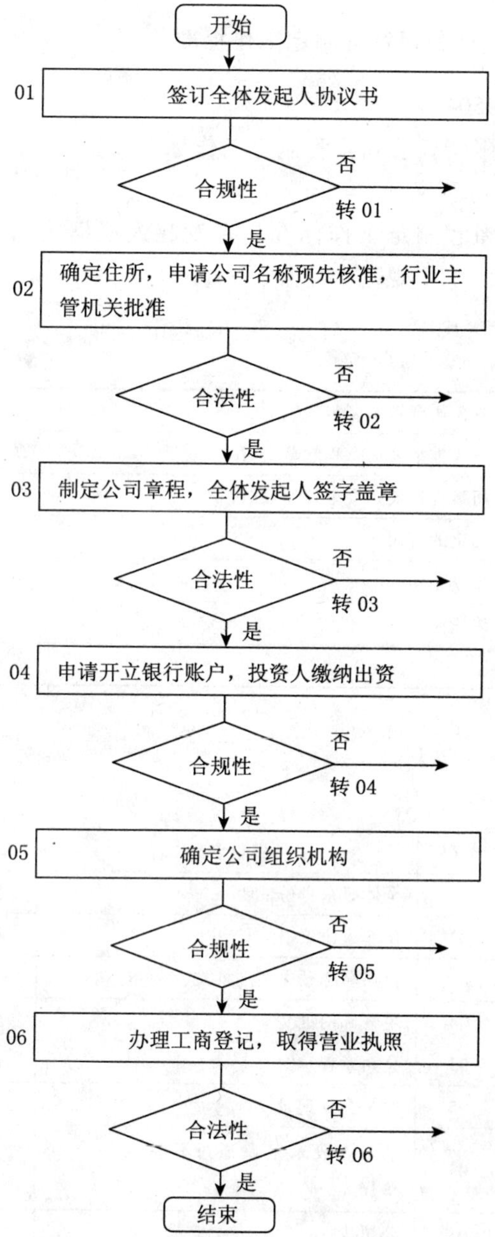
开始
01
签订全体发起人协议书
合规性
否
转 01
是
02
确定住所，申请公司名称预先核准，行业主管机关批准
合法性
否
转 02
是
03
制定公司章程，全体发起人签字盖章
合法性
否
转 03
是
04
申请开立银行账户，投资人缴纳出资
合规性
否
转 04
是
05
确定公司组织机构
合规性
否
转 05
是
06
办理工商登记，取得营业执照
合法性
否
转 06
是
结束

6.6.5 有限责任公司章程制定工作标准

标准编码：480504

标准名称：有限责任公司章程制定工作标准

1. 工作标准名称释义

有限责任公司章程制定工作标准是指发起人根据公司法的规定共同制定有限责任公司章程的工作规范。

2. 工作标准基本内容

工作核心目标	完成公司章程的制定	
工作开始时间	发起人推举公司章程起草人时	
工作结束时间	公司章程经股东会审议通过时	
相关工作地点	已确定的公司住址	
相关工作单位	待成立公司	
相关工作人员	全体股东	发起人代表
备　　注		

3. 工作标准所需资料

资料类型	编码	资料名称	单位	原件数	复印数
事前准备资料	01	全体股东身份证明	套	1	1
	02	发起人协议书	份	1	0
	03	公司名称预先核准批文	份	1	0
	04	主管部门批文	份	1	0
事中产生资料	05	公司章程草案	份	1	0
	06	股东会议记录	份	1	0
事后结果资料	07	经全体股东审议通过并签名的公司章程	份	1	0
技术要求资料	08	公司法	份	1	0

4. 相关工作标准

标准编码	标准名称
01	新设立有限责任公司办理工作标准

5. 工作标准流程图

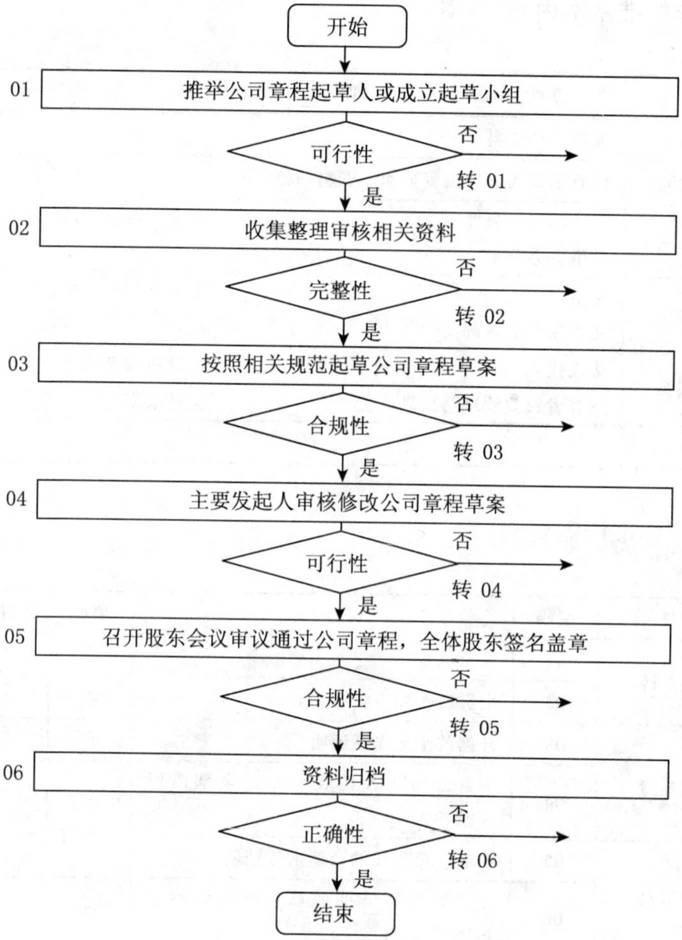

6.6.6 出具出资人出资证明工作标准

标准编码：48060213

标准名称：出具出资人出资证明工作标准

1. 工作标准名称释义

出具出资人出资证明工作标准是指出资人设立的股份有限公司正式成立后，以公司身份向出资人正式出具出资证明的工作规范。

2. 工作标准基本内容

工作核心目标	办理设立公司出资人出资证明	
工作开始时间	准备相关资料	
工作结束时间	所有出资人领取出资证明、资料归档	
相关工作地点	财务部门办公地 董事会办公地	业主权益管理部门办公地
相关工作单位	董事会 业主权益管理部门	财务部门
相关工作人员	法人代表 所有者权益管理与核算岗位	会计机构负责人 全体股东
备　注		

3. 工作标准所需资料

资料类型	编码	资料名称	单位	原件数	复印数
事前准备资料	01	验资报告	份	1	1
	02	出资证明统一版本	本	1	0
事中产生资料	03	开据的全部出资证明	套	1	0
	04	加盖公司法人代表名章的全部出资证明	套	1	0
事后结果资料	05	加盖公司公章的全部出资证明	套	1	0
	06	存档的出资证明底联、出资证明签领簿	套	1	0

4. 相关工作标准

标准编码	标准名称
01	设立股份有限公司验资工作标准

5. 工作标准流程图

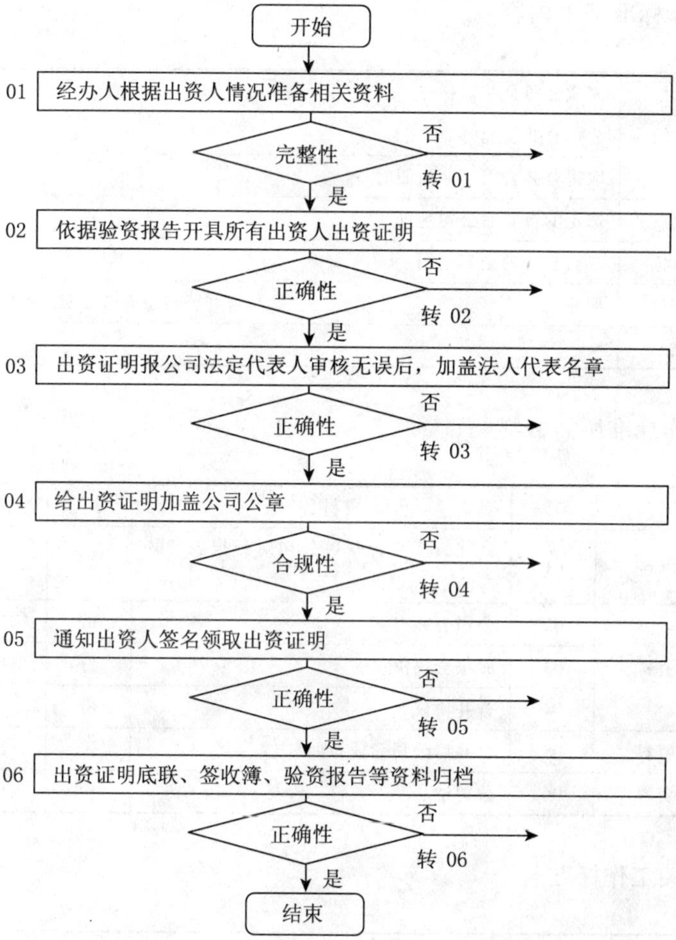

6.6.7 公司合并工作标准

标准编码：480803

标准名称：公司合并工作标准

1. 工作标准名称释义

公司合并工作标准是指两个或两个以上的公司依据公司法规定的程序通过协商一致，订立书面协议的方式合并为一个公司的工作规范。

2. 工作标准基本内容

工作核心目标	完成公司合并	
工作开始时间	公司合并发起时	
工作结束时间	取得合并公司营业执照时	
相关工作地点	选定的合并后公司地址	
相关工作单位	参与合并的全部公司	
相关工作人员	股东	参与合并公司董事会成员
备　注		

3. 工作标准所需资料

资料类型	编码	资料名称	单位	原件数	复印数
事前准备资料	01	合并前参与合并各公司财务报表、财产清单	套	1	0
事中产生资料	02	公司合并方案	份	1	0
	03	股东会议决议	份	1	0
	04	合并协议	份	1	0
事后结果资料	05	合并后公司营业执照	份	1	0
技术要求资料	06	公司法	份	1	0

4. 相关工作标准

标准编码	标准名称
01	新设立有限责任公司办理工作标准

5. 工作标准流程图

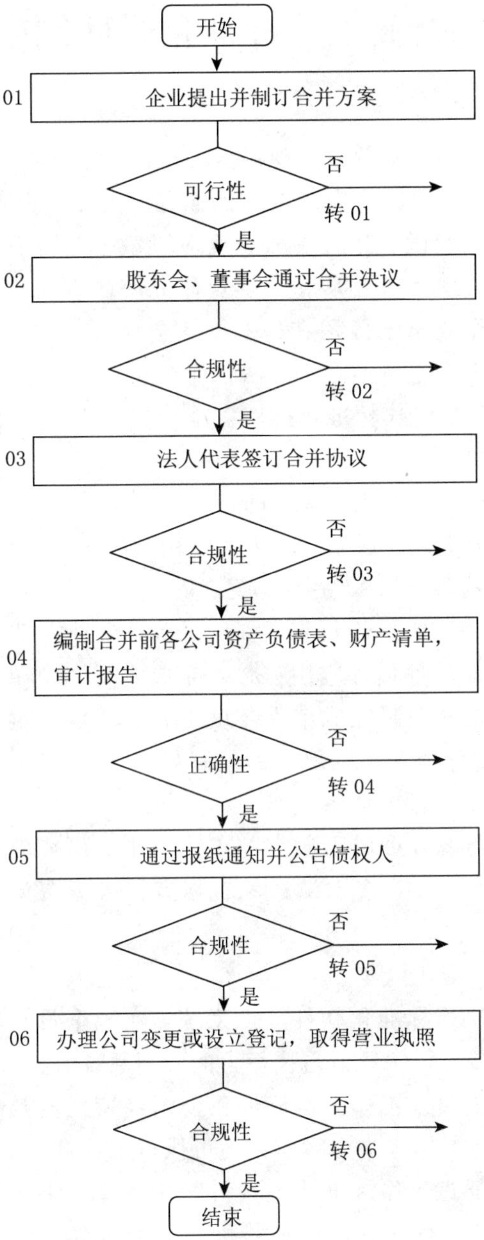
开始
01
企业提出并制订合并方案
可行性
否
转 01
是
02
股东会、董事会通过合并决议
合规性
否
转 02
是
03
法人代表签订合并协议
合规性
否
转 03
是
04
编制合并前各公司资产负债表、财产清单，审计报告
正确性
否
转 04
是
05
通过报纸通知并公告债权人
合规性
否
转 05
是
06
办理公司变更或设立登记，取得营业执照
合规性
否
转 06
是
结束

附件　企业工作标准化管理制度样本

建立工作标准化制度宗旨：实现科学工作、快乐工作、享受工作之目的。

为了实现研究院工作人员完成工作任务有章可循、有据可依、有例可参，形成章法有度、责任明确、运转高效、反应灵敏、评价有尺的工作规范，大幅提高研究院工作效率和工作质量；实现研究院内部工作计划详略得当，工作井井有条；将工作要求不停留在口头上、会议上、文件上，而是在执行中贯彻落实，改变“天下之事不难于立法，而难在法之必行”，实现工作有序化管理。研究院认真开展工作标准化推广实施工作，为了严肃对待，加强纪律，现将有关事项规定如下。

第一条　工作标准化思想及体系的建立

每个员工，必须掌握圆通制，在入职试用期内学习合格。主要内容如下：

1. 圆通制主要内容（3200 字）熟记。

2. 训练平台熟练应用（银行贷款训练平台 6 分钟内完成）。

3. 圆通工作标准软件熟练应用：必须完成应聘岗位单项核心工作方案的编制，并根据工作方案编制完成个人年度工作计划、月度工作计划、周工作计划编制工作，计划与本日工作标准的编制与关联工作。

4. 熟悉本岗位工作标准体系。

上述内容考核合格方可成为研究院正式员工。研究院内部老员工，要结合上述要求进行训练，经过多次测试不合格者，人力资源部可以下达其离岗停薪通知。

第二条　工作标准化内容

1. 研究院建立工作标准化软件应用系统，实现全员工作项目化、标准化解决方案，建立支撑公司领导力与执行力的应用系统。

2. 研究院管理人员及工作人员能够将公司经营任务及经营目标构思为工作解决方案，能够将工作解决方案演化为可执行工作计划。

3. 研究院管理通过工作标准化实现科学化管理。工作人员能够将年度工作计划→进一步分解为月度工作计划→再划分为每周工作目标→再划分为每天工作安排→实现工作精细化、科学化管理。

4. 通过工作标准化，实现考核评价日常化。通过工作标准体系建立符合公司实际情况的、科学严密的工作运行机制，实现计划性、目标性管理。

第三条　工作项目方案　考核节点及考核分值　岗位考核20分

1. 工作项目方案名称根据部门核心工作任务或个人岗位核心工作项目确定。

2. 部门根据核心工作任务编制工作项目解决方案，罗列工作事件及环节，也可称为编制项目工作标准体系。

3. 部门组织编写工作项目的工作标准体系，工作标准的编制或修改。个人负责本人岗位工作标准体系的编制及修改。工作标准体系与工作标准编制符合圆通制工作标准体系与工作标准律规范要求。

4. 部门根据核心工作任务分解年度、月度、周工作任务；个人根据年度、季度、月度、周工作任务组织编制工作任务解决方案。

5. 工作任务解决方案通过部门或上级审定，改编为年度工作计划或季度、月度或核定时间日期的工作计划。

6. 工作任务解决方案编制符合圆通制工作成功律及工作突发律要求。

7. 工作任务解决方案完成时间优先于部门、个人工作实施计划安排时间。

8. 突发工作事项由工作者个人参考制订工作方案，上级审核后执行。

第四条　工作计划考核节点及考核分值　岗位考核20分

1. 工作任务解决方案通过部门或上级审定后，改编为年度工作计划或季度、月度或核定时间日期的工作计划。工作方案是编制各种工作计划的基础。

2. 年度工作计划安排及工作总结，规定时间完成个人年度工作计划编制和审定，经理人员完成部门年度工作计划制定及审定。具体计划时间根据公司文件安排确定。

3. 月工作计划安排及月度总结，最迟在当月前两日完成编制，上级最迟在当月前3日内审定；遇节假日不变。

4. 周工作目标安排及周工作总结，原则在周六上午完成，最迟于周一前必须填写。

5. 日工作原则按工作标准平台模式周密安排，下班前1小时安排次日工作，最迟在次日上班后半小时内完成。

第五条　工作计划执行考核节点及考核分值　岗位考核60分

1. 工作计划编制审批以后，岗位工作者负责工作计划的组织实施工作。

2. 工作标准化执行主要包括工作项目方案制定、工作计划制定、工作计划执行、工作总结、工作评价等。

3. 工作计划执行主要体现为周工作目标与日工作内容实施和总结内容。

4. 工作项目完成需要工作标准编制或修改，具体表现在工作计划的工作标准关联。每日工作项目与完成工作项目是最基本的工作执行考核指标。

5. 各项工作执行开始时间、完成期限、工作内容的可执行性、时间安排的合理性是考评关注的要点。

6. 日工作按工作标准平台模式执行工作安排；执行过程中特别事项通过备注进行说明。

第六条　企业工作标准化管理

1. 工作标准化形式管理：人力资源部管理者进行每日例行检查和公布。检查上述工作标准化节点是否按时完成。

2. 工作标准化内容规范检查管理：部门负责人负责部门工作人员工作标准化规范日常检查和工作标准编制修改审定工作。

3. 工作标准化质量管理：公司分管副总经理负责每周一次例行检查，检查内容主要包括分管部门或人员工作项目是否明确，工作计划是否翔实，工作标准是否关联，突出工作重点问题是否提出或解决，工作任务是否完成。

第七条　奖励办法

1. 能够科学、熟练、准确讲解圆通制及工作标准化知识，岗位考核加5分。

2. 能够熟练应用工作标准化体系，方案与计划编制与工作标准关联准确合理，岗位考核加10分。

3. 工作项目与工作任务时间安排充分，工作条理清晰，工作业绩突出，岗位考核加10分。

第八条　处罚办法

1. 不能熟练、准确讲解圆通制及工作标准化方法，岗位考核扣5分。

2. 不能熟练应用工作标准化体系，不能正确完成工作方案与计划编制及与工作标准合理关联，岗位考核扣10分。

3. 工作项目与工作任务时间安排不充分，工作条理不清晰，完不成工作任务，岗位考核扣10分。

4. 工作计划、工作标准、工作总结等敷衍了事，经 3 次提醒批评不加改正者，扣除岗位分 20 分。

第九条　附则

1. 根据此制度修订公司绩效考核管理制度。

2. 根据此制度修订公司薪酬制度及人事管理制度。

3. 研究院工作标准化具体实施、考评、奖罚工作标准由行政人事部根据本制度建立实施细则。

4. 此制度由行政人事部负责解释，从 2011 年 1 月 1 日起执行。